स्वतन्त्रोत्तर भारतीय दार्शनिक चिन्तन

(Post-independence Indian Philosophical Thought)

सम्पादक

अशोक कुमार वर्मा, डी॰ लिट्॰

भूतपूर्व प्रो॰ तथा अध्यक्ष, दर्शन विभाग

पटना विश्वविद्यालय, पट

लेखक

डॉ॰ अशोक कुमार वम

पटना विश्वविद्यालय

डॉ॰ मधुसूदन प्रसाद

पटना विश्वविद्यालय

डॉ॰ रमेन्द्र नाथ

पटना विश्वविद्यालय

डॉ॰ सुरेन्द्र प्रसाद श्रीवास्तव

मगध विश्वविद्यालय

मोतीलाल बनारसीदास

दिल्ली, मुम्बई, चेन्नई, कोलकाता,

बंगलूरू, वाराणसी, पटना

नवीन संस्करण: दिल्ली, 2019
प्रथम संस्करण: दिल्ली, 1993

ISBN: 978-81-208-4243-4 (सजिल्द)
ISBN: 978-81-208-2798-1 (अजिल्द)

मोतीलाल बनारसीदास

41 यू.ए. बंगलो रोड, जवाहर नगर, दिल्ली 110 007
49, आठवां एफ मेन, III ब्लॉक, जयनगर, बंगलूरू 560 011
1-बी, जे. एस. कम्पाउन्ड, केन्नेडी ब्रिज, नाना चौक, मुम्बई 400 007
9 पंचानन घोष लेन, फर्स्ट फ्लोर, कोलकाता 700 009
203 रायपेट्टा हाई रोड, मैलापोर, चेन्नई 600 004
अशोक राजपथ, पटना 800 004
चौक, वाराणसी 221 001

आर.पी. जैन के द्वारा एन ए बी प्रिंटिंग यूनिट,
ए-44, नारायणा, फेज़-1, नई दिल्ली 110 028 में मुद्रित
एवं जे.पी. जैन द्वारा मोतीलाल बनारसीदास
41 यू.ए., बंगलो रोड, जवाहर नगर, दिल्ली-110 007 के लिए प्रकाशित

० प्रस्तावना ०

भारत की दार्शनिक परम्परा अति प्राचीन है। काल-क्रम में ऐतिहासिक और सामाजिक परिवर्त्तनों के कारण उनमें भी परिवर्तन हुए पर भावात्मक या निषेधात्मक रूप से उन पर वैदिक और उपनिषदिक विचारों का ही प्रभाव रहा। इसी परिवर्तन के क्रम में उन्नीसवीं सदी में भारतीय दार्शनिक चिन्तन में एक क्रान्ति हुई—स्वतंत्र चिन्तन की। राममोहन राय, विद्यासागर, अरविन्द, विवेकानन्द, गांधी, राधाकृष्णन, इकबाल आदि ने भारतीय चिन्तन को एक नई दिशा दी। रूढ़ियों तथा अन्धविश्वासों से मुक्ति की सतत् चेष्टा होती रही। फलस्वरूप इस सदी के उत्तरार्द्ध में, जब देश को स्वतंत्रता मिली तो भारतीय दार्शनिक चिन्तन और प्रणाली ने एक नया रूप धारण कर लिया। विचार का केन्द्र विन्दु पारलौकिक से हटकर इहलौकिक हो गया। कृष्णमूर्ति, एम० एन० राय, जवाहरलाल, जयप्रकाश, देवी प्रसाद चट्टोपाध्याय आदि का इसमें मुख्य योगदान रहा है। अतः उनके विचारों की व्याख्या के बिना समकालीन भारतीय दर्शन की कहानी अधूरी रह जायगी। उनके विचारों का परिचय देना ही इस छोटी सी रचना का लक्ष्य है। यह रचना स्वतंत्रोत्तर भारतीय दार्शनिक चिन्तन की कहानी है। इसके लिए सात विचारकों का चयन किया गया है। प्रथम हैं राममोहन राय। उनका विचार-काल तो उन्नसवीं सदी रहा है पर पुरातन और नवीनतम की कड़ी के रूप में उनके विचारों का अध्ययन आवश्यक माना गया। महर्षि रमण भी बीसवीं सदी के पूर्वार्द्ध के ही हैं पर उनके विचार उत्तरार्द्ध में ही प्रचारित और प्रसारित हुए। उनका चयन विशेष रूप से इसलिए हुआ कि उनकी प्रणाली उन्हें प्राचीन दर्शन से अलग खड़ा कर देती है। कृष्णमूर्ति, एम० एन० राय, जवाहरलाल नेहरू, जयप्रकाश नारायण तथा देवीप्रसाद चट्टोपाध्याय तो उत्तरार्द्ध के हैं ही।

यह पुस्तक कई विद्वानों के सहयोग का परिणाम है। डा० मधुसूदन प्रसाद पटना विश्वविद्यालय के भूतपूर्व अध्यक्ष हैं और राममोहन राय के दार्शनिक चिन्तन पर उन्होने शोध कार्य किया है; डा० रमेन्द्र पटना विश्वविद्यालय में कार्यरत हैं और जयप्रकाश नारायण तथा एम० एन० राय पर उनके कई लेख तथा एक-दो पुस्तकें प्रकाशित हो चुकी हैं; डा० सुरेन्द्र प्रसाद श्रीवास्तव मगध विश्वविद्यालय में कार्यरत हैं और उनके कई लेख दार्शनिक पत्रिकाओं में प्रकाशित हुई हैं। इन्होंने अलग-अलग विचारकों का विशेष अध्ययन किया है। उन्हीं के लेख इसमें संकलित और सम्पादित हैं। आशा है इस पुस्तक से न केवल दर्शन के छात्र अपितु दार्शनिक विचारों में रूचि रखनेवाले सामान्य पाठक भी लाभान्वित होंगे और उन्हें उन विचारकों के सम्बन्ध में अधिक जानने की प्रेरणा मिलेगी।

अशोक

विषय-सूची

□□

स्वतंत्रोत्तर भारतीय दार्शनिक चिन्तन

भूमिका

मनुष्य की जिज्ञासु प्रकृति ही सभी ज्ञान, विज्ञान, कला या ललित कलाओं का स्रोत है। नई घटनाएँ, नए तथ्य जब मनुष्य के समक्ष आते हैं तो उसे उत्सुकता होती है उनके सम्बन्ध में जानने की। वह जानना चाहता है कि 'वह क्या है?' और 'वह क्यों है?' यह 'क्या' और 'क्यों' ही जननी है सभी कलाओं और विज्ञानों की और यही उस मानस धरातल को तैयार करती है जिसमें दार्शनिक विचार उगते हैं, पलते हैं और पल्लवित होते हैं। अनेकानेक विषयों पर मनुष्य चिन्तन करता है कि 'यह संसार क्या है?' तथा 'कैसे इसकी सृष्टि हुई?' आदि। इस चिन्तन-क्रम में सामाजिक, ऐतिहासिक पृष्ठभूमि की विभिन्नता के कारण देश-विदेश के विचारकों के दृष्टिकोणों में अन्तर हो जाता है और हम अलग-अलग देशों के विचारों के बीच रेखाएँ खींचने लगते हैं। परिणामतः विचारों को प्राच्य और पाश्चात्य, भारतीय, चीनी, रूसी आदि नामों से विभाजित करने लगते हैं। सभी दर्शनों में समस्याएं प्रायः समान होती हैं। उनके समाधान में अन्तर मात्र दृष्टि की होती है। दार्शनिक समस्याओं के चिन्तन के विषय में भी यही सत्य है। अतः यह सत्य है कि दर्शन के सम्बन्ध में जो भारतीय दृष्टि थी या है वही दृष्टि आज पश्चिम की नहीं है। भारत में दर्शन को कभी भी मात्र बौद्धिक अनुशासन ही नहीं, नैतिक और आध्यात्मिक धर्मों का अभ्यास माना गया है। जिसे हमने दर्शन कहा है वह एक विश्व दृष्टि है और उसी के अनुरूप तत्त्व के आत्म-बोध करने का प्रयास है—इसीलिए इसे दर्शन कहा गया। इसलिए भारतीय दृष्टि दर्शन के सम्बन्ध में सदा व्यापक रही है। यूरप में भी मध्ययुग के अन्त तक दर्शन के सम्बन्ध में यही धारणा थी। यूनान के दार्शनिकों को लें। वे भी भारतीय ऋषियों की भाँति दर्शन को जीवन पद्धति समझते थे। पाइथागोरस, सुकरात, अरिस्टाटल, एपिक्यूरस, सन्त टामस, अगस्टीन आदि इसी धारणा को अपनाए हुए थे। सुकरात ने अपनी दार्शनिक मान्यताओं के लिए खुशी से विषपान किया था। पर मध्ययुग के अन्त में वैज्ञानिक और तकनीकी क्रान्ति के कारण दर्शन के सम्बन्ध में यूरोपीय धारणा में बदलाव आया। और यह बदलाव हुआ विज्ञान की पद्धति के कारण। विज्ञानों में प्रकृति को पृथक् कक्षों में बाँट कर एक सुव्यवस्थित पद्धति लागूकर अध्ययन किया जाता है। वहाँ चिन्तन और कर्म के क्षेत्र अलग-अलग हैं। अतः चिन्तन और कर्म के बीच खाई बढ़ने लगी। विज्ञान की सफलताओं ने मनुष्य को चकाचौंध कर दिया। इस प्रकार ज्ञान कर्म से अलग हो गया। इसका प्रभाव पाश्चात्य

दर्शनशास्त्र पर भी पड़ा और धीरे-धीरे दर्शन की दृष्टि सिकुड़ कर ज्ञान मीमांसा के क्षेत्र तक सीमित हो गई। वहाँ के दार्शनिक दर्शन को मात्र एक बौद्धिक अनुशासन मानने लगे, न कि नैतिक और आध्यात्मिक गुणों का अभ्यास। इसी दृष्टि के कारण कुछ पाश्चात्य आलोचक भारतीय दर्शन को दर्शन मानते ही नहीं।

भारतीय दार्शनिक परम्परा आज के यूरोपीय दृष्टि से भिन्न रही है। यह मात्र तत्त्व के अनुशीलन तक सीमित नहीं वहाँ तक पहुँचने का उपाय भी ढूंढ़ता है। भारतीय दर्शन का सम्बन्ध ज्ञान और उससे प्रभावित कर्मों से है। भारतीय दृष्टि-कोण व्यावहारिक रही है। यदि भारतीय चिन्तन के लम्बे इतिहास पर गौर करें तो यह स्पष्ट होगा कि भारतीय जीवन को चिन्तन और कर्म दोनों को प्रभावित करने वाले कुछ दार्शनिक आज की पाश्चात्य दृष्टि से पेशेवर दार्शनिक थे ही नहीं। वेद तथा उपनिषदों के ऋषियों ने किसी भी ज्ञान की साधना मोक्ष प्राप्ति की दृष्टि से ही की थी। बुद्ध तथा महावीर, गौतम तथा कणाद, कपिल तथा जेमिनी विश्व के महानतम चिन्तकों में हैं पर उनका भी लक्ष्य मात्र ज्ञान की उपलब्धि नहीं थी। उनका प्रभाव जीवन की समग्रता पर था। शंकराचार्य शीर्षकोटि के तार्किक विचारे जाते हैं पर धार्मिक सुधार उनके जीवन का लक्ष्य था। भारत में दर्शन चिन्तन और कर्म दोनों से जुड़ा हुआ रहा है।

साधारणत: ऐसा माना जाता है कि शंकराचार्य के बाद भारतीय चिन्तन अवरुद्ध हो गया। इसी कारणवश कभी-कभी सम्पूर्ण भारतीय दर्शन का तादात्म्य शंकराचार्य के अद्वैतवाद से कर दिया जाता है। ऐसा माना जाता है कि भारतीय दर्शन की आखिरी कड़ी शंकर तथा रामानुज हैं। दर्शन की युगों पुरानी परम्परा के होते हुए भी मध्ययुग, आधुनिक युग तथा समकालीन युग में भारत में बहुत उच्चकोटि के दार्शनिक नहीं हुए हैं। यदि दर्शन को संकीर्ण अर्थ में लिया जाय, जिसमें यूरोप में वैज्ञानिक क्रान्ति के बाद ज्ञान और कर्म में दरार पड़ी, तो कुछ हद तक ऐसी धारणा मान्य हो सकती है। पर यदि भारतीय परम्परा को लें जिसमें दर्शन मात्र चिन्तन नहीं बल्कि जीवन से जुड़ा माना जाता है तो शंकर और रामानुज के बाद, मध्ययुग में रामानन्द और कबीर, नानक और चैतन्य, दादू और ख्वाजा नजिमुद्दीन, राम-कृष्ण आदि भी उसी अर्थ में दार्शनिक हैं। आधुनिक युग के राममोहन राय, केशवचन्द्र सेन, ईश्वर चन्द्र विद्यासागर, स्वामी दयानन्द तथा समकालीन युग के गांधी, टैगोर, विवेकानन्द, मौलाना आजाद, सर सैयद अहमद खाँ, अरविन्द, इकबाल, राधाकृष्णन, एम० एन० राय, नेहरू, जयप्रकाश नारायण, महर्षि रमण, जे० कृष्णमूर्ति आदि ऐसे नाम हैं जिन्हें यूरोपीय परम्परा में पेशेवर दार्शनिक हम भले ही नहीं कहें पर भारतीय जीवन को जिन्होंने एक समग्र दृष्टि दी है और संसार की व्यापक व्याख्या

करने का प्रयत्न किया है और इस अर्थ में किसी भी दार्शनिक से निम्नतर कोटि के दार्शनिक नहीं हैं।

शंकराचार्य के पूर्व बाह्य विचारों के साथ भारतीय विचारों के आदान-प्रदान का कोई निश्चित इतिहास नहीं है। ऐसा कहा जाता है कि यात्रियों के द्वारा सुकरात, प्लेटो तथा अरस्तू के काल में भारतीय दार्शनिक विचारों ने वहाँ के विचारकों को प्रभावित किया था, पर इसका कोई ठोस प्रमाण नहीं मिलता। एक मान्यता ऐसी भी है कि पड़ोस के फ़ारसी चिन्तन और सभ्यता पर भी आर्य चिन्तन का प्रभाव पड़ा था। जो भी हो यह नहीं कहा जा सकता कि शंकराचार्य या उनके पूर्व के भारतीय चिन्तन पर कोई विदेशी प्रभाव था। शंकराचार्य के बाद प्रायः ग्यारहवीं शताब्दी में भारत में एक ऐसे विचारक हुए जिनके दार्शनिक विचारों ने भारत के कोने-कोने में जन जीवन को प्रभावित किया; वे थे—रामनुजाचार्य। पर रामनुजाचार्य के काल में भारतीय समाज की स्थिति पूर्वकालिक स्थिति से भिन्न थी।

11वीं और 12वीं सदी में तुर्कों ने भारत पर आक्रमण किया और भारत में अपने राज्य की स्थापना की। वे इस्लाम धर्म के अनुयायी थे। यूं तो भारतवर्ष में उस काल में सर्वप्रथम प्रवेश करनेवाले अरबवासी थे परन्तु वे यहाँ एक राज्य स्थापित करने में असफल रहे। उस काल में भारत सामाजिक दृष्टि से दुर्बल था। जाति-उपजातियों का विभाजन, स्त्रियों की गिरती हुई स्थिति और अनैतिक आचार-विचार की प्रमुखता थी। जाति-प्रथा के कारण भारत का समाज ऊँच-नीच की भावना से ग्रसित था तथा विभिन्न वर्गों के बीच एक-दूसरे के प्रति घृणा थी। हिन्दू और बौद्ध दोनों ही धर्मों में कदाचार फैल गया था। परिणामस्वरूप धर्म की मूल भावना लुप्त हो गई थी और कर्मकांड ने उसका स्थान ले लिया था। यह ठीक है कि हिन्दू धर्म ने संसार के समक्ष किसी व्यक्ति का एक आदर्श, नैतिक और सामाजिक जीवन प्रस्तुत किया है। उसके अनुसार धर्म की परिभाषा कर्त्तव्य है जो किसी व्यक्ति को समाज और मानवता के लिए उपयोगी बनाता है। अतः हिन्दू धर्म किसी एक ग्रंथ, एक दर्शन, एक ईश्वर, एक देवता, एक मूर्ति या एक पैगम्बर पर आधारित नहीं है। यह एक उदार धर्म है। पर सामाजिक अवनति के कारण इसकी उदारता ही इसकी दुर्बलता और पतन का कारण बनी।

उसी काल में भारत के अनेक शासक, जिन्होंने इस्लामी विचार को हाल ही में अपनाया था, अपने नए विचार के प्रचार तथा प्रसार में उत्साहपूर्वक लगे हुए थे। इस प्रकार हिन्दू धर्म, इस्लाम धर्म, बौद्ध धर्म तथा जैन धर्म में घात-प्रतिघात चलता रहा। पर भारतीय संस्कृति की यह एक विशेषता है कि पुरानी परम्परा को विस्मृत

किए बिना नवीन तत्त्वों को आत्मसात कर लेता है। इसीलिए शासक वर्ग तथा उलेमाओं के अपने धार्मिक विचारों के प्रचार और प्रसार की नीति के बावजूद भारत में प्राचीनतम धार्मिक सम्प्रदाय किसी न किसी रूप में जीवित रहे। वैदिक धर्म, बौद्ध धर्म, जैन धर्म, वैष्णव, शैव, शाक्त तथा तान्त्रिक सम्प्रदाय उस काल में भी विद्यमान थे। इस्लाम धर्म तथा सूफ़ी सम्प्रदायों ने उन्हें अवश्य प्रभावित किया पर उन पर भी इन सम्प्रदायों का प्रभाव पड़ा है।

सूफ़ी सम्प्रदाय का प्रवेश मुसलमानी राज्य की स्थापना के पहले ही हो चुका था। भारत में आकर सूफ़ी विचारधारा पर हिन्दुओं का प्रभाव पड़ा। सत्य, अहिंसा, एकेश्वरवाद, बाह्य आडम्बरों का तिरस्कार, ईश्वर-प्रेम, संसार-त्याग आदि गुणों के समावेश में हिन्दू, बौद्ध तथा जैन धर्म का भी कुछ प्रभाव प्रतीत होता है। सूफ़ी सन्त हिन्दू योगियों की भांति जीवन व्यतीत करने लगे। भारत के अन्दर इस सम्प्रदाय की विभिन्न शाखाएँ हुईं। इस ऐतिहासिक, सामाजिक तथा राजनैतिक परिवेश में हिन्दू धर्म की धर्मांधताओं, समाज की जातियों और उपजातियों में विभाजन, कर्मकांड की महत्वपूर्णता आदि के विरुद्ध हिन्दू समाज पर इस्लाम धर्म का प्रभाव पड़ा, जिसका परिणाम मध्ययुग का भक्ति आन्दोलन था जिसके अग्रणी रामानुजाचार्य थे।

भक्ति आन्दोलन हिन्दू दर्शन में पूर्णतया नवीन विचार नहीं है। प्राचीन काल से ही मोक्ष-प्राप्ति के तीन मार्ग बताए गए हैं, ज्ञान, कर्म और भक्ति। समय-समय पर अलग-अलग मार्गों पर बल दिया गया है। मध्ययुग के दार्शनिकों ने भक्ति-मार्ग पर बल दिया है और उसी के माध्यम से सामाजिक कुरीतियों, आपसी भाईचारा, धर्मों की एकता और मानवतावाद का प्रचार किया गया। शंकराचार्य ने भी संसार को यही सदेश दिया था। पर उनके विचार तर्क पर आधारित थे और उन्होंने ज्ञान-मार्ग पर बल दिया था। पर उस काल में भारतीय समाज मुसलमानी आक्रमण से आक्रान्त था। ऐसी स्थिति में राजनीतिक सत्ता, आर्थिक व सामाजिक सुविधाओं से वंचित हिन्दुओं ने धर्म का सहारा लिया और भक्ति मार्ग का चयन किया। मुस्लिम आक्रमणों के कारण सामाजिक एकता लाने के लिए भक्ति आन्दोलन के विचारकों ने जाति प्रथा पर आक्रमण, बहुदेववाद की आलोचना, मूर्ति पूजा की आवश्यकता को गौण विचारना, एकेश्वरवाद और सभी धर्मों को एक ही ईश्वर को प्राप्त करने का मार्ग बतलाया। सम्पूर्ण मध्ययुग में देश के विभिन्न भागों में भक्ति-मार्ग के विभिन्न प्रवर्तक हुए। उनकी विश्व दृष्टि पैनी थी और अधिकांश या तो शंकराचार्य के या रामानुजाचार्य के तर्क से प्रभावित थे। जिस प्रकार यूरोपीय दर्शन में प्लेटो तथा अरस्तू दो शीर्ष विचारक हुए और उनके पश्चात् मध्ययुग का प्रारम्भ हुआ जो धर्म-प्रधान युग था उसी प्रकार भारत में भी शंकर तथा रामानुज के पश्चात

भक्ति आन्दोलन धर्म-प्रधान आन्दोलन था। जिस प्रकार यूरोपीय मध्य युग के विचारकों की दर्शन दृष्टि को दो वर्गों में रखा जा सकता है, प्लेटो-समर्थक या अरस्तूई, उसी प्रकार भक्ति आन्दोलन के अग्रणियों की दार्शनिक दृष्टि शंकर-समर्थक या रामानुज-समर्थक थी। पर अधिकतर भक्ति काल के दार्शनिक रामानुज के दर्शन का ही समर्थन करते थे।

रामानुज के समय में ही निम्बकार तथा माधवाचार्य दो शीर्ष कोटि के संत थे जिन्होंने शकर और रामानुज से भिन्न अद्वैताद्वैत तथा द्वैतवाद के दर्शन का प्रतिपादन किया था। भक्ति आन्दोलन का सर्वाधिक प्रचार किया रामानन्द ने। उन्होंने अपना विचार रामानुज सम्प्रदाय से प्राप्त किया। उन्होंने सभी जातियों और स्त्री-पुरुषों को समान स्थान दिया। उनके शिष्यों में जाट, नाई और कबीर जुलाहा भी थे।

रामानन्द के मुख्य शिष्य कबीर हुए। कबीर की दार्शनिक दृष्टि बौद्धिक तथा व्यावहारिक दोनों है। कबीरपंथी सम्प्रदाय के समर्थक हिन्दू और मुसलमान दोनों हुए। कबीर की ही भांति हिन्दू और मुसलमानों की एकता में विश्वास करने वाले पंजाब में एक संत हुए गुरुनानक। सोलहवीं सदी में कृष्ण की भक्ति में विश्वास करनेवाले सन्त बल्लभाचार्य हुए। पूरब में भक्ति मार्ग के एक और महान सन्त हुए चैतन्य। उन्होंने बंगाल व उड़ीसा के जनजीवन को अत्यधिक प्रभावित किया है। 15वीं सदी में महाराष्ट्र में नामदेव ने भक्ति मार्ग का प्रचार तथा प्रसार किया।

भक्ति मार्ग की यही धारा मुग़ल काल में वर्तमान रही। संत ज्ञानेश्वर, तुकाराम, रविदास, मलुकदास, चंडीदास, सूरदास, तुलसी सरीखे कई अन्य सन्त हुए जिन्होंने भक्ति मार्ग का प्रसार किया। भक्तिमार्ग के दो मुख्य उद्देश्य थे, हिन्दू धर्म में सुधार लाना तथा मूर्ति पूजा तथा जाति प्रथा को समाप्त करना। तत्काल तो इन विचारकों को कुछ सफलता मिली पर यह सफलता स्थायी नहीं रही। विभिन्न प्रचारकों की मृत्यु के पश्चात जो सुधार हुआ था वह स्थायी नहीं रह सका। औरंगजेब के बाद मुगल बादशाहों का वर्चस्व भी घटने लगा और पूर्वकालीन मुगल बादशाहों के समान उनमें कोई भी उतना दूरदर्शी तथा बुद्धिमान नहीं हुआ। हिन्दू समाज में फिर से जातिवाद, ऊँच-नीच का भाव, धार्मिक कट्टरता तथा अन्य सामाजिक कुरीतियाँ फैल गईं। पर इस काल में मुस्लिम समाज भी इन बुराइयों से अछूता नहीं रहा।

जब हिन्दू धर्म का पहले-पहल सामना इस्लाम धर्म से हुआ तो परस्पर उन बातों से आकर्षित हुए जो उनमें नहीं था। हुमायुन कबीर ने कहा है कि इस्लाम के पास भारत को भेंट करने के लिए सामाजिक चिन्तन में थी समानता की परम्परा, धर्म में

पुरोहिताई से मुक्ति और दर्शन में मूर्त और विशिष्ट के प्रति श्रद्धा। इसका परिणाम हुआ दो संस्कृतिओं तथा चिन्तनों का तेजी से समन्वय। इसका उदाहरण कबीर के अध्यात्मवाद में मिलता है। अकबर द्वारा दीने इलाही की कल्पना उसी समन्वयात्मक प्रक्रिया की एक कड़ी है। अपने विशुद्ध अद्वैतवादी रूप में वेदान्त कभी भी जनसाधारण को प्रभावित नहीं कर सका। सूफ़ी चिन्तन के प्रभाव में एक नई मानवतावादी धार्मिक दृष्टि उभरी। यही उभरती ईश्वरवादी-मानवतावादी दृष्टि राममोहन राय तथा अन्य आधुनिक विचारकों के चिन्तन की नींव बनी।

संक्षेप में हम कह सकते हैं कि मध्ययुग का दार्शनिक चिन्तन धर्म-प्रधान था। पर इसका यह अर्थ कदापि नहीं है कि उस युग के विचारकों ने तत्त्वशास्त्रीय प्रश्नों पर विचार किया ही नहीं। सभी उल्लेखनीय सन्तों ने अपने तत्त्व-सम्बन्धी विचारों को नए रूप में प्रगट किया है, पर हाँ उनके मत तर्कों वा बौद्धिक अनुशीलन पर आधारित नहीं हैं।

प्राचीन भारतीय दार्शनिकों ने तार्किक विश्लेषण की पद्धतियों के प्रयोग से तत्त्व के स्वरूप का मात्र निरूपण नहीं किया था अपितु ऐसे साधनों को बतलाया जिससे व्यक्ति इस संसार में अपना स्थान पा सके और मुक्ति प्राप्त कर ले। अतः बड़े से बड़ा दार्शनिक मात्र तार्किक बन कर सन्तुष्ट नहीं हुआ। उसने अपनी जीवन-पद्धति को उसी में ढाल दिया तथा सम्पूर्ण समाज को प्रभावित किया। कुछ ने तो इसी प्रयास के उपरान्त ऐसी जीवन-दृष्टि ग्रहण कर ली जिसमें तर्क का स्थान अपेक्षाकृत गौण है।

मध्ययुग के सन्तों ने तार्किक अनुशीलन की पद्धति को छोड़ तर्कोपरि अन्तः-प्रज्ञात्मक पद्धति की परिपाटी अपनाई है। यदि इस कारण से कोई आलोचक उनके विचारों को दार्शनिक परिवेश के बाहर मानता है या उन सन्तों को दार्शनिक चिन्तक की कोटि में नहीं रखता हो और उन्हें वे दार्शनिक भले ही न कहें पर उनकी भी अपनी तत्व-दृष्टि रही है और उनके विचारों ने मानव समाज के अधिकांश व्यक्तियों को प्रभावित किया है।

मध्ययुग का चिन्तन अन्तर्मुखी है। उस युग के विचारकों ने बाह्य जगत को अपेक्षाकृत आन्तरिक तत्त्व की तुलना में गौण माना है। अतः उनके मतानुसार आन्तरिक तत्त्व के बोध का साधन वास्तविक ज्ञान है।

मध्ययुग के विचारकों की भाषा ऐसी रही है जो जनसाधारण को छू सके। अतः प्राचीन मनीषियों की तरह संस्कृत में नहीं अपितु सरल भाषा में कविताओं, सूक्तियों और दोहों के द्वारा उन्होंने अपने विचारों को प्रकाशित किया है।

मध्ययुगीन चिन्तन, इसीलिए, समन्वयात्मक है। यह हिन्दू धार्मिक चिन्तन, बौद्ध, जैन, इस्लाम तथा सूफ़ी मत से प्रभावित है।

भक्ति आन्दोलन में भक्ति-मार्ग पर बल अवश्य दिया गया है पर उस युग के विचारकों ने प्राचीन भारतीय वैचारिक परम्परा को नहीं छोड़ा है। अतः उनके दार्शनिक विचार प्राचीन भारतीय दार्शनिक विचारों का ही पालन करते हैं।

राजनीतिक दृष्टि से 18 वीं सदी में यूरोपीय विदेशियों की दृष्टि भारत पर पड़ी, विशेष रूप से अंग्रेजों की। वे भारत में तिजारत करने आए पर धीरे-धीरे यहाँ की राजनीति में हस्तक्षेप कर मुगलों को बन्दी बना कर भारत के शासक बन गए। अँग्रेज ईसाई धर्मावलम्बी थे। उसी काल में ईसाई धर्म के प्रचारकों ने भारत में प्रचार और प्रसार का काम प्रारम्भ किया और भारतीय समाज को प्रभावित करने लगे। इस प्रकार पिछली शताब्दी के प्रारम्भ में भारतीय चिन्तन पाश्चात्य विचारों से प्रभावित होने लगा। अँग्रेजों ने नई शिक्षा पद्धति लागू की और भारतीय धार्मिक विचारों में कोई हस्तक्षेप नहीं किया तो भी उन्होंने ईसाई धर्म के प्रचारकों को कई सुविधाएँ दीं।

ईसाई धर्म का भारतीय मानस पर बहुत अधिक प्रभाव पड़ा। पर सर्वाधिक भारतीय चिन्तन में अन्तर डाला पाश्चात्य वैज्ञानिक दृष्टि ने। आधुनिक युग की पश्चिमी वैज्ञानिक क्रान्ति ने वहाँ के दार्शनिक, सामाजिक और राजनैतिक चिन्तन में घोर परिवर्तन ला दिया था। विज्ञान की उत्तरोत्तर प्रगति ने संसार को चकाचौंध कर दिया था। स्वतन्त्र चिन्तन की परिपाटी प्रारम्भ हो गई थी। दर्शन धार्मिक हठधर्मों से मुक्त हो तर्क और बौद्धिक अनुशीलन पर आधारित हुआ।

पाश्चात्य सम्पर्क से भारतीय जन मानस पर तीन प्रकार की प्रतिक्रियाएँ हुईं, (पहली) वैसे चिन्तक जिन्होंने जो भी पाश्चात्य था उसे सन्देह की दृष्टि से देखा और भारतीय दार्शनिक, धार्मिक तथा सामाजिक परम्पराओं को श्रेष्ठतर विचारा, (दूसरी) जिन्होंने पाश्चात्य विचारों को ही श्रेष्ठतम स्वीकार किया तथा वहाँ की दार्शनिक, धार्मिक तथा सामाजिक परम्पराओं को ग्राह्य और (तीसरी) वैसे चिन्तक जिन्होंने वैसी भारतीय परम्पराएँ वा दार्शनिक या धार्मिक विचारों को ग्राह्य माना जो बुद्धि और तर्क की कसौटी पर खरे उतरे और वैसे पाश्चात्य विचारों को जो श्रेष्ठतम भारतीय परम्पराओं के विरूद्ध नहीं थे। उन्होंने पूरब और पश्चिम के विचारों का समन्वय स्थापित करने का प्रयत्न किया। इस दिशा में राजा राममोहन राय अग्रणी रहे हैं। आधुनिक भारत के प्रायः सभी प्रमुख विचारकों को पाश्चात्य विज्ञान और वैज्ञानिक प्रणाली का आकर्षण रहा है। केशवचन्द्र सेन, विवेकानन्द, तिलक, टैगोर, कुमारस्वामी, सभी विचारकों पर विज्ञान का प्रभाव रहा है। इसलिए आधुनिक भारतीय चिन्तन बौद्धिक है तथा तर्क पर आधारित।

विज्ञान के प्रति इस आकर्षण के बावजूद भारतीय चिन्तन अर्द्ध बीसवीं सदी तक अपनी परम्पराओं को पूर्णतः त्याग नहीं सका है। मानवीय कल्याण के साधन के रूप में विज्ञान को तो उन्होंने अपनाया है पर प्राचीन दार्शनिक चिन्तन तथा मध्ययुगीन सन्तों की अन्तंदृष्टियों की अवहेलना नहीं की है और मूलभूत आदर्शवादी दृष्टिकोण को छोड़ा नहीं है। उन्होंने तर्क और वैज्ञानिक पद्धति को विश्व दृष्टि के लिए आवश्यक माना है पर धर्म के आधार को ढाहा नहीं है। आज भी वे इस बात को स्वीकारते हैं कि दार्शनिक चिन्तन मात्र बौद्धिक अभ्यास नहीं, जीवन पद्धति को संचालित करने का साधन है। दर्शन को उन्होंने जीवन से जोड़ा है जो भारतीय परम्परा रही है। जहाँ परम्पराओं से वे कटे हैं वहाँ कटे पतंग की भाँति कभी उनके विचारों ने भले ही वायु के झोंके से आसमान की ऊँचाई को छुआ है पर अन्त में उसी पुरानी धरती पर गिर कर चूर हो जाते हैं। राममोहन राय से लेकर राधाकृष्णन तक भारतीय विचारकों की विश्व दृष्टि धर्म से ही निर्धारित होती है।

संक्षेप में, आधुनिक भारतीय चिन्तकों ने आधुनिक वैज्ञानिक तथ्यों तथा आनुभविक दृष्टि को अपने चिन्तन का आधार बनाया है, पर हजारों वर्ष की विरासत की अवहेलना नहीं कर सके हैं। उन्होंने भी दर्शन को मात्र संकीर्ण बौद्धिकता तक सीमित नहीं रखा है अपितु दर्शन को जन-साधारण से जोड़ने का प्रयत्न किया है। इस दृष्टिकोण में पूरब और पश्चिम का समन्वय देखने को मिलता है। इस अर्थ में भारत में असाधारण सर्जनात्मक और विचार मूलक प्रतिभावान चिन्तकों की एक लम्बी पंक्ति है। राममोहन राय, केशवचन्द सेन, विद्यासागर, टैगोर, विवेकानन्द, अरविन्द आदि ने बीसवीं सदी के अर्द्धशतक में ही दर्शन को एक नई दिशा दी। यह दार्शनिक चिन्तन का पुनरुत्थान अथवा जागृति का युग माना जा सकता है। कुछ आलोचकों ने आधुनिक भारतीय चिन्तन पर आक्षेप करते हुए कहा है कि इसमें सृजनात्मकता का अभाव है। पुरानी शराब ही नए बोतलों में भर दी गयी है। पर ऐसी आलोचना तर्कसंगत नहीं है। विचार शून्य से उत्पन्न नहीं होते और उनके तारतम्य में एक कड़ी होती है। इस दृष्टि से यदि नए विचारों को मात्र आकार-परिवर्तन विचारें तो यह एक भूल होगी। वेद और उपनिषद्, शंकर और रामानुज के विचार छलांग लगाकर आधुनिक काल में नहीं पहुंचे। उनमें भी निरन्तरता है इसलिए आज का भारतीय विचार मात्र पुनरावृत्ति नहीं है। आधुनिक भारतीय चिन्तकों ने पुराने का मात्र अर्थ निरूपण नहीं किया है। उनके गर्भ में अतीत अवश्य है पर भविष्य की भी झांकी मिलती है।

इस बात में कोई सन्देह नहीं है कि परम्परा का पालन करते हुए आधुनिक भारतीय चिन्तकों के विचार आध्यात्मिक हैं। पर उनकी आध्यात्मिकता एकांगी नहीं है। उन्होंने तत्त्व वा ईश्वर-आत्मा आदि विषयों को मानव अस्तित्व से असम्बद्ध कर

नहीं विचारा है। उन्होंने प्रधानता दी है मानव अस्तित्व को। व्यक्ति को वास्तविक विचार कर, उसके सुख-दुःख, उसकी आकांक्षाओं को सत्य मानकर वे उसकी मुक्ति का मार्ग ढूंढ़ते हैं। अतः उनके विचारों का केन्द्र बिन्दु, परलोक से इहलोक, ईश्वर से व्यक्ति की ओर खिसकता नजर आता है।

आधुनिक भारतीय चिन्तकों के चिन्तन की विधि भी प्राचीन विचारकों से भिन्न रही है। अधिकांश प्राचीन विचारकों के अनुसार गूढ़तम समस्याओं का समाधान तथा चित्रण बौद्धिक स्तर से उठकर ही सम्भव है, पर आधुनिक भारतीय विचारकों ने पाश्चात्य विचारकों की भांति मनुष्य की बौद्धिक क्षमता को सीमित नहीं माना है। बौद्धिक प्रयासों से ही व्यक्ति में एक आन्तरिक सूझ उत्पन्न होती है जिसे वे अन्तर्दृष्टि कहते हैं। अन्तर्दृष्टि कोई असाधारण या वैयक्तिक शक्ति के रूप में नहीं विचारा गया है। यह सभी को उपलब्ध हो सकता है।

आधुनिक भारतीय चिन्तकों का दृष्टिकोण मानववादी है। उनकी चिन्ता मात्र व्यक्ति की मुक्ति नहीं मानव कल्याण है। वे ऐसी स्थितियों की कल्पना करते हैं जिसमें व्यक्ति की सभी नैसर्गिक शक्तियों को पूर्णतया विकसित होने का अवसर मिले। मनुष्य को ऐसा कर लेने की स्वयं उसमें क्षमता भी है। इसके लिए उसे किसी दैवी शक्ति पर निर्भर रहने की आवश्यकता नहीं है। इसलिए आधुनिक भारतीय चिन्तक दर्शन को मानव जीवन के साथ जोड़ने का प्रयत्न करते हैं।

बीसवीं सदी के प्रथम अर्द्धशतक के अन्त में भारतीय इतिहास में एक ऐसी घटना घटी जिसने भारतीय समाज, धर्म तथा चिन्तन में एक क्रान्ति लाई। भारत अंग्रेजों की दासता से 1947 में मुक्त हुआ। भारतीय स्वयं अपने भाग्य के निर्णायक हुए। ऐसी स्थिति में ऐसे अनेक चिन्तक हुए जिन्होंने पुरातन विचारों को छोड़ चिन्तन को एक नई दिशा दी। आधुनिक काल के विचारकों ने दार्शनिक, धार्मिक तथा सामाजिक समस्याओं के अनुशीलन में बौद्धिक चिन्तन को महत्वपूर्ण विचारा था। इस प्रकार उन्होंने बौद्धिकता की नींव डाली थी। फिर यह भी कि यद्यपि वे भी परम्परागत समस्याओं, जैसे, ईश्वर, मुक्ति, पुनर्जन्म आदि से जूझते रहे पर उसमें भी उन्होंने बुद्धि का सहारा लिया और दर्शन से जीवन को जोड़ने का प्रयास किया। स्वतंत्रता प्राप्ति के बाद मानव बुद्धि की क्षमता में भारतीय विचारकों की सम्पूर्ण आस्था जम गई। पाश्चात्य वैज्ञानिक उपलब्धियों ने उन्हें प्रभावित किया और उन्होंने वैसी समस्याओं को जो प्राचीन तथा मध्ययुग में प्रधान थीं या जिनसे आधुनिक विचारक भी आकर्षित हुए थे, जैसे, मुक्ति, पुनर्जन्म सत् दृष्टि आदि, उन्हें गौण महत्व दिया और प्रत्येक व्यक्ति की भौतिक तथा आध्यात्मिक आवश्यकताओं के सम्बन्ध में विचार किया। एम० एन० राय ने समाज परिवर्तन की

बात की है, नेहरू ने बड़े-बड़े कल कारखानों को मन्दिर-मस्जिद कहा, जयप्रकाश ने सम्पूर्ण क्रान्ति की चर्चा की और कृष्णमूर्ति ने सभी आस्थाओं से छुटकारा पा लेने की चेष्टा करने को कहा। इस प्रकार वैज्ञानिक उपलब्धियों के माध्यम से उन्होंने मानव कल्याण को आदर्श माना है।

इसी काल में एटम बम का आविष्कार तथा उसकी असीमित विनाश शक्ति के कारण भारतीय चिन्तकों को मानव अस्तित्व की चिन्ता हुई और इसी संदर्भ में उन्होंने अन्तर्राष्ट्रीय नैतिकता, धर्मों की एकता तथा एक मानव समाज की कल्पना की है और उसके स्वरूप के विषय में चिन्तन किया है।

इन विचारकों को असीमित मानव शक्ति में अटूट विश्वास है और ये विचारते हैं कि मानव चिन्तन एक वैसे संसार की सृष्टि कर ही सकता है। इस अर्द्धशतक में एम० एन० राय, नेहरू, जे० कृष्णमूर्ति, जयप्रकाश नारायण इस दिशा में अग्रणी रहे हैं। पर इससे मेरा तात्पर्य यह नहीं है कि पुरानी परम्परा के विचारक इस काल में हैं ही नहीं। महर्षि रमण ने प्राचीन परम्परा को ही आगे बढ़ाने का प्रयत्न किया है। श्री जे० कृष्णमूर्ति भी उसी परम्परा से प्रभावित हुए हैं पर निषेधात्मक रूप में। उन्होंने प्राचीन परम्पराओं को तार्किक आधार पर नकारने का प्रयत्न किया है। अतः भारतीय चिन्तन के इस अर्द्धशतक में प्राचीन आध्यात्मिक परम्पराओं तथा आधुनिक वैज्ञानिक उपलब्धियों को समेटते हुए एक नवीन विश्व दृष्टि पाने तथा एक नवीन संसार के रचने का प्रयास है।

अशोक कुमार वर्मा

राजा राममोहन राय का धर्म-दर्शन

धर्म एवं धर्म दर्शन

धर्म एवं धर्म-दर्शन में भेद है। ईसाई धर्म, सिक्ख धर्म, इस्लाम धर्म, पारसी-धर्म, बौद्ध धर्म, हिन्दू धर्म एवं जैन धर्म, धर्म हैं। हिन्दू-धर्म को छोड़कर अन्य सभी धर्म के कोई-न-कोई प्रवर्तक हैं। हिन्दू धर्म सनातन धर्म है। यह पुरातन काल से ही चला आ रहा है। वेद, उपनिषद, गीता पर यह धर्म आधारित है। ईसाई धर्म के प्रवर्तक ईसामसीह थे। सिक्ख धर्म के प्रवर्तक गुरुनानक थे, इसी प्रकार इस्लाम धर्म के प्रवर्तक हज़रत मुहम्मद साहब थे।

धर्म दर्शन विभिन्न धर्मों पर विचार-विमर्श करता है। धर्म के गुण दोषों की विवेचना करना, धर्म की विभिन्न मान्यताओं को युक्ति सम्मत बनाना ही धर्म-दर्शन है। धर्म-दर्शन धर्म का अध्ययन है, धर्म नहीं।

धर्म-दार्शनिक के रूप में राजा राममोहन राय

राजा राममोहन राय एक धर्म-दार्शनिक थे। वे धर्म-प्रवर्तक नहीं थे। उन्होंने कोई नया धर्म नहीं चलाया। अपने समय के प्रचलित धर्मों पर उन्होंने विचार विमर्श किया। हिन्दू धर्म में प्रचलित रीति-रिवाजों पर टीका-टिप्पणी किया, तथा उसे अबौद्धिक बताया। उन्होंने हिन्दू धर्म में प्रचलित अनेकेश्वरवाद, बहुदेव पूजनवाद, मूर्त्तिपूजा का जोरदार खण्डन किया। धर्म के नाम पर अपने को कष्ट देने वाला चरकपूजा, प्रथम संतान को गंगादशहरा के अवसर पर गंगा सागर में जीवित प्रवाहित कर देने की प्रथा का विरोध किया। धर्म के नाम पर प्रचलित बहु-विवाह, सती-प्रथा, बाल विवाह आदि को भी राममोहन राय ने गलत और अनुचित बतलाया।

राममोहन राय के धर्म-दर्शन का अध्ययन करने के पहले उनके जीवन एवं शिक्षण, उस समय का वातावरण जिसका प्रभाव उनकी चिंतन प्रक्रिया पर पड़ा, उनका विभिन्न संस्कृतियों के साथ सम्पर्क, शिक्षा—आदि का ज्ञान होना जरूरी है।

राममोहन राय की जीवनी, शिक्षण एवं वातावरण

राममोहन राय का जन्म बंगाल में राधानगर ग्राम के एक ब्राह्मण परिवार में 1773 ई० में हुआ था। राममोहन राय की आत्मकथा के अनुसार उनके पिता वैष्णव मत के अनुयायी थे और उनकी माता शाक्त मत की थी। उस समय बंगाल

में वैष्णव और शाक्त एक दूसरे को सुहाते नहीं थे। किन्तु विवाहोपरान्त राममोहन की माता ने अपने पति का मत अपना लिया। उनके परिवार में राधागोविन्द की उपासना होती थी। इस प्रकार धर्मनिष्ठ परिवार में जन्म लेकर बाल्य काल से ही राममोहन धर्म एवं धार्मिक चर्चाओं में रुचि लेने लगे थे। प्रतिदिन भगवत पुराण का पाठ करना राममोहन के शैशव का एक अंग बन गया था। अपने पिता एवं जो सन्त उनके यहाँ आते थे, उनके साथ राममोहन राय प्रायः विचार-विमर्श करते थे।

राममोहन की प्रारम्भिक शिक्षा गुरु महाशय के यहाँ हुई। उस समय राजभाषा फ़ारसी थी। मौलवी साहब की देख-रेख में राममोहन ने उर्दू-फ़ारसी पढ़ा। उस समय पटना अरबी भाषा के ज्ञान का केन्द्र माना जाता था। अतः राममोहन अरबी भाषा के अध्ययन के लिए पटना गये। अरबी, फ़ारसी भाषा के विद्वानों के निरीक्षण में राममोहन ने केवल मूल अरबी भाषा में कुरानशरीफ़ का अध्ययन ही नहीं किया बलिक सूफी सन्तों के सम्पर्क में भी आये। सूफी मत द्वारा प्रतिपादित एकेश्वरवाद ने उन्हें बड़ा ही प्रभावित किया। डा० ब्रजेन्द्रनाथ सील के अनुसार उन्होंने पटना के प्रवास में प्लेटो एवं एरिस्टोट्ल जैसे यूनानी दार्शनिकों का भी अध्ययन किया। उन्होंने तुहफ़तुलमुआहिद्दीन' नामक एक ग्रंथ की रचना भी की। इस ग्रंथ में उन्होंने तार्किक ढंग से एकेश्वरवाद के पक्ष में अपने विचार को रक्खा है। सूफ़ी सन्तों एवं कवियों की रहस्यवादी कविताओं का उनपर गहरा प्रभाव पड़ा। वे हफ़ीज और शादि की उक्तियों को अपने लेखों में प्रायः उद्धृत करते थे।

पटना के प्रवासकाल में इस्लाम धर्म का एकेश्वरवाद, निराकार रूप में परमेश्वर की उपासना, धर्मकर्म में रत मुसलमानों का जीवन उन्हें गहरे रूप से प्रभावित किया। उनके ख्यालातों के कारण लोग उन्हें जबरदस्त मौलवी की संज्ञा देने में नहीं हिचकते थे। इस्लाम धर्म से इस प्रकार प्रभावित देखकर राममोहन की माता हत्प्रभ रह गईं। शीघ्र ही उन्हें बनारस संस्कृत अध्ययन के लिए भेजा गया। बनारस उस समय संस्कृत शिक्षा का केन्द्र होने के साथ-साथ हिन्दू धर्म का गढ़ भी था। राममोहन ने संस्कृत के जानेमाने पंडितों के निर्देशन में वेद, उपनिषद, स्मृतियों एवं पुराणों का अध्ययन किया। बनारस में ही विभिन्न भारतीय दर्शनों का भी उन्होंने अध्ययन किया। हिन्दू-धर्म के मूल ग्रंथों को पूर्णमनोयोग के साथ पढ़ा।

जब राममोहन केवल चौदह वर्ष की आयु के थे, उनका सम्पर्क प्रसिद्ध कौल तांत्रिक स्वामी हरिहरानन्द तीर्थस्वामी से हुआ। स्वामी हरिहरानन्द के निर्देशन में राममोहन ने कुलार्णव तंत्र, महानिर्वाण तंत्र एव अन्य तंत्रशास्त्रों का अध्ययन किया। तंत्रशास्त्र पर अन्वेषण करने वाले प्रसिद्ध विद्वान आर्थर एभलॉन ने लिखा है कि हरिहरानन्द तीर्थस्वामी द्वारा लिखित महानिर्वाण तंत्र पर भाष्य की पांडुलिपि

राजा राममोहन राय की ही हस्तलिपि में है। यह कहना कठिन है कि राममोहन किस सीमा तक इस कौल तांत्रिक से प्रभावित थे, किन्तु उनके लेखों में कुलानंद एवं महानिर्वाण तंत्र के विभिन्न उद्धरण, जो एकेश्वरवाद का समर्थन करते हैं, उपलब्ध हैं।

बनारस से लौटने के बाद वे जॉन डिग्बी के सम्पर्क में अपनी नौकरी के सिल-सिले में आये। जॉन डिग्बी से उनका काफी अच्छा सम्बन्ध था। जॉन डिग्बी के यहाँ धार्मिक पत्रिकाएँ अंग्रेजी भाषा में आती थीं। उनके बारे में जानने की उत्सुकता ने उन्हें अंग्रेजी भाषा जानने के लिए उत्प्रेरित किया। जॉन डिग्बी, अलेक्जेण्डर डफ, डेविड हेयर की मदद से उन्होंने अंग्रेजी भाषा शीघ्र ही सीख ली। ईसाई धर्म पत्रिकाओं के माध्यम से ईसाई धर्म के बारे में जानने की उत्सुकता जगी और उन्होंने हेब्रु भाषा सीख कर, बाइबिल का मूल रूप में अध्ययन किया। यहूदी धर्म के ओल्ड टेस्टामेंट और ईसाई धर्म के न्यू टेस्टामेंट का गहन अध्ययन कर उन्होंने न्यू टेस्टामेंट में वर्णित आचारशास्त्र को बौद्धिक मानव के लिए अति उपयुक्त पाया। उन्होंने 'परसेप्ट्स ऑफ जिसस' पुस्तक लिखी जिसमें उन्होंने ईसाई धर्म के, अन्य तथ्यों से पृथक् कर, आचारशास्त्र के नियमों को मानव के लिये अति उपयोगी बताया है। ईसाई धर्म के इस उपदेश 'जैसा तुम दूसरों से अपेक्षा करते हो वैसा ही व्यवहार उनके साथ करो' ने उन्हें बहुत ही प्रभावित किया। ईसाई धर्म के समर्थकों एवं धर्म प्रचारकों के साथ उनका विवाद बहुत दिनों तक चला और अपने लेखों में ईसाई धर्म के विभिन्न तथ्यों की आलोचना करते हुए एकेश्वरवाद का समर्थन एवं ईसाई धर्म द्वारा प्रतिपादित आचार दर्शन के महत्व को स्वीकार किया है।

राजा राममोहन राय के समय भारत की दशा

राजा राममोहन राय का आविर्भाव जिस काल में हुआ वह भारत के पतन का युग था। कुशल प्रशासन का सर्वथा अभाव था। यह वह समय था जब मुगल शासन का अवसान हो रहा था तथा ब्रिटिश शासन अपना जड़ जमा चुकी थी। उस समय वारेन हेस्टिंग्स भारत के प्रथम गवर्नर जनरल नियुक्त हुए थे। शासन व्यवस्था अस्तव्यस्त थी। हाल ही में हुए बंगाल के अकाल ने लोगों को भूखा और नंगा कर दिया था। साधारण जनता की आर्थिक स्थिति बड़ी खराब थी। गरीबी बंगाल में अपना नंगा नाँच दिखा रही थी। इस अकाल में कई लोगों की जानें चली गई थी।

नैतिक मूल्यों का ह्रास हो चुका था। चोरी, बेईमानी और झूठ का बाजार गर्म था। समाज छुआ-छूत के रोग से ग्रसित था। अछूतों को जनसाधारण के कुएँ से पानी भी पीने नहीं दिया जाता था। वे शूद्र कहलाते थे। उन्हें अन्य

जातियों के साथ बैठने भी नहीं दिया जाता था। समाज में ब्राह्मणों की बड़ी प्रतिष्ठा थी। ब्राह्मणों का आचार-व्यवहार कैसा भी क्यों न हो, वे पूज्य समझे जाते थे। ब्राह्मणों के प्रति लोगों की असीम श्रद्धा थी। वेद, उपनिषद का अध्ययन करने का अधिकार केवल ब्राह्मणों को था। किन्तु अधिकांश ब्राह्मण अनपढ़ थे। अपने पूर्वजों से कुछ मंत्रों को बिना अर्थ समझे रटकर तोता की भाँति जब तब सुनाकर जन-साधारण को मुग्ध कर लेते थे। पुजारीवाद की बन आई थी। चूँकि वेदादि ग्रंथ जनसाधारण की पहुँच के बाहर थी इसलिए वे मनमाने ढंग से धार्मिक अनुष्ठानों को करने का आदेश देते थे। प्रायश्चित के नाम पर ये पुजारी जनता का मनमाने ढंग से शोषण करते थे और अपना जीवनयापन करते थे।

ब्राह्मणों में जो उच्चकुल में जन्मे होते थे वे कुलीन ब्राह्मण कहलाते थे। कुलीन ब्राह्मणों के यहाँ अपनी कन्या देने में गर्व का अनुभव करते थे। कुलीन प्रथा के कारण ब्राह्मणों में बहु-विवाह की प्रथा व्याप्त थी। बहु-विवाह की इस प्रथा के कारण कई स्त्रियाँ कष्टमय जीवन व्यतीत करती थीं क्योंकि विवाहित होने पर भी उन्हें वैवाहिक सुख प्राप्त नहीं था। अनमेल विवाह और वैधव्य का दुःख स्त्रियों को झेलना पड़ता था। इस प्रथा के अन्दर कई बार पुरुष इतने विवाह कर डालता था कि वह अपनी पत्नी को भी नहीं पहचान पाता था। समाज इस प्रकार पुरुष-प्रधान था। स्त्रियों में शिक्षा का अभाव था और वे पुरुष वर्ग के शोषण का शिकार थीं।

समाज में सती-प्रथा व्यापक रूप से फैली थी। इस प्रथा के अन्तर्गत पति की मृत्यु होने पर उसकी सभी पत्नियों को पति की चिता के साथ जल जाना पड़ता था। स्त्रियाँ स्वेच्छा से मृत्यु का वरण नहीं करती थीं बल्कि उन्हें ऐसा करने के लिए बाध्य किया जाता था। ढोल-बाजे की सम्मिलित आवाज में उनका क्रन्दन डूब जाता था, चिता से वे अगर बाहर निकल कर अपने को बचाना चाहती थीं तो वहाँ पर उपस्थित लोगों द्वारा उन्हें बाँसों से ठेल कर पति के साथ जलने के लिए बाध्य किया जाता था। सती-प्रथा मानव की बर्बरता और अमानुषिकता का द्योतक थी। इस कुप्रथा के कारण हर वर्ष कई स्त्रियाँ भरी जवानी में पति के शव के साथ जलाई जाती थीं। सती से सम्बन्धित परिवार को प्रतिष्ठा की दृष्टि से देखा जाता था। इस कारण भी सती-प्रथा को बढ़ावा मिलता था।

शिक्षा का अभाव पूरे देश में था। इने-गिने लोग ही ढंग के शिक्षालयों में शिक्षा पाते थे। अधिकांश जनता गाँव के मक्तब या पाठशाला में पढ़ना लिखना सीखती थी। वैज्ञानिक और तकनीकी शिक्षा का नितान्त अभाव था। अंग्रेजों द्वारा जो स्कूल चलाये जाते थे उसका उद्देश्य लोगों को गुलामी करने सिखाना था। लड़कों की प्रतिभा के विकास के लिए न साधन था, न सुयोग।

धर्म के क्षेत्र में भी इसी प्रकार पतन हो चुका था। धर्म के नाम पर अंध-विश्वास का बोलबाला था। परमसत्ता के रूप में एक ईश्वर की उपासना के बदले अनेक देवी-देवताओं की उपासना प्रचलित थी। पेड़, पहाड़ और नदी की पूजा की जाती थी। मूर्त्तिपूजा का बाहुल्य था। पूजा के नाम पर तीर्थ, व्रत आदि की महत्ता दी जाती थी। बंगाल में धर्म के नाम पर लोग दो सम्प्रदाय में विभक्त हो गये थे : वैष्णव तथा शाक्त। वैष्णव मतवाले विष्णु की उपासना करते थे तथा शक्ति की उपासना करने वाले शाक्त कहलाते थे। उपासना से अधिक महत्त्व ये लोग एक दूसरे पर छिटाकशी करने में देते थे। धर्म के नाम पर ढोंग और आडम्बर को महत्त्व दिया जाता था। धार्मिक ग्रन्थों का अध्ययन नहीं के बराबर था। पुजारी कुछ श्लोकों को तोते की भाँति रट कर अपनी जीविका चलाते थे। धार्मिक कृत्य का ज्ञान लोगों में नहीं था। मन्दिर में अपनी जिह्वा काट कर बलि चढ़ाना, पशुओं की बलि देना, जगन्नाथ के रथ के नीचे दब कर अपने प्राणों की आहुति दे देना, शरीर में बर्छा घुसा कर नाँचना, जमीन पर खाली बदन लोटना इत्यादि को ही लोग धार्मिक कृत्य समझ बैठे थे।

राजा राममोहन राय के समय भारत एवं बंगाल की यही दयनीय दशा थी। इसी समय भारत में ईसाई धर्म का प्रचार करने के लिए कई ईसाई पादरी आये। ये ईसाई पादरी बाजारों में, चौक पर खड़े होकर ईसाई धर्म की प्रशंसा और हिन्दू धर्म की भर्त्सना करते थे। ईसाई पादरी हिंदू धर्म की पौराणिक कथाओं को ही हिन्दू धर्म का पर्याय मानकर, हिन्दू धर्म के देवी-देवताओं के कृत्यों का मखौल उड़ाते और हिन्दुओं को ईसाई धर्म ग्रहण करने के लिये प्रेरित करते थे। ईसाई पादरियों द्वारा हिन्दुओं के धार्मिक कृत्यों का मज़ाक उड़ाना राममोहन जैसे विद्वान को बहुत खला। उनके सामने दो समस्याएँ थीं :—

प्रथम समस्या यह थी कि देशवासियों को भी अपने धर्म का ज्ञान नहीं था। उन्हें अपने धर्म का ज्ञान इसलिए नहीं था कि हिन्दू-धर्म ग्रंथ संस्कृत भाषा में थे और ये ग्रन्थ इतने अधिक पवित्र माने जाते थे कि सर्वसाधारण को इन ग्रन्थों को स्पर्श करने की भी इज़ाजत नहीं थी। केवल ब्राह्मणों को ही इन ग्रन्थों को छूने एवं पढ़ने का अधिकार था। जन साधारण के लिए हिन्दू धर्म वही था जो ये अनपढ़ पुरोहित या पुजारी बतलाते थे। अतः देशवासियों को भी वास्तविक हिन्दू धर्म का ज्ञान देना उनके जीवन का एक मुख्य कार्य था।

दूसरी समस्या थी कि अंग्रेज पादरियों को भी सही हिन्दू धर्म का ज्ञान देना। इन्हीं दो उद्देश्यों की पूर्ति के लिये राममोहन ने विभिन्न उपनिषदों, वेदान्त ग्रंथों का आंग्ल भाषा एवं मातृभाषा दोनों में अनुवाद किया और जनता में वितरण करवाया।

उनका उद्देश्य था कि सभी भारतवासी एवं विदेशी अंग्रेज जान लें कि वास्तव में हिन्दू धर्म क्या है। इन ग्रन्थों के द्वारा राममोहन ने बताया कि मूलरूप में हिन्दू धर्म एकेश्वरवादी धर्म है और इस परमसत्ता की उपासना ही धर्म है। धार्मिक जीवन इस प्रकार एक परम सत्ता में निष्ठा रख कर सभी के साथ मिलजुल कर प्रेम के साथ रहने में है।

जन साधारण धर्म का उद्देश्य स्वर्ग-प्राप्ति मानते थे। स्वर्ग से उनका तात्पर्य भावी जीवन में नाना प्रकार के सुखों का उपभोग करना था। जीवन-मरण के बन्धन से छुटकारा पाना अर्थात् मोक्ष प्राप्ति का उद्देश्य उनके सामने नहीं था। स्वर्ग-प्राप्ति के लिये ही लोग अपने शरीर को नाना प्रकार का कष्ट देते थे।

राममोहन के धर्म-दर्शन का ज्ञान मीमांसीय आधार

राजा राममोहन राय ने देश की इस गिरती अवस्था को स्वयं अनुभव किया। इस्लाम धर्म, ईसाई धर्म एवं हिन्दू धर्म के सभी धर्म ग्रन्थों का अध्ययन कर उन्होंने धर्म एवं धार्मिक विश्वासों को सही दिशा देने का प्रयास किया। पतन की इस अवस्था से निकाल कर देश एवं देशवासियों को प्रगति के पथ पर खड़ा करने के लिये उन्होंने प्रयास किया। इसी कारण राजा राममोहन राय को आधुनिक भारत का पिता कहा जाता है। आधुनिक भारत के सृजनहारों में राजा राममोहन राय का नाम श्रद्धा के साथ लिया जाता है। इस विषय पर हम बाद में चर्चा करेंगे।

इतना स्पष्ट है कि विभिन्न धर्मों के अध्ययन करने के कारण राममोहन राय का विचार संकुचित नहीं था। उनकी दृष्टि उदार थी। उनका दृष्टिकोण एकांगी नहीं था। अपने विचारों को उन्होंने समीक्षात्मक ढंग से रखने का प्रयास किया। धर्म एवं धार्मिक सत्यों की प्राप्ति के लिए ज्ञान के विभिन्न साधनों की परीक्षा कर राममोहन ने यह निश्चित किया कि कौन-से साधन ऐसे हैं जो हमें धार्मिक सत्यों की प्राप्ति में सहायता दे सकते हैं।

ज्ञान प्राप्ति के प्रमुख साधन हैं :—(1) प्रत्यक्ष (2) अनुमान तथा (3) शब्द।

प्रत्यक्ष ज्ञान साधारणतः सत्य और संशय रहित माना जाता है। अपनी ज्ञानेन्द्रियों एवं वस्तुओं के सम्पर्क से जो ज्ञान प्राप्त होता है, उसे प्रत्यक्ष ज्ञान कहते हैं। प्रत्यक्ष ज्ञान असंदिग्ध माना जाता है। किन्तु राममोहन इसे असंदिग्ध नहीं मानते। भ्रम भी एक प्रकार का प्रत्यक्ष है, फिर भी यह सत्य ज्ञान नहीं है। अतः प्रत्यक्ष सदा सत्य नहीं होता। धर्म का संबंध ईश्वर, अमरत्व, आत्मा आदि से है, जिसके संबंध में प्रत्यक्ष द्वारा हमें कोई ज्ञान नहीं प्राप्त हो सकता। अतः प्रत्यक्ष ज्ञान की अपनी सीमा है। फिर भी प्रत्यक्ष का महत्व नकारा नहीं जा सकता। धर्म-

ग्रंथों का अध्ययन प्रत्यक्ष के माध्यम से ही करते हैं। अनुमान भी प्रत्यक्ष पर आधारित ज्ञान है। इसलिये अनुमान का महत्त्व भी प्रत्यक्ष पर निर्भर करता है। योगी, सन्त, महात्मा भी असाधारण प्रत्यक्ष द्वारा (योगज् प्रत्यक्ष) धार्मिक सत्यों का ज्ञान प्राप्त करते हैं।

अनुमान का महत्व राजा राममोहन राय ने धर्म के लिए स्वीकार किया। अनुमान या तो निगमनात्मक हो सकता है या आगमनात्मक। आगमनात्मक अनुमान अनुभव पर आश्रित होता है। इसके द्वारा सामान्य सत्य की प्राप्ति की जाती है। विभिन्न जातियों एवं संस्कृतियों का अध्ययन कर किसी ऐसे सत्य की स्थापना की जा सकती है जो सभी जातियों एवं संस्कृतियों में समान रूप से पाया जाता है। तर्क और युक्तियों की खोज के आधार पर धर्म से अंधविश्वास और निरर्थक, तर्कहीन मान्यताओं को नष्ट कर धर्म को परिष्कृत किया जा सकता है। जो धार्मिक परम्परा या विश्वास किसी युक्ति या तर्क पर आधारित नहीं है, उसे त्याग देना ही बौद्धिक मानव के लिये उचित है।

राममोहन राय ने अपनी पुस्तक 'तुहफतुल मुवाहिद्दीन' के प्रारम्भ में ही कहा है कि विभिन्न देशों का भ्रमण करके वे इस निष्कर्ष पर पहुँचे हैं कि एक नित्य परम सत्ता को सभी एक मत से स्वीकार करते हैं किन्तु उस एक सत्ता के क्या गुण हैं और उस एक सत्ता को किस प्रकार प्राप्त किया जा सकता है—इसमें भेद है। उनका यह निष्कर्ष आगमन तर्क का उदाहरण है।

धर्म के नाम पर कई ऐसे विश्वास विभिन्न धर्मों में प्रवेश कर गये हैं जिनके लिए कोई प्रमाण उपलब्ध नहीं है। इन सबका निराकरण तर्क या अनुमान द्वारा ही संभव है।

किन्तु अनुमान की अपनी सीमा है। कई ऐसे तथ्य हैं जो अनुमान की पहुंच के बाहर हैं। धार्मिक सत्यों को भी अनुमान द्वारा प्राप्त नहीं किया जा सकता। ये सत्य अनुमान की परिधि से बाहर हैं। इससे यह निष्कर्ष निकालना गलत होगा कि तर्क और अनुमान का धर्म में कोई स्थान नहीं है। तर्क की महत्वपूर्ण भूमिका मानव के सभी क्रिया-कलापों में है और धर्म में भी इसकी महत्वपूर्ण भूमिका है। 'मानव में बुद्धि है अतः उसे दूसरों की देखा-देखी कोई काम नहीं करना है बल्कि अपनी बुद्धि का प्रयोग कर शुभ को अशुभ से, उचित को अनुचित से पृथक कर शुभ और उचित कार्य करना चाहिए।' बुद्धि या तर्क सच्चे धर्म की खोज में हमारी सहायता अवश्य करता है किन्तु यह धार्मिक सत्यों को पूर्णतः बोधगम्य नहीं कर सकता।

धर्म का संबंध ईश्वर, मुक्ति, आत्मा आदि से है। इनके बारे में साधारण अनुभव या तर्क से हमें कोई निश्चित ज्ञान नहीं मिल सकता। इनके बारे में इने-गिने

संत, महात्माओं और पैगम्बरों के अनुभवों पर निर्भर करना पड़ता है, जिन्होंने इन सत्यों की साक्षात अनुभूति प्राप्त की है। ऐसे व्यक्तियों के शब्द ही धर्म में प्रामाणिक माने जाते हैं।

किन्तु राममोहन सभी शब्दों को प्रामाणिक नहीं मानते। न्याय दर्शन में लौकिक तथा वैदिक शब्द में भेद किया गया है। लौकिक शब्द से विश्वसनीय, सत्यवादी आप्त पुरुषों के शब्द (जिन्होंने स्वयं उसकी सत्यता अनुभूत की है) समझे जाते हैं। धर्म में ऐसे पुरुष प्रायः मिलते हैं जो अपने को सत्यवादी और अनुभवी कहते हैं और प्रायः लोगों को भ्रमित करते हैं। ऐसे धर्म उपदेशकों की बातों को सत्य नहीं माना जा सकता। 'तुहफतुल मुवाहिद्दीन' नामक रचना में राममोहन कहते हैं कि धर्मों के प्रवर्तक प्रायः ईमानदारी और न्याय को ताक पर रख कर अपने धर्म के सिद्धान्तों के पक्ष में इस प्रकार की बातें कहते हैं। वास्तव में उन्होंने धार्मिक सत्यों को अनुभूत नहीं किया है बल्कि अपनी धाक जमाने के उद्देश्य से इस तरह के अजीबोगरीब विचारों का आविष्कार करते हैं। अतः ऐसे लोगों के शब्द को धर्म में प्रामाणिक नहीं माना जा सकता है।

धर्म के पृष्ठपोषक कभी-कभी सदियों से चली आती परम्परा को धार्मिक सत्यों का पर्याय मानते हैं और उन्हें प्रामाणिक मानते हैं। राममोहन इसे भी प्रामाणिक नहीं मानते। जो परम्परा सहज बुद्धि के एवं सामान्य ज्ञान के प्रतिकूल है वह चाहे कितनी भी पुरानी क्यों न हो, उसे प्रामाणिक नहीं माना जा सकता।

इसी सिलसिले में राममोहन ने 'तावातुर' का जिक्र किया है। धर्म में 'तावातुर' ऐसे पारम्परिक विश्वास को कहते हैं जिन्हें गलत या असत्य नहीं माना जा सकता। 'तावातुर' के अन्तर्गत ऐसे विवरण आते हैं जो धर्म प्रवर्तकों के अमानवीय शक्तियों एवं चमत्कारिक कृत्यों का वर्णन करते हैं। राममोहन इन विवरणों को असत्य एवं तर्क विरुद्ध मानते हैं। उनके विश्लेषण के अनुसार तावातुर का महत्व इतिहास में हो सकता है क्योंकि ऐतिहासिक तथ्यों की सत्यता-असत्यता खोजों एवं अनुसंधान पर निर्भर करती है। अनुसंधान को आगे बढ़ाने के लिए 'तावातुर' को कुछ काल के लिए सत्य मान लिया जाता है। धर्म में इन 'तावातुरों' को मान्यता नहीं दी जा सकती है क्योंकि धार्मिक सत्य कुछ समय के लिए सत्य नहीं माने जाते, वे सदा के लिए सत्य होते हैं।

वैदिक शब्दों के बारे में राममोहन का विचार दूसरा है। जो वैदिक शब्द पवित्र परम्पराओं के विरूद्ध नहीं हैं और जो बुद्धि सम्मत हैं और और अन्य वैदिक शब्दों का खंडन नहीं करते, वे धार्मिक सत्यों के ज्ञान का स्रोत माने जा सकते हैं। ईश्वर मीमांसा के लिए वैदिक शब्द को प्रामाणिक माना जा सकता है।

धर्मग्रंथ प्राचीनतम ज्ञान का भंडार है। धर्मग्रंथों में सन्त महात्माओं के अनुभवों का अभिलेख रहता है। ऐसे सन्त, ऋषियों एवं महात्माओं ने ईश्वर का ज्ञान प्राप्त किया है। यहूदियों, ईसाइयों एवं मुसलमानों के धर्मग्रंथ इसी प्रकार के ईश्वरोद्‌घाटित रहस्यों का भण्डार है। इसी कारण बाइबिल, कुरान आदि पवित्र धर्मग्रन्थों को राममोहन श्रद्धा की दृष्टि से देखते हैं और अपने लेखों में उनकी प्रामाणिकता स्वीकार करते हैं। हिन्दू धर्म के धर्मग्रंथों में वेद, उपनिषद, पुराण, स्मृति और तन्त्र-शास्त्र आते हैं। इसलिए प्रश्न उठता है कि इन धर्मग्रंथों में कौन अधिक प्रामाणिक है? राममोहन की धारणा है कि इनकी प्रामाणिकता निश्चित करने के लिए सबसे बड़ी कसौटी है आत्मसंगति। विभिन्न धर्मग्रंथ इस कसौटी पर खरे नहीं उतरते। कई धर्मग्रंथों में आत्मसंगति का अभाव है और दूसरे धर्मग्रंथों के साथ भी संगति नहीं है। राममोहन की दृष्टि में बदलते हुए समय के साथ धर्मग्रंथों के मूलस्वरूप में कुछ परिवर्तन आ गये हैं। अतः धर्मग्रंथों में कौन-कौन शब्द मौलिक हैं और कौन-कौन तथ्य आगन्तुक हैं जो मूलग्रंथों में नहीं थे—इसकी परीक्षा जरूरी है। इस तरह के कुछ विचार सभी धर्मों में प्रवेश कर गये हैं जिनका मूल शब्दों से निराकरण करना जरूरी है। हिन्दू धर्मग्रंथों में वेद सबसे प्राचीन है इसलिए इसे सबसे अधिक प्रामाणिक माना जाना चाहिए। स्मृति एवं पुराण के शब्द यदि मूल वैदिक शब्दों का विरोध करते हैं तो उन्हें प्रामाणिक नहीं माना जायगा। यहाँ स्मरणीय है कि राममोहन उपनिषदों को, वेद में, अधिक महत्व देते थे क्योंकि उपनिषद ज्ञान सम्बन्धित हैं। अतः यदि कोई ग्रंथ वेद का विरोध करे तो उसे अप्रामाणिक माना जायगा और वेद को ही प्रामाणिक माना जायगा।

इसी प्रकार स्मृति, पुराण, इतिहास उस सीमा तक प्रामाणिक माने जाएँगे जिस सीमा तक वेद, उपनिषद आदि का विरोध नहीं करते।

धर्मशास्त्रों की अपनी प्रामाणिकता है किन्तु यदि उनका विरोध बुद्धि के साथ हो तो हम क्या करें? इस समस्या का समाधान राममोहन ने यह कह कर किया है कि यदि विषय साधारण हो तो हमें बुद्धि को प्रमुखता देनी होगी अर्थात् साधारण लौकिक समस्याओं के समाधान में बुद्धि का निर्णय ही स्वीकार करना चाहिए। किन्तु जब विषय पारलौकिक हो तो धर्मशास्त्र को बुद्धि से अधिक प्रमुखता देनी होगी। यदि बुद्धि और धर्मशास्त्रों में सहमति हो तो कोई समस्या नहीं है किन्तु असहमति होने पर समस्या उत्पन्न हो सकती है। सामान्य नियम यह है कि शास्त्रोक्त वचन और बुद्धि के सहारे उचित-अनुचित का निर्णय किया जाना चाहिए। दोनों के सहयोग में ही धर्म का आधार है।

शास्त्रोक्त वचनों को शाब्दिक रूप में समझना सदा बुद्धि एवं तर्क के अनुकूल नहीं होता। जब कोई पद का शाब्दिक अर्थ बुद्धि एवं सामान्य ज्ञान के अनुकूल न

हो तो उसे लाक्षणिक अर्थ में समझना चाहिए। कौन-सा अर्थ सही है; कौन-सा अर्थ गलत—यह सन्दर्भ तथा बुद्धि के अनुसार निर्णय किया जाना चाहिए।

ज्ञान के इन साधनों के अतिरिक्त राममोहन ने कॉमनसेन्स की उपयोगिता का वर्णन किया है। जिस इन्द्रिय ज्ञान को सभी समान रूप से स्वीकार करते हैं वहीं ज्ञान कॉमन सेन्स है। किन्तु राममोहन ने इसे इन्द्रिय ज्ञान के विशिष्ट रूप में नहीं समझा है। आम बोलचाल की भाषा में कामन सेन्स व्यावहारिक कुशलता का बोध करता है। व्यावहारिक कुशलता मानव की सामान्य बुद्धि का परिचायक है। अरस्तू के दर्शन में कामन सेन्स का प्रयोग इन्द्रियजन्य वस्तु के उन गुणों के लिए किया जाता है जिसका ज्ञान कई ज्ञानेन्द्रियों के माध्यम से होता है जैसे गति या आकार का ज्ञान कई इन्द्रियों के सहयोग से प्राप्त होता है। राममोहन अरस्तू द्वारा प्रयुक्त कामन सेन्स के अर्थ से प्रभावित दिखते हैं क्योंकि उनके अनुसार विभिन्न वस्तुओं की एकता का ज्ञान कामन सेन्स के द्वारा सम्भव है। राममोहन के अनुसार लोगों का साधारण आन्तरिक विश्वास वर्षों के अनुभव का प्रतिफल ही कामन सेन्स है। राममोहन के अनुसार धार्मिक सत्यों की प्राप्ति धर्मशास्त्रों, बुद्धि एवं कामन सेन्स के सहयोग द्वारा ही सम्भव है। कोई एक साधन स्वतन्त्र रूप से हमें धार्मिक ज्ञान नहीं दे सकता। प्रत्यक्ष, अनुमान, शब्द और व्यवहार कुशलता के सहयोग से ही हमें सही रूप में धर्म एवं धार्मिक सत्यों का ज्ञान हो सकता है जो सम्पूर्ण मानव जाति को प्रेम एवं एकता के सूत्र में बाँध सकता है।

धर्म के सम्बन्ध में राममोहन राय की सामान्य धारणा

धर्म के सम्बन्ध में राममोहन की सामान्य धारणा थी कि धर्म अन्धविश्वास या अन्धश्रद्धा नहीं है। धर्म मानव का एक विशिष्ट व्यवहार है, जीवन जीने की एक विशेष प्रकार की कला। मानवापेक्षी होने के कारण धर्म विवेकपूर्ण विश्वास है। विभिन्न स्थानों की यात्रा करके उन्होंने यह निष्कर्ष निकाला कि अधिकतर धर्म किसी-न-किसी रूप में एक ईश्वर में अवश्य विश्वास करते हैं। उस विश्वास को अपनी जीवन-शैली में प्रकट करने में भले ही भिन्नता हो, किन्तु मूलतः वे सभी ईश्वरवादी हैं। विभिन्न संस्कृतियों से विभिन्न वातावरण में विभिन्न धर्मों का विकास हुआ है, अतः विभिन्न धर्मों में आंशिक विभिन्नता है। फिर भी हर विचारशील मानव को किसी भी धर्म के प्रति कोई द्वेष-भाव या घृणा का भाव नहीं रखना चाहिए। हर धर्म के प्रति श्रद्धा-भाव रखना ही मानवोचित प्रक्रिया है। अपने लेख Humble Suggestions to our Countrymen में उन्होंने स्पष्ट लिखा है कि हर धर्म के प्रति श्रद्धाभाव रखना हर मानव का कर्तव्य है। सभी धर्म एक समान हैं, इसलिए केवल हर धर्म के प्रति ही नहीं, बल्कि हर धर्म प्रवर्तक के प्रति एवं हर धर्मावलम्बी के

प्रति श्रद्धा और सद्भावना रखना एवं अपने आचार-व्यवहार में इस प्रकार के भाव को प्रकट करना हर मानव का पुनीत कर्तव्य हो जाता है। इस प्रकार राममोहन ने सर्वधर्म समभाव का उपदेश दिया है।

अपनी विभिन्न कृतियों, लेखों एवं वाद विवादों के द्वारा राममोहन ने यह स्पष्ट किया है कि उनका उद्देश्य किसी नये धर्म की स्थापना करना नहीं है, बल्कि धर्म के मूलरूप को उजागर करना है। जिस वातावरण में उनका जन्म एवं भरण-पोषण हुआ, जिन परिस्थितियों को उन्होंने स्वयं देखा सुना और अनुभव किया वे उनकी बुद्धि के अनुकूल कदापि नहीं था। हिन्दू धर्म के पतन से वे मर्माहत हुए। स्वयं विभिन्न हिन्दू धर्म-ग्रंथों का अध्ययन कर उन्होंने घोषणा की कि वास्तविक हिन्दू-धर्म एकेश्वरवाद है। विभिन्न देवी-देवताओं की उपासना करना धर्म से अनभिज्ञ मानव के लिए भले ही एक सीमा तक उचित हो, किन्तु पढ़े-लिखे विद्वान मानव के लिए अनुचित है। विभिन्न उपनिषदों, वेदान्त ग्रंथों का अनुवाद कर उन्होंने जनता को बतलाया कि वास्तविक हिन्दू धर्म केवल एक ईश्वर की उपासना पर बल देता है और सभी मानव को मिल-जुल कर प्रेम के साथ रहने का आदेश देता है। राममोहन ने हिन्दू धर्म के विकृत स्वरूप को दूर कर हिन्दू धर्म के परिमार्जित स्वरूप को रखने का प्रयास किया जो वेद, उपनिषद तथा वेदान्त मत के सिद्धान्तों पर आधारित है।

दो प्रकार के धर्म

धर्म के सम्बन्ध में दो प्रकार की धारणाएँ प्रचलित हैं। एक धारणा के अनुसार ईश्वर ने स्वयं अपने कतिपय शिष्यों के माध्यम से धर्म उदघोषित किया है। हजरत मुसा के माध्यम से ईश्वर ने यहूदी धर्म, हजरत मुहम्मद के माध्यम से इस्लाम धर्म और ईसामसीह के माध्यम से ईसाई धर्म की उद्घोषणा की। धर्म के रहस्यों का उद्घाटन स्वयं ईश्वर ने किया है इसलिए इन धर्मों में बाइबिल, कुरान जैसे ग्रन्थों की वाणी प्रामाणिक समझी जाती है। मानव अपनी बुद्धि के द्वारा इन वचनों को समझने का प्रयास करता है और उन वचनों के अनुसार अपना जीवन-यापन करना ही उसका धर्म है।

इस प्रकार के धर्मों से हिन्दू धर्म भिन्न है क्योंकि हिन्दू धर्म सनातन धर्म है। हिन्दू धर्म का कोई प्रवर्तक नहीं है। राममोहन हिन्दू धर्म को मानव का स्वाभाविक धर्म मानते हैं। यद्यपि हिन्दू धर्म उपनिषद, वेद, वेदान्त आदि धर्मग्रन्थों पर आधारित है किन्तु यदि कोई वचन मानव की बुद्धि का विरोध करे और व्यवहारकुशलता के विरुद्ध हो तो उसे स्वीकार नहीं किया जा सकता। धर्मग्रन्थों के वचन यदि बुद्धि और तर्क के अनुकूल हो तो उसे स्वीकार किया जा सकता है। अतः धर्मशास्त्रों को अन्ध-श्रद्धा की दृष्टि से नहीं देखना चाहिए। शास्त्रोक्त वचनों की समीक्षा करके ही हमें

उन्हें स्वीकार करना चाहिए। विज्ञान और दर्शन की प्रगति से प्रभावित होकर ही राममोहन ने धर्म के प्रति इस प्रकार का रूख अपनाया है।

राममोहन का ईश्वर-सम्बन्धी विचार

साधारणतः हर धर्म का केन्द्र ईश्वर में विश्वास है। हिन्दूधर्म भी ईश्वर निष्ठा पर आधारित है। किन्तु ईश्वर का स्वरूप क्या होना चाहिए इस पर हर मानव को अपनी बुद्धि, व्यावहारिक ज्ञान के अनुसार विचार करना चाहिए। हिन्दू धर्म में जो बहुदेववाद का प्रचलन है, उस पर राममोहन ने प्रश्न चिह्न लगाया है। उपनिषदों में कहा जाता है एकोऽहम द्वितियो नास्ति अर्थात् मूलसत्ता या ब्रह्म एक है और उससे भिन्न कोई सत्ता नहीं है। ईश्वर को जब हम परम सत्ता के रूप में ग्रहण करते हैं तो उसे एक मानना ही पड़ेगा। क्योंकि यदि उसके अतिरिक्त अन्य कोई सत्ता हो, तो वह परम सत्ता नहीं हो सकता। अन्य सत्ताएँ उस परम सत्ता से भिन्न नहीं हो सकती। अतः ईश्वर को परम सत्ता के रूप में यदि हम स्वीकार करते हैं तो हमें यह मानना पड़ेगा कि उससे भिन्न कोई सत्ता नहीं है। अतः ईश्वर ही एक मात्र सत्ता है और यह सम्पूर्ण चराचर जगत उसी की अभिव्यक्ति है अथवा ईश्वर प्रसूत है।

अब यदि हम बहुदेववाद में विश्वास करते हैं तो यह सोचना कि अनेक देवता हैं जो एक दूसरे से भिन्न हैं, तर्कविरुद्ध और मानव बुद्धि के प्रतिकूल होगा। यदि हम अनेक देवताओं को उसी एक ईश्वर पर आश्रित मानते हैं अर्थात् उनकी स्वतंत्र, निजी सत्ता नहीं मानते तो यह सोचना एक सीमा तक उचित दिशा में होगा। मानव में जबतक चिन्तन प्रक्रिया का विकास नहीं होता तब तक वह अपने जीवन को पवित्र एवं नैतिक बनाने के लिए अनेकेश्वरवाद में विश्वास कर सकता है। किन्तु एक प्रबुद्ध मानव के लिए ईश्वर परम सत्ता के रूप में एक ही हो सकता है, अनेक नहीं।

अनन्त, असीम ईश्वर को ससीम मूर्ति कभी भी प्रगट नहीं कर सकती। इसलिए असीम ईश्वर की उपासना किसी भी मूर्ति के द्वारा उचित नहीं कहा जा सकता। साधारण लोग मूर्ति को ही ईश्वर समझने लगते हैं। मूर्ति मानव के द्वारा निर्मित है, अतः वह कभी ईश्वर तुल्य नहीं हो सकता। मूर्ति पूजा हमें गलत राह पर ले जाती है—हम ईश्वर को मानव समझ बैठते हैं और मानव जिस प्रकार खुश होता है, उसी प्रकार ईश्वर को भी प्रसन्न करने का प्रयास करते हैं। राम-मोहन ने मूर्ति पूजा का जमकर विरोध किया।

ईश्वर को किसी ने देखा नहीं है। हम लोग सभी सीमित प्राणी हैं, असीम ईश्वर का ज्ञान हमारी शक्ति से परे है। अतः ईश्वर निराकार, निर्गुण एवं अज्ञेय है। हमें ऐसे ही निर्विशेष, निराकार, अज्ञेय, ईश्वर की उपासना करनी चाहिए।

शंकर ने मूलसत्ता को ब्रह्म माना है, और ईश्वर से भेद किया है। मूलसत्ता निरपेक्ष, निर्विशेष ब्रह्म है। ब्रह्म का वर्णन नहीं किया जा सकता। हम केवल कह सकते हैं कि ब्रह्म अस्ति—अस्ति मात्र ही ब्रह्म है। इससे कुछ अधिक नहीं। शंकर ने ईश्वर को इस मायारूपी जगत से सम्बन्धित माना है। मायोपहित ब्रह्म ही ईश्वर है। ईश्वर की सत्ता तभी तक है जब तक हम इस जगत् को सत्य मानते हैं। चूंकि जगत मिथ्या है, इसलिए मिथ्या जगत् का रचयिता ईश्वर की भी सापेक्षिक सत्ता है, निरपेक्ष सत्ता नहीं। किन्तु राममोहन ने इस प्रकार ब्रह्म और ईश्वर में भेद नहीं किया है। राममोहन 'ब्रह्म', 'परब्रह्म', 'ईश्वर' 'परमात्मा', 'परातपर', इत्यादि शब्दों के द्वारा उस परम सत्ता का बोध करते हैं। अतः राममोहन के लिए मूल सत्ता, ईश्वर है जिसका शाश्वत अस्तित्व है, जो निराकार, निर्विशेष, अज्ञात एवं अज्ञेय है। राममोहन के अनुसार ईश्वर की यही धारणा हिन्दू धर्मशास्त्रों में स्पष्ट है। इस्लाम धर्म में भी ईश्वर को कुछ इसी प्रकार समझने का प्रयास किया गया है।

ईश्वर का स्वरूप 'अज्ञेय' इसलिए है कि मानव स्वभाव से ही सीमित प्राणी है, वह सभी वस्तुओं को अपनी इन्द्रियों के माध्यम से समझना चाहता है और ईश्वर असीम, अनन्त सत्ता है, अपनी इन्द्रियों के माध्यम से हम उस असीम सत्ता को नहीं जान सकते। अतः ईश्वर को मानव अपनी सीमाओं के कारण नहीं जान सकता। ईश्वर के अज्ञेय स्वरूप को उपनिषद, कुरान एवं बाइबिल तीनों ही स्वीकार करते हैं।

कुछ अज्ञेयवादियों की धारणा है कि ईश्वर पूर्णतः रहस्यमय है और मानव उस रहस्य को समझने में अक्षम है। राममोहन जब ईश्वर को अज्ञेय एवं अज्ञात कहते हैं तो वह अज्ञेयवादियों की तरह ऐसा नहीं मानते कि ईश्वर के रहस्य को समझने में मानव पूर्णतः असमर्थ है, बल्कि वे मानते हैं कि उस परमसत्ता की अभिव्यक्ति इस सम्पूर्ण विश्व में है और यदि मानव इस विश्व के किसी भी अंश को व्यवस्थित ढंग से समझने का प्रयास करे तो उसे विदित हो जायगा कि ईश्वर की सत्ता है और इस रचना की हर चीज उस परमसत्ता का साक्ष्य देती है। शंकर शास्त्री से उनका जो विवाद हुआ उसमें उन्होंने स्पष्ट कहा है कि यह सत्य है कि ईश्वर का पूर्णज्ञान प्राप्त करना मानव की शक्ति के परे हैं किन्तु इसका अर्थ यह कदापि नहीं है कि ईश्वर की सता से हम परिचित नहीं है।

क्या ईश्वर व्यक्तित्ववान है ?

धर्म के लिए व्यक्तित्ववान ईश्वर की कल्पना जरूरी है, क्योंकि हर धार्मिक व्यक्ति ईश्वर से प्रार्थना करता है और समझता है कि ईश्वर उसकी प्रार्थना सुनता

है, समझता है और वह निश्चय ही उसके कष्टों का निवारण करेगा। राममोहन ने भी अपने लेखों में ईश्वर की चर्चा कुछ इस प्रकार की है जिससे स्पष्ट होता है कि ईश्वर व्यक्तित्ववान है। किन्तु मानवोचित गुणों को ईश्वर पर आरोपित करना ईश्वर को सीमित बनाना है। ईश्वर वास्तव में अज्ञेय है, हमारी कल्पना के परे है। जब राममोहन अपने लेखों में ऐसा कहते हैं कि 'ईश्वर की इच्छा के बिना इस संसार में कुछ नहीं होता, ईश्वर हमारे सभी क्रिया-कलापों को देखता है और हमारी इच्छा, भावना और क्रियाओं से परिचित है' अथवा 'हम सब उसी एक पिता के संतान हैं', तो इन वचनों का तात्पर्य केवल यही है कि यद्यपि ईश्वर हमारी कल्पना के परे है, फिर भी उसका हमारे साथ गहरा सम्बन्ध है; ईश्वर सर्वज्ञ है और पूरे विश्व का संस्थापक है। यह विश्व उसकी बुद्धिमत्ता का परिणाम है। ईश्वर के व्यक्तित्ववान होने का यही अर्थ है कि वह सर्वज्ञ, सर्वशक्तिमान, सर्वव्यापी सत्ता है, जिसने इस सम्पूर्ण रचना को व्यवस्थित बनाये रखा है।

जगत् विचार

हिन्दू धर्म के बारे में साधारणतः लोगों की धारणा है कि यह जगत् माया है। 'ब्रह्म सत्यं, जगन्नमिथ्या' शंकर द्वारा प्रतिपादित सिद्धान्त को गलत ढंग से समझने के कारण लोगों ने जगत् को मिथ्या माना है। राममोहन ने बताया है कि इस उक्ति का अर्थ है कि ब्रह्म से स्वतंत्र जगत् मिथ्या है। यदि हम इस जगत् को ब्रह्म पर आधारित माने तो जगत् सत्य है। जगत की अपनी स्वतंत्र सत्ता नहीं है। अतः राममोहन ने जगत् की सत्यता का प्रतिपादन किया है। उनके लिये जगत् की व्यवस्था करनेवाला परमसत्ता ईश्वर ही है। यह जगत् ईश्वर की सत्ता का साक्ष्य देने के कारण सत्य है। जगत् अपनी सत्ता एवं सभी व्यापार के लिए ईश्वर पर आश्रित है।

जगत् परिवर्तनशील है। इसे संसार कहा जाता है। संसरति इति संसारः अर्थात् जगत् सतत् परिवर्तनशील प्रक्रिया है। किन्तु यह परिवर्तन प्रक्रिया अन्ध नहीं है, बल्कि नियमाधीन है। जगत् एक व्यवस्था है। यह कार्य-कारण शृंखला से बंधा हुआ है। जगत् में सभी पदार्थ एक दूसरे से सम्बन्धित हैं। यहाँ अनेकता में एकता है। यहाँ अनियमितता नहीं है।

ईश्वर पर आश्रित होने के कारण यह जगत मिथ्या या असत्य नहीं हो सकता। जब हम इस संसार की पानी के बुलबुले से तुलना करते हैं, तो इसका अर्थ इस संसार की परिवर्तनशीलता पर बल देना है। जिस प्रकार पानी का बुलबुला कुछ ही देर के लिए रहता है, फिर पानी में लय हो जाता है, उसी प्रकार यह जगत् कुछ ही समय के लिए सत्य है और अन्त में यह ईश्वर में ही तिरोधान हो जाता है।

ईसाई धर्म में इस जगत् की सृष्टि ईश्वर ने शून्य से की है। पहले कुछ नहीं था। ईश्वर की इच्छणा से ही इस जगत् की सृष्टि हुई। किन्तु राममोहन के लिए जगत् का मूल श्रोत ईश्वर है, जगत् अपने अस्तित्व के लिए ईश्वर पर आश्रित है। इस्लाम धर्म में इस जगत् को खुदा का बाग कहा गया है जहाँ मानव अपनी नियति को प्राप्त करते हैं और खुदा द्वारा दी गयी दौलत को भोगते हैं। राममोहन ने भी इस जगत् को मानव का कर्मस्थल माना है जहाँ मानव अपने कर्मों द्वारा अपनी नियति प्राप्त करता है। किन्तु राममोहन की मानव की धारणा क्या है?

मानव को अवधारणा

किसी भी धर्म में मानव की अवधारणा को समझना जरूरी है क्योंकि धर्म मानवापेक्षी है। राममोहन ने इसलिए मानव की अवधारणा को स्पष्ट करने का प्रयास किया है ताकि लोग धर्म को सही ढंग से हृदयंगम कर सकें। धर्म अनिवार्यतः एक प्रकार का मानव प्रयास है। हिन्दू धर्म ने मानव को एक आध्यात्मिक सत्ता के रूप में ग्रहण किया है अर्थात् मानव उसी पारमार्थिक सत्ता परमेश्वर का एक अंश है। इसीलिये मानव ईश्वरीय माना जाता है।

किन्तु मानव को ईश्वरीय कहने का तात्पर्य उसकी शारीरिक रचना को नकारना नहीं है। ईसाई धर्म में मानव शरीर को हिक़ारत या नफ़रत की दृष्टि से देखा जाता है। शरीर और शारीरिक इच्छाओं की पूर्ति वासना है। वासनाओं की तुष्टि मानव के लिये आदर्श जीवन नहीं है। इसलिए ईसाई धर्म में 'Crucify the Flesh' : वासनाओं को कुचल देने की मंत्रणा की गई है। किन्तु राममोहन की दृष्टि में मानव शरीर ईश्वर की दी गई अमूल्य दान या धरोहर है। इसकी हर तरह से हिफ़ाजत करना हमारा धर्म है। यही शरीर है जिसमें ईश्वर का अंश है। इस्लाम धर्म में भी शरीर में 'रूह' या आत्मा का वास स्थान बताया गया है। कुरान के पन्द्रहवें सुरा में कहा गया है कि अल्लाह ने अपना जौहर मानव के शरीर में कुन्द किया है। अर्थात् मानव को केवल शरीर मात्र समझना गलत होगा।

यह सत्य है कि मानव का मनोदैहिक स्वरूप सीमाओं से ग्रस्त है। मानव की शारीरिक एवं मानसिक शक्तियाँ सीमित एवं अपूर्ण हैं। मानव का शरीर परिवर्तनीय है, मन चंचल है। शरीर का एक दिन ह्रास होगा और अन्त में मृत्यु को प्राप्त होगा। शरीर के कारण ही वह वासनाओं और इच्छाओं का दास है। वासनाओं की क्षणिक तुष्टि के लिए वह अपना सारा श्रम लगा देता है। मानव का यह स्वभाव पशुओं के स्वभाव से मिलता है। इसीलिए इसे मानव की पाशविक वृत्ति कहा जाता है।

किन्तु मानव केवल पशु ही नहीं है, वह वासनाओं का दास मात्र ही नहीं है। वह एक बौद्धिक प्राणी भी है। वह अपनी वासनाओं पर नियन्त्रण कर सकता है।

अपने अभीष्ठ की प्राप्ति के लिए वह वासनाओं को सही दिशा में मोड़ भी सकता है। वह अपनी बुद्धि का प्रयोग करता है। वह विवेकशील प्राणी है। चूंकि वह विवेकशील प्राणी है इसलिए वह कोई भी काम सोच विचार कर करता है। यही कारण है कि वह किसी भी धर्म को ग्रहण करने के पहले उसके गुण-दोषों पर विचार करता है और जब उसकी बुद्धि इस बात की अनुमति देती है, तभी वह उसे अंगीकार करता है। इस रचना पर भलीभाँति विचार करने के बाद ही वह एक परमेश्वर की ओर उन्मुख होता है।

मानव का बौद्धिक स्वरूप ही उसे सामाजिक बनने की प्रेरणा देता है। मानव स्वभाव से ही सामाजिक प्राणी है। समाज में ही वह जन्म लेता है, विकसित होता है। समाज के बिना उसके गुणों का विकास सम्भव नहीं है। उसका भरण-पोषण, शिक्षा-दीक्षा सभी कुछ समाज के अन्तर्गत ही होता है। यही कारण है कि वह आसपास के लोगों, परिवार, भाई-बन्धुओं के दुःख से द्रवित होता है और उनके दुःखों को दूर करने का प्रयास करता है। यदि हर व्यक्ति स्वार्थ में ही डूबा रहे, केवल अपनी ही चिन्ता करे तो न तो वह पूर्ण रूप से अपने मानवोचित गुणों का विकास कर सकेगा और न समाज की व्यवस्था ही टिक सकेगी। राममोहन ने मानव में निहित इस विशेषता को उसका सामाजिक स्वरूप कहा है। हर मानव, समाज की व्यवस्था बनाये रखने के लिए कटिबद्ध है, क्योंकि भाईचारे और आपसी प्रेम की भावना उसमें जन्म से ही मौजूद है। इसी सामाजिक स्वरूप के कारण मानव स्वार्थ की भावना से ऊपर उठ कर परार्थ सेवा करता है।

अन्य व्यक्तियों के सुख के लिए निजी सुखों का बलिदान कर देना मानव के सामाजिक एवं नैतिक होने का परिचायक है। नीतिशास्त्र, परमशुभ प्राप्ति करने का विज्ञान है। परमशुभ मेरी अपनी वासनाओं की तुष्टि में नहीं है, बल्कि पूरे समाज को सुखी बनाने में है—इस तरह का विचार आना ही हमारा सामाजिक और नैतिक होना है। हम जिस तरह के व्यवहार की अपेक्षा दूसरों से करते हैं, उसी तरह का व्यवहार हमें दूसरों के साथ भी करना चाहिए।

हिन्दू धर्मशास्त्रों में मानव को पंचकोषों से युक्त माना गया है। ये पंचकोष हैं : अन्नमयकोष, प्राणमयकोष, मनोमयकोष, विज्ञानमयकोष और आनन्दमयकोष। इन पाँचों कोषों का आधार मानव की आत्मा है जो ईश्वरीय है। जो परमसत्ता पूरे विश्व में व्याप्त है, वही मानव की आत्मा में प्रकट होती है। शंकर ब्रह्म एवं आत्मा को भिन्न नहीं मानते हैं, किन्तु राममोहन ने ईश्वर एवं मानव को एक नहीं माना। ईश्वर पूर्णतः शुद्ध आत्मा है, तथा मानव शरीर एवं मन से युक्त आत्मा है। वह जीवात्मा है। ईश्वर अशरीरी है, निराकार है, अज्ञेय है किन्तु जीव शरीरवान, साकार एवं ज्ञेय है।

मानव की आत्मा उसके शरीर, मन, प्राण, चेतना, आनन्द आदि से आवेष्ठित है। चेतना और आनन्द उसके आध्यात्मिक होने का सूचक है, क्योंकि ब्रह्म को सत् चित् एवं आनन्द कहा गया है। जीव ब्रह्म अर्थात् ईश्वर जैसा ही है किन्तु वह ईश्वर नहीं है। जीव और ईश्वर में भेद करके ही मानव को ईश्वर प्राप्ति या आत्मसाक्षात्कार के लिए उत्प्रेरित कर सकते हैं।

मानव का धर्म

मानव स्वभाव के इस विश्लेषण के आधार पर हम अब निश्चित कर सकते हैं कि मानव का क्या धर्म होना चाहिए। राजा राममोहन राय ने इस पर अपने ढंग से विचार किया है। यद्यपि उनका लक्ष्य प्राचीन हिन्दू धर्म को ही पुर्नस्थापित करना रहा है, फिर भी आज के बदलते युग में मानव का क्या धर्म होना चाहिए यह निश्चित करना आवश्यक है? उनकी दृष्टि में धर्म का वास्तविक रूप सभी धर्मों में एक ही है, किन्तु कतिपय कारणों से कुछ ऐसे विश्वासों एवं पूर्वाग्रहों का प्रवेश धर्म में हो गया है जिससे धर्म विकृत हो गया है और धर्म के नाम पर लोग एक-दूसरे से झगड़ रहे हैं। धर्म का अर्थ निष्पादित करते हुए वे कहते हैं कि धर्म 'धृ' धातु से निकला है जिसका अर्थ है जो धारण करने योग्य है, वही धर्म है। अर्थात् मनुष्य को ऐसा आचरण धारण करना चाहिए जो उसके वास्तविक स्वरूप के अनुकूल हो, जो उसके विवेकशील, सामाजिक होने का साक्ष्य दे। इस दृष्टि से धर्म मानव-मामव के बीच विभेद का सूचक नहीं है बल्कि हर मानव को प्रेम एवं बन्धुत्व के सूत्र में बाँधने का प्रयास है।

'धर्म' को आंग्ल भाषा में 'रेलिजन' कहा जाता है। 'री' (Re) का अर्थ है 'पुन:' 'लिजन' 'लिगेरे' शब्द से बना है जिसका अर्थ है 'मिलना' अर्थात् धर्म 'पुनः मिलन' का द्योतक है। किन्तु पुन: किसके साथ मिलें? कहा जाता है कि मानव ईश्वरीय है, अर्थात् मानव ईश्वर से मिला हुआ था। किसी कारणवश वह ईश्वर से पृथक् हो गया है। अत: धर्म वह प्रक्रिया है जो उसे ईश्वर से मिलन प्राप्त करने के लिए समर्थ बनाती है। हर मानव की यह कामना होनी चाहिए कि वह ईश्वर के साथ मिलन प्राप्त करे।

यदि हर मानव ईश्वरीय है तो मानव-मानव में प्रेम और बन्धुत्व की भावना होना स्वाभाविक है। वेदान्त में जब यह कहा जाता है कि 'सर्वं खलु इदं ब्रह्म' तो इसका तात्पर्य यही है कि विश्व के समस्त चराचर पदार्थों में ब्रह्म का वास है, अर्थात् सभी में साम्य है, एकता है। अत: मानव का धर्म सभी जीव जन्तुओं से प्यार करना है, उनके साथ एकत्व स्थापित करना है। अतः राममोहन ने धर्म की व्याख्या करते हुए बताया है, "हम लोगों के प्राचीन धर्म के विभिन्न सिद्धान्तों (जो

पावन वेदान्त ग्रंथ में उपलब्ध, किन्तु आधुनिक व्यक्तियों द्वारा उपेक्षित है) से सहमत होते हुए, हम एक ही सत्ता को इस सम्पूर्ण विश्व में व्याप्त एवं नियन्ता मानते हैं और उसे ही समस्त व्यक्तियों की आत्मा का श्रोत एवं उनके शरीर में व्याप्त शासक मानते हैं और मूर्तिपूजा के सभी रूपों को अस्वीकार करते हैं, चाहे वह कृत्रिम, या नैसर्गिक या काल्पनिक वस्तु की पूजा ही क्यूँ न हो। ईश्वर के प्रति हम अपनी निष्ठा एवं श्रद्धा सभी के प्रति दया का व्यवहार कर एवं आपसी सद्‌भाव के द्वारा व्यक्त करते हैं, न कि किसी मन्दिर में या चबूतरे पर नतमस्तक होकर, न किसी काल्पनिक विश्वास, न मंत्रोंच्चारण या हाथ, पाँव, सिर हिला कर करते हैं।"

धर्म की इस परिभाषा का यदि विश्लेषण करें तो निषेधात्मक एवं भावात्मक दोनों पक्ष उभरते हैं। निषेधात्मक पक्ष है :—(क) किसी प्रकार की मूर्त्ति मानसिक या भौतिक वस्तु को ईश्वर नहीं मानना और न उसकी उपासना करना, (ख) उपासना के लिए किसी विशिष्ट स्थान की आवश्यकता नहीं है। बिना अर्थ समझे मंत्रोंच्चारण या किसी प्रकार की शारीरिक क्रिया को उपासना की संज्ञा नहीं दी जा सकती। भावात्मक पक्ष है : (1) केवल एक ही सत्ता ईश्वर में निष्ठा एवं (2) सभी के प्रति दयावान होना एवं सद्‌भाव के साथ जीवन यापन करना। यहाँ हम धर्म के भावात्मक पक्ष की ही व्याख्या करेंगे। निषेधात्मक पक्ष भावात्मक पक्ष का ही परिणाम है।

1. सभी ईश्वरवादी धर्म परम सत्ता के रूप में एक ईश्वर में विश्वास करते हैं। राममोहन ने धर्म में 'विश्वास' शब्द की व्याख्या करते हुए बताया है कि धार्मिक विश्वास 'अन्धविश्वास' नहीं है। यह विश्वास अटूट होता है। 'विश्वास' यदि केवल भावना पर आधारित हो तो वह अटूट नहीं हो सकता, क्योंकि भावनाएँ चंचल होती हैं। 'बिना प्रमाण का विश्वास' अधिक काल तक टिक नहीं सकता। 'विरोधी साक्ष्यों के बावजूद विश्वास' अन्ध-विश्वास कहा जायगा। धार्मिक विश्वास युक्ति एवं बुद्धि के कारण होता है। इसीलिए यह स्थायी विश्वास होता है जो कभी नष्ट नहीं होता। ईश्वर में विश्वास प्रमाण एवं युक्ति के आधार पर होता है। एक ईश्वर की सत्ता में प्रगाढ़ विश्वास, एवं निष्ठा राममोहन के अनुसार धर्म की पहली आवश्यकता है।

2. धर्म प्रेम है। धर्म 'व्यक्ति' एवं 'व्यक्ति' में, मानव एवं विभिन्न जीवों में प्रेम का सन्देश देता है। धर्म का उद्देश्य 'जोड़ना' है, 'तोड़ना' नहीं। मानव को परमात्मा के साथ जोड़ना, मानव को विभिन्न मानवों के साथ जोड़ना, उसके सामाजिक जीवन को उन्नत एवं उत्तम बनाना है। इस उद्देश्य की प्राप्ति हम तभी कर सकते हैं जब हम आपस में एक-दूसरे के साथ प्रेम का व्यवहार करें और अपना व्यवहार सदा अच्छा और मधुर रक्खें। किसी भी प्राणी को दुःख नहीं देना और

सभी के साथ प्रेम एवं मित्रतापूर्ण व्यवहार रखना ही धर्म का मूलमंत्र है। आपसी भेदों को दूर कर, घृणा को त्याग कर प्रेम और एकता के सूत्र में बँध जाना ही धर्म है। आपसी घृणा एवं कटुता से मानसिक क्लेश बढ़ता है और जीवन अशान्त हो जाता है। अतः यदि हम वास्तविक शान्ति एवं सुख चाहते हैं तो आपसी द्वेष, ईर्ष्या, घृणा का त्याग कर हमें प्रेम और बन्धुत्व का जीवन बिताना होगा। इसी दृष्टि से राममोहन ने ईसाई धर्म द्वारा प्रतिपादित आचारशास्त्र को बहुत ही महत्त्वपूर्ण बताया है। हम घृणा को प्रेम के द्वारा ही जीत सकते हैं। पूरे विश्व में शान्ति एवं व्यवस्था धर्म का उद्देश्य है जिसे हम सद्भाव, अनुशासित जीवन, प्रेम एवं दया के द्वारा ही प्राप्त कर सकते हैं।

मधुसूदन प्रसाद

महर्षि रमण

भारत में सत्य और शान्ति—मोक्ष, निर्वाण या मुक्ति—की तलाश में घर-परिवार छोड़ कर बाहर निकल जाने, इधर-उधर भ्रमण करने, या फिर जंगलों या पर्वतों या उनकी गुफाओं में चले जाने की परम्परा बहुत पुरानी है। चाहे अवैदिक श्रमण हों, या फिर वैदिक सन्यासी—दोनों ही धाराओं में इस किस्म के कई प्रमुख व्यक्तित्व हुए हैं। प्राचीन काल में वर्द्धमान महावीर और सिद्धार्थ गौतम बुद्ध, मध्य-युग में शंकराचार्य और आधुनिक युग मे विवेकानन्द इसके कुछ उदाहरण हैं। रमण महर्षि भी इसी परम्परा के एक व्यक्तित्व हैं, जो काल की दृष्टि से इन सब की तुलना में हमारे अधिक करीब हैं। उनकी मृत्यु भारत के स्वतन्त्र होने के बाद १४ अप्रैल, १९५० को हुई।

विचार की दृष्टि से रमण इन सब में शंकराचार्य के सबसे करीब हैं। फिर भी रमण और शंकराचार्य के व्यक्तित्व में काफी अन्तर है। रमण में वैराग्य की भावना अधिक मालूम देती है। ऐसा लगता है कि शिष्य बनाने या अपने विचारों का प्रचार करने में भी उनकी बहुत अधिक रुचि नहीं थी। वे अधिकांश समय मौन रहना ही पसन्द करते थे। इस दृष्टि से उनका व्यक्तित्व न सिर्फ शंकराचार्य से बल्कि बुद्ध, महावीर और विवेकानन्द से भी अलग था।

जीवन

रमण का मूल नाम वेंकटरमण अय्यर था। उनका जन्म ३० दिसम्बर, १८७९, को तमिलनाडु में मदुरई के तीस मील दक्षिण तिरूच्चली नाम के गाँव में हुआ। उनके पिता वकील थे। रमण की प्रारम्भिक शिक्षा गाँव के स्कूल में ही हुई। जब वे बारह वर्ष के थे, उस समय उनके पिता की मृत्यु हो गयी, और उनका पूरा परिवार उनके चाचा के पास मदुरई चला गया। मदुरई में रमण को स्काट्स मिड्ल स्कूल और फिर अमेरिकन मिशन हाई स्कूल में भेजा गया।

रमण तेज विद्यार्थी नहीं थे। पढ़ने-लिखने में उनकी अधिक रुचि नहीं थी। उनका स्वास्थ्य अच्छा था। आम तौर से उनके सहपाठी उनसे घबराते थे। लेकिन उनमें एक आश्चर्यजनक लक्षण था; जब वे सो रहे होते थे, उस समय उनके सहपाठी उनके साथ जो भी छेड़-छाड़ करते थे, इसका उन्हें कुछ भी अनुभव नहीं होता था। यहाँ तक कि ऐसी अवस्था में अगर उन्हें एक जगह से उठा कर दूसरी जगह ले जाया जाता, या मारा-पीटा जाता तो भी उन्हें इसका कुछ भी ज्ञान नहीं होता था।

स्कूल के दिनों में रमण ने धार्मिक साहित्य का भी बहुत अध्ययन नहीं किया था। जैसाकि उन्होंने स्वयं कहा है : "मैंने पेरियापुराणम्, बाईबिल और थायुमनवार या तेवरम् के कुछ अंशों के सिवाय और कोई किताब नहीं पढ़ी थी; मैंने ब्रह्म, संसार आदि के बारे में सुना भी नहीं था।"[१]

पेरियापुराणम् में शैव संतों के जीवन की घटनाओं का वर्णन है। इन उदाहरणों से रमण आकर्षित हुए और उनमें भी वैसा जीवन जीने की आकांक्षा पैदा हुयी। १८९६ के मध्य में जब रमण १७ वर्ष के थे, उनके साथ एक ऐसी घटना घटी जिसने उनके पूरे जीवन को बदल कर रख दिया। रमण ने स्वयं इस घटना का वर्णन इस प्रकार किया है : "मेरे हमेशा के लिए मदुरई छोड़ देने के छः सप्ताह पहले मेरे जीवन में एक महान परिवर्तन आया। यह अचानक हुआ। मैं अपने चाचा के मकान के पहले मंजिल के एक कमरे में अकेला बैठा हुआ था। मैं शायद ही कभी बीमार पड़ता था, और उस दिन मेरे स्वास्थ्य में कुछ भी गड़बड़ी नहीं थी, लेकिन अचानक मुझे मृत्यु के प्रचण्ड भय ने आ घेरा। मेरे स्वास्थ्य में ऐसा कुछ भी नहीं था, जिससे इसकी व्याख्या हो सके, और मैंने इसकी व्याख्या करने का प्रयत्न किया भी नहीं, और न ही यह जानने की कोशिश की कि इस भय का कोई कारण है या नहीं। मुझे ऐसा लगा जैसे 'मैं अब मरने जा रहा हूँ' और मैं यह सोचने लगा कि अब क्या किया जाए। मुझे ऐसा नहीं लगा कि मैं डाक्टर, बुजुर्गों या दोस्तों से राय लूँ; मुझे महसूस हुआ कि इस समस्या का समाधान मुझे स्वयं करना होगा, उसी जगह और उसी वक्त।

"मृत्यु के भय के आघात ने मेरे मन को अन्दर की ओर मोड़ दिया और मैंने, वास्तव में इन शब्दों की रचना किए बिना, मानसिक रूप में अपने से कहा : 'अब मृत्यु आ गयी है; इसका क्या अर्थ है? वह क्या है जो मर रहा है? शरीर मर रहा है।' और मैंने तुरन्त मृत्यु की घटना को नाटकीय रूप दे दिया। मैंने अपने अंगों को खींच कर सख्त कर दिया जैसे शव-काठिन्य की स्थिति आ गयी हो, और मैं इस अन्वेषण को अधिक वास्तविकता प्रदान करने के लिए शव की नकल उतारने लगा। मैंने अपनी साँस रोक ली और होठों को जोर से बन्द कर लिया ताकि कोई आवाज बाहर न जा सके, और 'मैं' या किसी और शब्द का उच्चारण भी न किया जा सके। 'तो, अब,' मैंने अपने-आप से कहा, 'यह शरीर मर चुका है, इसे ऐसे ही सख्त रूप में श्मशान में ले जाया जाएगा और वहाँ पर यह जल कर राख हो जाएगा। लेकिन इस शरीर की मृत्यु के साथ क्या मैं भी मर गया हूँ? क्या मैं शरीर हूँ? यह मौन और निष्क्रिय है फिर भी मुझे अपने व्यक्तित्व की पूरी शक्ति का अनुभव हो रहा है और इसके अलावा मुझे अपने अन्दर के 'मैं' की आवाज भी सुनायी दे रही है। इसलिए मैं शरीर से परे आत्मा हूँ। शरीर मरता है, लेकिन आत्मा को, जो शरीर से परे है, मृत्यु छू भी नहीं सकती। इसका अर्थ है कि मैं अमर आत्मा हूँ।' यह सब एक नीरस

विचार की तरह नहीं, बल्कि एक ऐसे जीवन्त सत्य की तरह मेरे मस्तिष्क में तीव्रता से कौंध गया, जिसका मुझे सीधे अनुभव हुआ, लगभग बिना किसी विचार-प्रक्रिया के। 'मैं' एक पूर्ण वास्तविकता है, मेरे वर्तमान स्थिति के बारे में एकमात्र वास्तविकता, और मेरे शरीर से सम्बन्धित सभी चेतन-क्रियाएँ इसी 'मैं' पर केन्द्रित हैं। उस क्षण के बाद से 'मैं' या आत्मा ने एक शक्तिशाली सम्मोहन द्वारा अपने-आप पर ध्यान केन्द्रित कर लिया। मृत्यु का भय सदा के लिए गायब हो गया। स्व या आत्मन् में तल्लीनता उस समय के बाद से निरन्तर बनी रही।"[२]

इस अनुभव के बाद रमण का मन पढ़ाई-लिखाई से और भी उचट गया। न उन्हें स्कूल की पढ़ाई में रुचि रही और न खेल, दोस्तों और रिश्तेदारों में। पहले अगर उनके सहपाठी उन्हें तंग करते थे तो वे प्रतिरोध किया करते थे, पर अब शान्ति से सब-कुछ बर्दाश्त करने लगे। वे अपने इर्द-गिर्द के वातावरण के प्रति उदासीन हो गए। वे अकेले और मननशील रहना ही पसन्द करने लगे। पढ़ाई पर ध्यान न देने और योगियों जैसी हरकतें करने के लिए उन्हें बड़े भाई से डाँट-फटकार भी सुननी पड़ी। अन्ततः २९ अगस्त, १८९६, को वे स्कूल, घर-परिवार छोड़ कर चुप-चाप अरुणाचल या तिरुवन्नामलई के लिए निकल पड़े। इसके बाद का उनका ५० वर्षों से अधिक का सारा जीवन अरुणाचल पर्वत के आस-पास ही गुजरा।

तिरुवन्नामलई पहुँचने के बाद रमन छः महीने तक अरुणाचलेश्वर मन्दिर के प्रांगण में रहे। वे अधिक समय और कभी-कभी सारे दिन समाधि की स्थिति में ही रहा करते थे। छः महीने बाद वे शान्ति की तलाश में वहाँ से कुछ दूर गुरुमूर्तम नाम के तीर्थ-मन्दिर में चले गए। डेढ़ वर्ष का समय उन्होंने वहाँ बिताया। इन दो वर्षों के दौरान वे लगातार मौन ही रहे। आस-पास के लोग उन्हें "ब्राह्मण स्वामी" कहने लगे।

रमण के घर छोड़ने के लगभग दो वर्षों बाद जब उनकी माँ को यह जानकारी मिल गयी कि वे कहाँ है, तो वह रमण के बड़े भाई के साथ उनके पास गयीं और वापस घर लौटने के लिए अनुरोध करने लगीं। लेकिन रमण ने उनकी बातों का कोई उत्तर नहीं दिया, मौन ही रहे। अन्त में उन्होंने एक कागज पर यह लिख दिया कि 'जो होना था वह हो चुका है, प्रारब्ध पर किसी का कोई नियंत्रण नहीं, इसलिए मौन रहने में ही बुद्धिमानी है।'[३] रमण की माँ निराश होकर लौट गयीं।

इस घटना के कुछ दिनों बाद रमण अरुणाचल पर्वत पर विरूपाक्ष नाम की एक गुफा में चले गए। इस गुफा में विरूपाक्ष नाम के ही एक योगी की समाधि थी। यहाँ पर जो लोग उनसे मिलने जाते थे उनमें से कुछ उनसे आध्यात्मिक प्रश्न पूछा करते थे जिनका वे लिख कर उत्तर दिया करते थे। कभी-कभी कोई श्रद्धालु व्यक्ति

कोई धार्मिक-आध्यात्मिक ग्रन्थ भी ले आते थे, और उनसे उसमें से किसी अंश की व्याख्या करने को कहते थे। इस दौरान में जो किताबें उनके पास लायी गयीं उनमें शंकर की विवेकचूड़ामणि भी थी, जिसका उन्होंने बाद में तमिल में अनुवाद किया।

१९०७ में संस्कृत के एक विद्वान गणपति शास्त्री रमण से मिलने विरूपाक्ष गुफा में गए, उन्होंने उनसे कहा कि 'मैंने वेदान्त सार भी पढ़ा और समझा है, जी भर कर जप भी किया है, लेकिन अब तक यह नहीं समझ पाया हूँ कि तपस क्या है'।

इस प्रश्न का उत्तर रमण ने बोलते हुए दिया : "अगर व्यक्ति यह देखे कि 'मैं' की धारणा कहाँ पर उत्पन्न होती है, और मन-मस्तिष्क उसमें ही तल्लीन हो जाए, तो वही तपस है....."[४]

गणपति शास्त्री रमण के उत्तरों से बहुत प्रभावित हुए। उन्होंने ही रमण को "महर्षि" और "भगवान" की उपाधि दी। रमण के शिष्य उन्हें "भगवान" भी कहते थे।

१९१६ में रमण की माँ भी अपना बाकी जीवन रमण के साथ गुजारने के इरादे से विरूपाक्ष गुफा में चली गयीं। वे रमण से आध्यात्मिक प्रशिक्षण प्राप्त करने लगीं। इसके बाद रमण और भी ऊपर स्कन्दाश्रमम् नाम की गुफा में चले गए। १९२० में रमण की माँ की मृत्यु हो गयी। उन्हें अरुणाचल पर्वत के नीचे दक्षिणी किनारे पर दफना दिया गया, और वहीं पर उनकी समाधि बना दी गयी। (योगियों के शव को जलाने के बजाय समाधि की स्थिति में दफनाने की परम्परा है।) इस घटना के छः महीने बाद रमण भी नीचे चले आए, और वहीं पर रमण-आश्रम की स्थापना हुई। १९५० में अपनी मृत्यु तक रमण वहीं रहे। इस तरह, घर छोड़ने के बाद रमण ने २ वर्ष अरुणाचल के नीचे तिरूवन्नामलई में, १८ वर्ष विरूपाक्ष गुफा में, ४ वर्ष उससे भी ऊपर स्कन्दाश्रमम् गुफा में, और बाकी के ३० वर्ष अरुणाचल के नीचे रमण-आश्रम में गुजारे। शुरू के लगभग १२ वर्षों तक वे मौन रहे।

शिक्षण-विधि

रमण ने बहुत अधिक नहीं लिखा है। 'किताबी ज्ञान" या सैद्धान्तिक चर्चाओं का रमण के अनुसार विशेष महत्त्व नहीं है। उनके अनुसार धर्म-शास्त्रों से उच्च सत्ता या आत्मा के अस्तित्व की जानकारी मिलती है, यही उनका उद्देश्य है। इसके अलावा, धर्म-ग्रन्थों की भी कोई उपयोगिता नहीं है। आध्यात्मिक लक्ष्य को प्राप्त करने के लिए रमण व्यक्तिगत उदाहरण और शिक्षण को अधिक महत्त्व देते थे। अन्तःप्रज्ञा द्वारा जिस सत्य का व्यावहारिक व्यक्तिगत सम्पर्क से सहज ज्ञान हो जाता है उसे ही व्यक्ति श्रमपूर्वक प्रमाणित करने का प्रयत्न कर सकता है, लेकिन, रमण

की राय में, एक बार आत्म-सिद्धि प्राप्त हो जाने के बाद बौद्धिक बोझ बेकार है, जिसे उतार फेंकना चाहिए। अविद्या और उससे उत्पन्न माया के कारण ही व्यक्ति अपने हृदय में केन्द्रित सत्य या वास्तविकता को जान नहीं पाता, और उसके अस्तित्व के बारे में तर्क-वितर्क करता है।[5]

जिस तरह बुद्ध तत्वमीमांसीय चर्चा की तुलना में निर्वाण पाने की व्यावहारिक विधि को अधिक महत्त्व देते थे, कुछ-कुछ वैसा ही दृष्टिकोण रमण का भी था। हालांकि बुद्ध का दर्शन अनात्मवादी था, जबकि रमण का शंकराचार्य की तरह आत्मवादी। बुद्ध रमण की तरह बुद्धि-विरोधी और रहस्यवादी भी नहीं थे। रमण बुद्ध के विपरीत, मौन रहकर शिक्षा देना पसन्द करते थे। उनके अनुसार मौन शब्दों से अधिक शक्तिशाली है। फिर भी, आध्यात्मिक जिज्ञासुओं द्वारा सैद्धांतिक दृष्टि से नहीं, बल्कि व्यावहारिक दृष्टि से पूछे गए प्रश्नों का वे लिख-बोलकर उत्तर देते थे।

रमण के जीवन का जो संक्षिप्त चित्र ऊपर दिया गया है, उससे ही स्पष्ट है उनकी शिक्षा क्या है। उनकी शिक्षा बहुत सरल और उनके स्वयं के आध्यात्मिक अनुभव पर आधारित है: आत्मविचार द्वारा समाधि की स्थिति को प्राप्त करना उसका मूल तत्त्व है।

रचनाएं

रमण से हुई बातचीत का उनके कुछ शिष्यों द्वारा डायरी के रूप में लिखित विवरण रखा गया। बाद में इन वार्तालापों को रमण की सहमति से रमण-आश्रम द्वारा प्रकाशित किया गया। आर्थर ओसबोर्न द्वारा संग्रहित The Collected Works of Raman Maharshi रमण-आश्रम द्वारा प्रकाशित है। २६४ पृष्ठों के इस संग्रह में रमण की मूल रचनाओं में Self-Enquiry (विचार संग्रहन), Who am I ? और Spritual Instruction (उपदेश मंजरी) हैं। ये रचनाएँ रमण के शिष्यों द्वारा सुरक्षित रखे गए विवरणों पर आधारित हैं, और प्रश्नोत्तरी के रूप में हैं। इसके अलावा इस संग्रह में कुछ कविताएँ भी हैं, जिनमें प्रमुख है The Essence of Instiuction (उपदेश सारम्) और Reality in Forty Verses (उल्लडु नारपडु)। इन दोनों की मूल रचना तमिल में की गयी थी। बाद में स्वयं रमण ने इनका तेलुगु और मलयालम में अनुवाद किया। तीस छंदों के उपदेश सारम् का रमण ने संस्कृत अनुवाद भी किया। इसे उन्हें हर रोज पढ़ कर सुनाया जाता था। इसमें उन्होंने मुक्ति के विभिन्न मार्गों की चर्चा की है और आत्म-विचार के पथ को सर्वश्रेष्ठ बतलाया है।

रमण की मूल रचनाओं के अतिरिक्त ओसबोर्न द्वारा संग्रहित पुस्तक में रमण द्वारा किए गए अनुवाद भी हैं, जिनमें प्रमुख हैं शंकराचार्य की कुछ रचनाओं—

विवेकचूड़ामणि, दिक् दृश्य विवेक, आत्मबोध आदि—का रमण द्वारा किए गए तमिल अनुवाद का अंग्रेजी अनुवाद। ओसबोर्न द्वारा ही सम्पादित एक अन्य पुस्तक The Teachings of Bhagwan Sri Raman Maharshi in His Own Words में रमण के विचारों को सिलसिलेवार ढंग से रखने का प्रयास किया गया है।

रमण-मार्ग

रमण के अनुसार कर्म, भक्ति, योग और ज्ञान—ये चार मार्ग हैं, आध्यात्मिक लक्ष्य को पाने के। कौन-सा मार्ग किसके लिए सर्वश्रेष्ठ है, यह उसके स्वभाव और संस्कारों पर निर्भर है। स्वयं रमण सीधे आत्म-विचार के मार्ग को सर्वश्रेष्ठ मानते थे। जिनके लिए यह सीधा रास्ता अपनाना सम्भव न हो, उन्हें वे अन्य रास्तों से अन्ततः आत्म-विचार तक पहुँचने का मार्ग बतलाते थे। जैसा कि रमण ने उपदेश सारम् में कहा है: जब मन निरन्तर अपने स्वरूप का अन्वेषण करता है, तो यह तथ्य सामने आता है कि मन जैसी कोई वस्तु है ही नहीं। यही सभी मार्गों में सीधा मार्ग है। मन सिर्फ विचार है। सभी विचारों के मूल में 'मैं' का विचार है। इसलिए मन 'मैं' का विचार है। इस 'मैं' का उद्गम क्या है? इसकी तलाश अन्दर करने पर 'मैं' गायब हो जाता है।………'मैं' के गायब हो जाने पर 'मैं-मैं' अपने-आप सामने आता है। यही पूर्ण है।………आत्मा को जानना यानी आत्मा हो जाना है—क्योंकि दो अलग-अलग आत्माएँ नहीं हैं। यही तन्मयनिष्ठ स्थिति है।'[६]

संक्षेप में, इसका अर्थ यह हुआ कि आत्म-विचार द्वारा अपनी शुद्ध चेतना या चित् में तल्लीन हो जाना ही तन्मयनिष्ठ या पूर्ण स्थिति है। रमण के अनुसार आत्म-विचार द्वारा सीधे आत्म सिद्धि प्राप्त हो जाती है, क्योंकि इससे वे बाधाएँ दूर हो जाती हैं, जिनके कारण व्यक्ति यह सोचता है कि उसे आत्म-सिद्धि प्राप्त नहीं हुई है। ध्यान की प्रक्रिया में कोई वस्तु होती है जिस पर व्यक्ति ध्यान केन्द्रित करता है, जबकि आत्म-विचार में सिर्फ ज्ञाता ही रह जाता है, ज्ञेय नहीं। दोनों में यही अन्तर है।[७]

स्पष्ट है कि रमण की मूल-शिक्षा शंकर के अद्वैत वेदान्त से अलग नहीं है। लेकिन उनके द्वारा बतलाया गया मार्ग उनके स्वयं के मृत्यु-भय के अनुभव के दौरान की प्रत्यक्ष अनुभूति पर आधारित है। उस समय उन्हें शंकर के अद्वैत वेदान्त की जानकारी भी नहीं थी। एक बार यह पूछे जाने पर कि 'क्या आपकी और शंकर की शिक्षा एक ही है?', रमण ने यह उत्तर दिया कि 'मेरी शिक्षा मेरे अपने अनुभव और आत्म-सिद्धि पर आधारित है। दूसरे लोग कहते हैं कि यह शंकर जैसी ही है।'[८] दरअसल, रमण मार्ग और शंकर मार्ग में कुछ अन्तर भी है। इसकी चर्चा हम आगे करेंगे।

ईश्वर

रमण के अनुसार जगत, आत्मा और ईश्वर—ये तीन अलग-अलग सत्ताएँ नहीं हैं, बल्कि एक ही वास्तविकता की तीन अभिव्यक्तियाँ हैं। जब तक अहं का अस्तित्व रहता है तभी तक ये तीनों अलग-अलग मालूम देती हैं, लेकिन पूर्ण स्थिति को प्राप्त करने के बाद ऐसा नहीं प्रतीत होता है।

ब्रह्म को, रमण की राय में, देखा या जाना नहीं जा सकता है। यह ज्ञाता, ज्ञेय और ज्ञान के सम्बन्धों से परे है। ब्रह्म ही सब कुछ है। ब्रह्म अविभाज्य है। मनुष्य को ज्ञान द्वारा उन बाधाओं को दूर करना चाहिए जिनके कारण उसे यह अनादि सत्य उद्घाटित नहीं हो पाता है कि आत्मा और ब्रह्म एक ही हैं। इन बाधाओं के कारण ही मनुष्य अपने-आप को ब्रह्म से अलग समझने लगता है। लेकिन पूर्ण स्थिति को प्राप्त कर लेने पर सत्य उसके सामने प्रकट हो जाता है।

जैसा कि पहले भी उल्लेख किया गया है, रमण सैद्धांतिक चर्चाओं में पड़ना पसन्द नहीं करते थे। ईश्वर के बारे में भी अगर कोई उनसे वाद-विवाद करना चाहता था तो वे उसे पहले आत्म-विचार द्वारा पूर्ण स्थिति को प्राप्त करने की सलाह देते थे, क्योंकि उनकी यह मान्यता थी कि एक बार पूर्ण स्थिति को प्राप्त कर लेने पर सत्य बिना तर्क-वितर्क के ही सामने आ जाएगा। एक बार यह पूछे जाने पर कि अद्वैत, विशिष्टाद्वैत और द्वैत में कौन-सा मत सही है, रमण ने यह उत्तर दिया : "भविष्य के बारे में अटकल लगाने से क्या लाभ है? यह तो सभी मानते हैं कि 'मैं' का अस्तित्व है। चाहे वह जिस भी मत को मानता हो, गम्भीर जिज्ञासु पहले यह जानने का प्रयत्न करे कि 'मैं' क्या है। बाद में यह जानने के लिए काफी समय होगा कि अंतिम स्थिति में आत्मा ब्रह्म में विलीन हो जाती है, या उससे अलग रहती है। हम पहले से निष्कर्ष पर पहुँचने का प्रयत्न नहीं करें, और दिमाग को खुला रखें।'[९]

एक बार एक प्रश्न के उत्तर में रमण ने कहा, "ईश्वर के बारे में क्यों चिन्ता करते हो। हम यह नहीं जानते कि ईश्वर का अस्तित्व है या नहीं, लेकिन यह तो जानते हैं कि हमारा अपना अस्तित्व है। पहले यह जानो कि तुम कौन हो।"[१०] रमण के अनुसार जब व्यक्ति एक बार अपने निर्गुण स्वरूप को जान लेता है, तो वह ईश्वर को भी जान लेता है, क्योंकि ईश्वर आत्मा के रूप में ही अभिव्यक्त होता है। आत्मा या ब्रह्म ही एक सत्य है बाकी सब मिथ्या है। उनके शब्दों में, 'ईश्वर और जगत् के स्वरूप को जानने से पहले अपने-आप को जानो..........ईश्वर तुम्हारे अन्दर है।"[११] इन सब के बावजूद अगर कोई व्यक्ति साकार ईश्वर के होने के बारे में ही आग्रह करने लगता था, तो रमण उसे अपने-आप को ईश्वर के प्रति पूर्णतः समर्पित

कर लेने की सलाह देते थे— 'उसके प्रति समर्पित हो जाओ और उसकी इच्छा को स्वीकार करो, चाहे वह प्रकट हो जाए या गायब। उसकी खुशी का इन्तजार करो। अगर तुम उसे वैसा चाहते हो जैसी तुम्हारी इच्छा है, तो यह समर्पण नहीं, आदेश है।"[१२]

रमण के अनुसार तो आत्म-विचार ही श्रेष्ठ मार्ग है, लेकिन वे मानते थे कि भक्ति द्वारा भी धीरे-धीरे उस दिशा में बढ़ा जा सकता है, और एक बार पूर्ण स्थिति को प्राप्त कर लेने पर ईश्वर के बारे में सारे संशय अपने-आप दूर हो जाते हैं।

आत्मा

जैसाकि अब तक कि चर्चा से स्पष्ट है, रमण ने आत्मा को ही केन्द्रीय महत्व दिया है, और उसे ही एकमात्र सत्ता माना है। रमण के विचार में माया के कारण ही हम आत्मा के अस्तित्व को नहीं जान पाते हैं और जीव, जगत् या ईश्वर को वास्तविक मान लेते हैं। आत्मा शरीर नहीं है। आत्मा मन भी नहीं है। न ही वह इन्द्रिय या प्राण है। इन सब का निषेध (नेति नेति) करने के बाद जो शुद्ध चेतना या चित् है, वही आत्मा है। वह सत्, चित् और आनन्द है। जब जगत् विलीन हो जाता है तभी आत्म सिद्धि प्राप्त होती है। आत्मा वह है जहाँ 'मैं' का विचार भी नहीं रह जाता है। वह मौन है। वह प्रकाश है। वहाँ पर ज्ञान और अविद्या का द्वैत भी नहीं। आत्मा ही जगत् है, आत्मा ही ईश्वर है, आत्मा ही 'मैं' (जीव) है।

आम तौर से व्यक्ति अपने को शरीर और उसके वर्तमान 'मैं' से जोड़ता है। आत्मा जिसका स्वरूप चित् के समान है, उसमें 'मैं' की धारणा नहीं है। निष्क्रिय भौतिक शरीर और शुद्ध चित् के बीच रहस्यमय ढंग से 'मैं' (अहं) की उत्पत्ति होती है, और, रमण की राय में, यही सारे समस्याओं की जड़ है। चाहे जिस भी मार्ग से इसके नाश (मनोनाश) द्वारा ही वास्तविकता को जाना जा सकता है।[१३]

जगत्

रमण के अनुसार ब्रह्म से अलग इस जगत् की कोई सत्ता नहीं है। ब्रह्म या आत्मा एक चित्रपट की तरह है, और यह जगत् उस पर चित्र की तरह। जब तक चित्रपट है, तभी तक चित्रों को देखा जा सकता है। लेकिन जब देखने वाला स्वयं चित्रपट हो जाता है, तब सिर्फ आत्मा का ही अस्तित्व रह जाता है।

रमण के विचार में शंकर ने तीन बातें कहीं हैं: एक ब्रह्म सत्य है, दो, जगत् मिथ्या है, और तीन, ब्रह्म ही जगत् है। रमण के अनुसार तीसरी बात से पहली तीनो बातों की व्याख्या हो जाती है। इसका अर्थ यह है कि जब जगत् की अनुभूति

ब्रह्म से अलग होती है, तब वह अनुभूति मिथ्या है। दूसरे शब्दों में, जगत् उस समय सत्य है जब उसकी अनुभूति आत्मा के रूप में होती है, और उस समय मिथ्या जब वह आत्मा से अलग दिखाई देता है। जगत् को अगर जगत् के रूप में देखें तो वह असत्य है, लेकिन अगर उसे आत्मा के रूप में देखें तो सत्य। दरअसल, आत्मा ही जगत्, 'मैं' (जीव) और ईश्वर है। हर वस्तु चाहे उसे माया कहें, या लीला या शक्ति आत्मा में ही है उससे अलग नहीं।

रमण की राय में जगत् को सत्य मानने पर आत्म-सिद्धि प्राप्त नहीं होगी। जब दृश्य जगत विलीन हो जाएगा तभी आत्म-सिद्धि प्राप्त होगी। अगर रस्सी को देख कर साँप का भ्रम हो, तो रस्सी का ज्ञान तब तक नहीं मिल सकता है जब तक कि साँप का भ्रम दूर न हो जाए। ठीक उसी तरह, आत्मसिद्धि तब तक प्राप्त नहीं हो सकती जब तक कि जगत् के सत्य होने का भ्रम दूर न हो जाए। मन, जो सभी ज्ञान और कर्मों का कारण है, जब शान्त हो जाता है, तब जगत् विलीन हो जाती है, और मुक्ति मिल जाती है।[१४]

मुक्ति

रमण के अनुसार आत्मसिद्धि ही जीवन का अन्तिम लक्ष्य है। साधारण व्यक्ति अपने को शरीर से जोड़कर देखता है, जबकि आत्म-सिद्धि प्राप्त व्यक्ति ऐसा नहीं समझता है। वह यह जानता है कि वह आत्मा या ब्रह्म है। उसके मन का नाश हो चुका होता है। यही मोक्ष या मुक्ति की स्थिति है। आत्म-सिद्धि के लिए चाहे जो भी मार्ग अपनाया जाए, एक बार प्राप्त हो जाने के बाद वह स्थिति एक जैसी ही होती है। इसे ही सत्, चित् और आनन्द कहा गया है।

आत्म-सिद्धि प्राप्त हो जाने के बाद सभी असंतोष दूर हो जाते हैं। सिद्ध व्यक्ति इसके बाद भी व्यापार, उद्योग में लगा रह सकता है, या फिर शरीर में जीवन को बनाए रखने के लिए न्यूनतम आवश्यक क्रियाओं के अलावे सभी कर्मों का त्याग कर सकता है। रमण के अनुसार इस बारे में कोई सामान्य नियम नहीं बनाया जा सकता है। सिद्ध व्यक्ति जब सशरीर होता है, तो उसे जीवन-मुक्त कहा जाता है और जब उसके प्रारब्ध कर्मों का प्रभाव समाप्त हो जाता है, और वह शरीर त्याग देता है, तो उसे विदेह-मुक्ति कहा जाता है। लेकिन यह अन्तर देखने वाले की दृष्टि से है। आत्म-सिद्धि प्राप्त व्यक्ति की दृष्टि से इन दोनों स्थितिओं में कोई अन्तर नहीं है।

रमण के अनुसार अन्तिम विश्लेषण में बन्धन और मुक्ति का भी कोई अस्तित्व नहीं है। अगर व्यक्ति अपने-आप से पूछे, 'बन्धन और मुक्ति किसके लिए है?' तो उत्तर मिलेगा 'मेरे लिए'। फिर अगर वह अपने से पूछे " 'मैं' कौन हूँ?"

तो यह मालूम होगा कि 'मैं' कुछ है ही नहीं। ऐसे में बन्धन और मुक्ति का भी कोई अर्थ नहीं रह जाता है।[15]

रमण और शंकर

रमण और शंकर के विचारों में समानता तो है, लेकिन दूसरी ओर दोनों के व्यक्तित्व और दोनों द्वारा बताए गए मार्ग में अन्तर भी है। शंकर हिन्दू धर्म-शास्त्रों के ज्ञाता थे। उन्होंने अपनी ओर से कोई नया सिद्धान्त देने का दावा नहीं किया। उनकी रुचि यह प्रमाणित करने में थी कि उपनिषदों और बादरायण के ब्रह्म-सूत्र में में अद्वैत वेदान्त दर्शन का ही प्रतिपादन किया गया है। इस दृष्टि से उन्होंने कई ग्रन्थ और भाष्य भी लिखे। शब्द प्रमाण (testimony) के अधीन ही उन्होंने तर्कशास्त्र को सीमित स्थान दिया। शंकर घूम-घूम कर अपने विचारों का प्रचार और शास्त्रार्थ किया करते थे। उन्होंने भारत के चार कोनों में चार मठों की स्थापना की। रमण का जीवन और व्यक्तित्व दूसरे किस्म का था। गृह-त्याग के बाद उन्होंने लगभग सारा जीवन अरुणाचल पर्वत के इर्द-गिर्द ही गुजारा। उनकी शिक्षा संक्षिप्त और उनके स्वयं के अनुभव पर आधारित थी। धर्म-शास्त्रों में उनकी बहुत अधिक रुचि नहीं थी। शास्त्रार्थ में तो बिल्कुल ही नहीं।

जहाँ तक मार्ग का प्रश्न है, मोटे तौर पर शंकर और रमण दोनों ने ज्ञान-मार्ग का समर्थन किया है लेकिन विस्तार में जाने पर यहाँ भी दोनों में अन्तर है। रमण-मार्ग जहाँ एक ओर शंकर-मार्ग से अधिक उदार और सीधा है, वहाँ दूसरी ओर अधिक लचीला भी है।

रमण-मार्ग की चर्चा पहले भी की गयी है। उपदेश सारम् में रमण ने मुक्ति के लिए विभिन्न मार्गों का उल्लेख किया है और आत्म विचार के मार्ग को सर्वश्रेष्ठ बतलाया है। उपदेश-सारम् के आधार पर ही आत्म-विचार के पथ का विवरण "रमण-मार्ग" शीर्षक के अन्तर्गत पहले दिया जा चुका है। उपदेश-सारम् में ही रमण ने अन्य मार्गों की चर्चा करते हुए कहा है कि कर्म द्वारा मुक्ति नहीं मिल सकती है, लेकिन अगर निष्काम भाव से और ईश्वर की सेवा की दृष्टि से कर्म किए जाएँ तो इससे मन साफ होता है और मुक्ति का रास्ता मिलता है।

पूजा, जप और ध्यान क्रमश: शरीर, वाणी और मन द्वारा किए जाते हैं। रमण के अनुसार इनमें सबसे अधिक महत्त्व ध्यान का है, फिर जप और फिर पूजा का। ईश्वर की प्रशंसा करने से बेहतर है जोर-जोर से उसका नाम लेना, उससे बेहतर है धीरे-धीरे ईश्वर का नाम लेना, और इससे भी अच्छा है मन-ही-मन उसका नाम लेना। रमण की राय में कर्म, भक्ति, योग और ज्ञान सभी मार्गों का मूल तत्त्व है : "स्त्रोत में तल्लीनता"। प्राणायाम भी स्त्रोत में तल्लीनता या तन्मयता का एक

साधन है। तन्मयता के दो रूप हैं: लय और नाश। लय की स्थिति में रहने पर मन फिर से जी उठता है, लेकिन नाश हो जाने पर वह पुनर्जीवित नहीं होता है। जिस योगी का मनोनाश हो चुका हो वह आत्मन या ब्रह्म में तल्लीन या तन्मय हो जाता है।[१६] रमण सीधे आत्म-विचार के तरीके को सर्वश्रेष्ठ मानते थे, लेकिन जैसा कि ऊपर दिए गए विवरण से स्पष्ट है, उन्होंने अन्य मार्गों का पूरी तौर से निषेध नहीं किया है। जिसके लिए जिस मार्ग को उपयुक्त पाते थे, उसे वे उसी मार्ग को अपनाने की सलाह देते थे।

शंकर मार्ग में गुरू और श्रवण, मनन, निदिध्यासन को केन्द्रिय महत्व दिया गया है। शंकर के अनुसार ब्रह्म-ज्ञान प्राप्त करने के लिए व्यक्ति का "अधिकारी" होना जरूरी है। शंकर द्वारा "अधिकारी" होने के लिए वेदों के ज्ञान के अलावा वैदिक धर्मों का पालन भी आवश्यक माना गया है।[१७] ब्रह्म-सूत्र पर लिखे गए अपने भाष्य में उन्होंने कहा है कि "शूद्र दार्शनिक प्रज्ञा के अधिकारी नहीं हैं"।[१८] "अधिकारी" व्यक्ति को ही गुरू शिक्षा देगा—"तत् त्वम् असि" (तुम वही ब्रह्म हो)। शिष्य को श्रद्धापूर्वक गुरु की बातें सुननी चाहिए (श्रवण), युक्तियों द्वारा उस पर विश्वास स्थिर करना चाहिए (मनन), और फिर इस सत्य पर ध्यान केन्द्रित करना चाहिए (निदिध्यासन), जब तक कि उसे यह ज्ञान न हो जाए—"अहं ब्रह्मास्मि" (मैं ब्रह्म हूँ)।[१९]

शंकर-मार्ग के ऊपर दिए गए विवरण से ही यह स्पष्ट हो जाता है कि रमण द्वारा प्रतिपादित आत्म-विचार का सीधा रास्ता शंकर-मार्ग से अलग है। रमण ने मुक्ति पाने के लिए द्विज होने, या वेदों का ज्ञाता होने, या वैदिक धर्मों का पालन करने जैसी कोई शर्त नहीं रखी है। रमण ने गुरू को भी अनिवार्य नहीं माना है (स्वयं रमण का कोई गुरू नहीं था, और न ही वे औपचारिक रूप से शिष्य बनाते थे)। उन्होंने सीधे "मैं कौन हूँ ?" प्रश्न पर विचार करने को कहा है; "मैं ब्रह्म हूँ" पर ध्यान केन्द्रित करने के लिए नहीं। रमण ने एक स्थान पर स्पष्ट कहा है कि "मैं कौन हूँ ?" पर विचार करने की तकनीक "मैं ब्रह्म हूँ" पर ध्यान केन्द्रित करने की तकनीक से भिन्न, सीधा और श्रेष्ठ है।[२०] मन द्वारा अपने स्वरूप के अन्वेषण की प्रक्रिया से मनोनाश और आत्मन में तल्लीनता या तन्मयनिष्ठ स्थिति को प्राप्त करना, यही आत्म-विचार का सीधा रास्ता है। यह ध्यान से अलग है। इस तरह, देखा जाए तो रमण-मार्ग शंकर-मार्ग की तुलना में अधिक सीधा, उदार और लचीला है। इस पर हिन्दू धर्मशास्त्रों की जकड़न नहीं है। रमण के कई प्रशंसक और शिष्य, जैसे, फ्रैंक एच० हम्फरीज़, पॉल ब्रंटन और आर्थर ओसबोर्न ईसाई और पश्चिमी पृष्ठभूमि के भी थे।

समीक्षा

समीक्षात्मक दृष्टि से रमण के चिन्तन के बारे में कुछ महत्वपूर्ण प्रश्न उठाए जा सकते हैं। पहले प्रश्न का सम्बन्ध उनके "मृत्यु-अनुभव" से है। इस घटना का रमण के जीवन और चिन्तन में केन्द्रिय महत्व था। प्रश्न यह है कि क्या किसी जीवित व्यक्ति को मृत्यु का अनुभव हो सकता है ? चाहे रमण ने मृत्यु का कितना भी अभिनय क्यों न किया हो, वास्तविकता तो यह है कि वे उस समय जीवित थे। जीवित व्यक्ति में तो चेतना रहती ही है, प्रश्न यह है कि क्या मृत व्यक्ति में भी चेतना रहती है ?

दूसरे, रमण को जो समाधि या जागृत सुषुप्ति का अनुभव हुआ, और उस स्थिति को प्राप्त करने की उन्होंने जो तकनीक बतलायी है, उसकी वैधता को हम चुनौती भले न दें, लेकिन क्या यह मनोवैज्ञानिक अनुभव तार्किक दृष्टि से एक अमर आत्मा के अस्तित्व को प्रमाणित करने के लिए पर्याप्त है ? समाधि और निर्वाण की बात तो बौद्ध दर्शन में भी की गयी है (बौद्ध दर्शन के अनुसार "चित्त की एकाग्रता को समाधि कहते हैं"।)[२१], लेकिन वहाँ पर इसे आत्मा या ब्रह्म से नहीं जोड़ा गया है। दरअसल, समाधि के मनोवैज्ञानिक अनुभव का आत्मा या ब्रह्म के अस्तित्व के साथ कोई तार्किक सम्बन्ध है भी नहीं।

रमण बुद्धि, विचारों और सैद्धांतिक चर्चाओं को चाहे महत्व न देते हों, लेकिन दर्शन-शास्त्र का सम्बन्ध तो इनसे ही है। और बौद्धिक दृष्टि से विचार करने पर ऊपर उठाए गए प्रश्नों का उत्तर नकारात्मक ही प्रतीत होता है।

रमेन्द्र

रमण

सन्दर्भ

1. Arthur Osborne (ed.), *The Teachings of Bhagawan Sri Ramana Maharshi in His Own Words.* (Tiruvannamalai : Sri Ramanasramam, 1988), pp. 3-4.
2. Ibid., pp. 2-3
3. T. M. P. Mahadevan, *Bhagvan Ramana* (Tiruvannamalai : Sri Ramanasramam, 1989), pp. 15-16.
4 Ibid., p. 17.
5. Arthur Osborne (ed.), *The Teachings of Bhagawan Sri Raman Maharshi in His Own Words*, pp. 6-8.
6. Arthur Osborne (ed.), *The Collected Works of Raman Maharshi* (Tiruvannamalai : Sri Ramanasramam, 1979), p. 110.
7 *The Teachings of Bhagawan Sri Raman Maharshi in His Own Words*, p. 131
8. Ibid., p 9.
9. Ibid , p. 52.
10. Ibid., p. 56.
11. Ibid., p. 58.
12. Ibid., p. 60.
13. Ibid., p. 16.
14. Ibid , p. 10. Also see, *The Collected Works*, p. 37.
15. Ibid., p. 240.
16. *The Collected Works of Raman Maharshi*, pp. 108-9.
17. S N. Dasgupta, *A History of Indian Philosophy*, Vol. I (Delhi : Motilal Banarsidass, 1975), p. 489.
18. देवी प्रसाद चट्टोपाध्याय, भारतीय दर्शन में क्या जीवंत है और क्या मृत (नई दिल्ली : पीपुल्स पब्लिशिंग हाउस, 1984), पृ०-195.
19. S. N. Dasgupta, op. cit., p. 490.
20. *The Teachings of Bhagawan Sri Raman Maharshi*, pp. 17-18.
21. राहुल सांकृत्यायन, बौद्ध दर्शन (इलाहाबाद : किताब महल, 1977), पृष्ठ-25.

जिद्दू कृष्णमूर्ति

परिचय

मनुष्य ने पुरातन काल से ही विश्व के रहस्यों को जानना चाहा है। 'वह स्वयं क्या है' यह प्रश्न भी उसे सदा उद्वेलित करता रहा है। सुकरात से सार्त्र तक तथा उपनिषदों से गांधी तक प्राय: सभी पश्चिम तथा पूरब के विचारकों ने मनुष्य की स्थिति तथा नियति के विषय में चिन्तन किया है। कुछ ने चिन्तन की पुरानी धारा को पकड़ा है और कुछ ने नई विधाओं को तलाशा है। कृष्णमूर्ति दूसरे वर्ग में आते हैं। इस संदर्भ में उन्हें एक क्रान्तिकारी विचारक माना जा सकता है। उनके विचार कई बिन्दुओं पर सुकरात के विचार, अस्तित्ववादियों के विचार, बौद्ध-विचार आदि से मिलते हैं, पर उन्होंने अपने चिन्तन को किसी वाद या सम्प्रदाय का रूप नहीं दिया। उनके चिन्तन की पद्धति भी लकीर से हट कर रही है। आत्मविश्लेषण ही मुख्यत: उनके विचार करने की पद्धति रही है जिसे उन्होंने प्रश्नोत्तर तथा टिप्पणियों के रूप में व्यक्त किया है!

जीवनी—जिद्दू कृष्णमूर्ति का जन्म दक्षिण भारत के एक गरीब ब्राह्मण परिवार में 1895 ई० में हुआ था। श्रीमती एनी बेसंट ने, जो उन दिनों भारत में ही समाजसेवा तथा तत्कालीन राजनीति में सक्रिय भाग ले रही थीं, उन्हें और उनके छोटे भाई नित्यानन्द को दत्तक पुत्र बना लिया। श्री चार्ल्स लेडबेटर ने, जो Theosophical Society के संस्थापक माने जाते हैं, कहा था कि समय-समय पर पृथ्वी पर पैगम्बरों का अवतार होता रहता है। कृष्ण, बुद्ध, मुहम्मद तथा ईसा की ही पंक्ति में ऐसे लोग होते हैं। श्रीमती बेसंट ने, जिन्हें किसी व्यक्ति को पहचानने की अद्भुत क्षमता थी, कृष्णमूर्ति को उसी सांचे में ढालने का प्रयत्न किया और भविष्यवाणी की कि कृष्णमूर्ति भी उन्हीं अवतार की पंक्ति में हैं। पर उसी समय कई कारणों से श्री चार्ल्स लेडबेटर की ख्याति पर आंच आने लगी। कृष्णमूर्ति उन्हीं के संरक्षण में थे, अत: उनके पिता ने उन्हें फिर अपने संरक्षण में ले लेना चाहा। मुकदमा हुआ। अन्त में प्रीवी काउंसील ने दोनों नाबालिग लड़कों को ही अपने संरक्षक को चुनने का अधिकार दिया। दोनों ने श्रीमती बेसंट को ही चुना।

भविष्य में फिर कठिनाई न हो इसके लिए श्रीमती बेसंट ने दोनों को आगे शिक्षा के लिए इंगलैंड में श्रीमती लूटेंस के घर पर भेज दिया। वहीं, सोरबोने में दोनों ने घर पर ही शिक्षा ग्रहण की।

वहीं आर्डर आफ दी स्टार आफ दी ईस्ट (Order of the Star of the East) की स्थापना हुई, जिसके अध्यक्ष कृष्णमूर्ति हुए। पर 1922 में एक ऐसी

घटना घटी जिसने कृष्णमूर्ति के जीवन की धारा को ही बदल दिया। उनके छोटे भाई 1922 में बिमार पड़े और 1925 में उनकी मृत्यु हो गई। इसका कृष्णमूर्ति पर बहुत गहरा प्रभाव पड़ा और उनका सम्पूर्ण जीवन ही परिवर्तित हो गया। ऐसी मान्यता है कि उन्हें एक जबरदस्त रहस्यात्मक (mystical) अनुभव हुआ, किसी अध्यात्मवादी के रूप में नहीं बल्कि एक स्वतंत्र चिंतक के रूप में। उन्होंने 1929 में आर्डर ऑफ दी स्टार (order of the star) का विलयन कर दिया और उसकी सारी सम्पत्ति बांट दी। उसके उपरांत वे एक स्वतंत्र चिंतक के रूप में लिखते रहे और भाषणों के द्वारा अपने विचारों को दुनिया के समक्ष रखा। इतिहास में ऐसे अनेक दृष्टांत मिलते हैं जब सत्य के लिए बड़ा से बड़ा त्याग कुछ लोगों ने किया है, धन का, अधिकार का, स्वयं जीवन तक का। बुद्ध, जनक, गांधी आदि ऐसे उदाहरण हैं। कृष्णमूर्ति ने भी मात्र 'प्रेम', सभी से प्रेम के लिए साधारण जीवन अपनाया। साधारणत: वैसे व्यक्ति जो सत्य को तलाशते हैं अपने चारों ओर एक दिवार खड़ा कर लेते हैं और एक असाधारण रूप धारण कर लेते हैं। ऐसा प्रतीत होने लगता है कि जो वे हैं वह हमलोग नहीं हैं और जो हमलोग हैं वह वे नहीं हैं। दोनों में परस्पर आदान-प्रदान सम्भव नहीं प्रतीत होता। पर कृष्णमूर्ति ने अहं की दिवार को ढाह दिया जिसमें सभी और उनमें कोई अन्तर न रह जाय। ऐसे लोग अवश्य ही एकाकी हो जाते हैं। वे जीवन को सीधे अपनी दृष्टि से देखना चाहते हैं। उनकी मुख्य कृतियाँ हैं, First and Last Freedom, Life Ahead, This Matter of Culture, Freedom from the Unknown, The Only Revolution आदि।

चिन्तन विधि

कृष्णमूर्ति के चिन्तन की विधि परम्परागत नहीं है। वे किसी सिद्धान्त का प्रतिपादन नहीं करते, न ही किसी विश्वास को वे सिद्ध करना चाहते हैं। उनका इन विधाओं से विरोध है। उनकी विधा है—आत्म-विश्लेषण। किसी भी समस्या के समाधान के लिए मनुष्य यदि आत्मविश्लेषण करे तो वह सत्य को पकड़ सकता है। इसमें संशय करना प्रथम चरण माना जायगा। संशय एक बहुमूल्य उपचार है। यह हमारी हठधर्मीता और अन्धविश्वासों को जलाता है। यह जलाता अवश्य है पर रोग का निदान करता है। थोड़ा जलने से यदि कोई घबरा जाय तो मन की भ्रान्तियाँ दूर नहीं हो सकतीं। जीवन से डरकर, कतराकर मनुष्य सड़ी-गली चीजें बटोर लेता है पर उससे उसे दुख होता है। पर सन्देह के द्वारा मनुष्य उसकी सृष्टि करता है जो नित्य और आनन्द है।

कृष्णमूर्ति का प्रयत्न रहा है मनुष्य में जीवन के प्रति एक नया दृष्टिकोण विकसित करना। उनके अनुसार जीवन सम्बन्धों से घिरा है जिनमें गति है। किसी

क्षण मनुष्य असम्बद्ध नहीं होता। जिन पदार्थों से मनुष्य सम्बद्ध रहता है वह सम्बन्ध गतिशील है। एक क्षण जैसा सम्बन्ध किसी पदार्थ से है, दूसरे क्षण उसमें कुछ अन्य जुट जाता है अर्थात् नवीनता आ जाती है। अतः कृष्णमूर्ति ने उन सम्बन्धों के विश्लेषण करने का प्रयत्न किया है, उन सारे पदार्थों का सम्बन्ध जो हमारे चारों ओर हैं वा उन सभी व्यक्तियों से सम्बन्ध जिनसे हम प्रेम या घृणा वा तटस्थ रहते हैं।

इस विश्लेषण से उन मनोवैज्ञानिक तथ्यों की जानकारी हो जाती है जिनके हम अधीन हो जाते हैं। शायद ही यह समझा जाता है कि जीवन की छोटी-छोटी घटनाएँ हममें वैसे संवेग उत्पन्न करती हैं जो हमारे जीवन को नियंत्रित करते हैं। उनमें से कुछ संवेग सुखदायी होते हैं और कुछ दुखदायी। जो दुखदायी होते हैं उन्हें हम दूर कर देना चाहते हैं। सुखदायी वा दुखदायी संवेगों के कारण को जान पाना सदा सरल नहीं है और जब उन्हें हम जान पाते हैं और उनकी प्रतिक्रिया हम पर हो जाती है तो उन्हें दूर करना कठिन हो जाता है। इस प्रकार उनका अभ्यास हो जाता है जो हमें नियंत्रित कर देता है। तब हम नए सिरे से, पल-पल चिन्तन नहीं करते। इसका परिणाम यह होता है कि जो पदार्थ हमें प्रभावित करते हैं उनकी हमें आंशिक चेतना होती है बाकी अभ्यासपूर्वक हमारी क्रियाएँ होती रहती हैं।

इस प्रकार यंत्रवत् चिन्तन प्रक्रिया से बचने के दो रास्ते हैं, पहला कल्पना लोक में डूबकर और दूसरा इसके विपरीत परिचित स्थितियों को नई दृष्टि से जानकर। कृष्णमूर्ति अपने भाषणों में इसी नई दृष्टि के विकास का संकेत करते हैं जिसमें उन मनोवैज्ञानिक तथ्यों से स्वतंत्र रूप से नई जानकारी प्राप्त कर नई जिन्दगी जीएं।

जीवन गतिशील है। अतः एक दूसरे के परस्पर स्थिर सम्बन्ध परिवर्तित होते रहते हैं। वे सम्बन्ध स्थिर तथा रुके हुए नहीं होते। परिवर्तन अन्य सभी में होता है और स्वयं में भी। इस परिवर्तन का निरन्तर साक्षात्कार होने से तथ्य का साक्षात्कार होता है। पर यह कैसे सम्भव है? यह होता है, जो है उसे देखने का प्रयत्न करने पर। यदि हम डर रहे हों तो यह स्थिति दुखदायी है और मनुष्य इससे छुटकारा चाहता है अर्थात् जो हम अभी हैं (डर रहे हैं) और जो होना चाहते हैं (डर को दूर करना) दोनों स्थितियों में एक द्वन्द्व है। इससे दुखदायी स्थिति दूर नहीं होती क्योंकि द्वन्द्वात्मक स्थिति सुखदायी नहीं होती। पर यदि उस स्थिति का निष्पक्ष आत्म-निरीक्षण किया जाय और कारण जानने का प्रयास तो स्थिति में परिवर्तन आता है, एक सर्जनात्मक परिवर्तन—डर का रूप बदल जाता है और वह अब डर नहीं रह जाता। सभी दुखदायी भावनाएँ जैसे ईर्ष्या, क्रोध, ऊब आदि

ऐसी ही होती हैं। यही सुखदायी भावनाओं के साथ भी होता है। जो हम अभी हैं (सुख की स्थिति) और जो हम होना चाहते हैं (सुख की स्थिति दूर न होना), दोनों स्थितियों में द्वन्द्व होता है। अत: यह स्थिति भी मनुष्य के जीवन प्रवाह को अवरुद्ध करती है। आत्मविश्लेषण से वास्तविकता का भान होता है। इस प्रकार जीवन-स्फूर्ति निर्विघ्न प्रवाहित होती रहती है और मनुष्य पूर्ण जीवन जीता है जिसमें अपने अस्तित्व और अपने सम्बन्धों की चेतना रहती है और यह किसी अन्य तथ्य से विकृत नहीं होता। कृष्णमूर्ति के अनुसार यह आत्मविश्लेषण से ही सम्भव है, कठोर अनुशासन तथा ध्यान आदि के द्वारा नहीं। कठोर अनुशासन से अधिक से अधिक आत्म-सम्मोह (Self-hypnosis) उत्पन्न हो सकती है और उसके द्वारा एक सुख की भावना जो एक भ्रामक स्थिति होती है।

आत्म-विश्लेषण से वास्तविकता का ज्ञान होने पर मनुष्यों के बीच जो कृत्रिम दिवार है वह ढह जाती है और प्रेम की कगज होती है। प्यार के माध्यम से मनुष्य एक दूसरे से जुड़ता है और स्वत्व (Selfhood) के बन्दीगृह से मुक्त होता है।

कृष्णमूर्ति का लक्ष्य है मनुष्यों में आन्तरिक परिवर्तन लाना, एक आमूल क्रान्ति, इसलिए वे किसी विशेष पद्धति या सिद्धान्त के प्रति उदासीन रहे हैं। उनकी चिन्तन विधि मनोवैज्ञानिक है।

कृष्णमूर्ति के विचार करने की विधि को अंत:प्रज्ञात्मक (intuitional) भी कहा जा सकता है। उन्होंने किसी भी समस्या का समाधान विमर्शात्मक तर्कना के द्वारा नहीं अत: प्रत्यक्ष विचार के द्वारा की है। यही अन्तर है कृष्णमूर्ति तथा अन्य विचारकों में। जो तत्काल प्रत्यक्ष बोध होता है, उसी का वे विश्लेषण करते हैं। यह ठीक है कि ऐसे विचारों को तर्कना के द्वारा सिद्ध करना कठिन होता है पर किसी को भी उसका प्रमाण अपनी अनुभूति से मिल जाता है।

कृष्णमूर्ति के विचार अराजक प्रतीत होते हैं। पर तभी तक हम अपनी बेड़ियों को नहीं देखते, जब तक हमें यह ज्ञात नहीं होता कि व्यक्तिगत इच्छाओं, आकांक्षाओं, डर आदि के बिना जीवन शून्य नहीं पूर्ण है। हम जीवन के लिए जीते हैं। मुक्ति किसी व्यक्ति को नहीं जीवन को मिलती है। यह व्यक्तिगत आत्मा के विनाश के उपरान्त ही सम्भव है। बन्धन और मुक्ति में अन्तर मात्र यह है कि जो मुक्त है वह क्रियाशील है पर उसमें प्रतिक्रिया नहीं होती। जब स्वार्थ मिट जाता है तो प्रेम जीवन-शक्ति बन जाती है।

मनुष्य, प्रकृति तथा तत्त्व

कृष्णमूर्ति के दार्शनिक चिन्तन के दो पक्ष हैं, एक जिसमें उन्होंने तत्त्व, प्रकृति तथा मनुष्य के सम्बन्ध में जो भ्रामक सिद्धान्त हैं उनका निराकरण किया है तथा

दूसरा जिसमें उन्होंने इनके सम्बन्ध में अपने विचारों को प्रगट किया है। एक निषेधात्मक पक्ष है और दूसरा रचनात्मक।

(i) **निषेधात्मक पक्ष** : साधारणतः सभी मनुष्य को इस बात की चेतना होती है कि वह एक जीवित प्राणी है जो चारों ओर से संसार के अन्य पदार्थों से घिरा है। वह यह भी समझता है कि सारे बाह्य पदार्थ उसके नियंत्रण में नहीं हैं। अतः उन्हें वह किसी चरम सत्ता का व्यक्त रूप विचारने लगता है। उस चरम सत्ता की कल्पना कर वह ऐसा समझता है कि यदि उसे उस चरम सत्ता का ज्ञान हो जाय तो उसे प्रकृति, संसार तथा स्वयं के अर्थ तथा उद्देश्य का भान हो जायगा। उस सर्वव्यापक सत्य को जानने से प्रकृति तथा मनुष्य दोनों की व्याख्या हो जायगी।

पर व्यक्ति प्रकृति का ही एक अंश है और वहीं उसका स्वाभाविक स्थान है। अपने स्वभाव का साक्षात्कार ही उसकी वितृष्णा है और उसीमें उसकी आत्मसिद्धि। इसी के द्वारा वह तत्त्व का भी साक्षात्कार कर पाता है क्योंकि प्रकृति तत्त्व का ही व्यक्त रूप है। पर विभिन्न दर्शनों तथा धर्मों ने मनुष्य को उसके प्राकृतिक निवास से निर्वासित कर दिया है। तत्त्व की सीधी पकड़ के लिए उन्होंने बीच की कड़ी को ही अनदेखा कर दिया है। उन्होंने मनुष्य और तत्त्व के बीच से प्रकृति को हटा दिया है और मनुष्य को सीधे तत्त्व से जोड़ने का प्रयत्न किया है और इस प्रकार मनुष्य की मुक्ति, स्वतंत्रता तथा आत्मसिद्धि को प्रकृति से बाहर माना है। इस प्रकार बीच की कड़ी ही टूट गई है और मनुष्य तथा तत्त्व के बीच एक खाई बन गई है। प्राकृतिक व्यवस्था के भंग होने से मनुष्य निर्वासित हो गया है। इसका कारण यह है कि पुराने सभी आध्यात्मिक दर्शनों ने तत्त्व और प्रकृति का ऐसा सम्बन्ध माना है जिसमें मनुष्य का सीधा अवतरण प्रकृति से हुआ है यह नहीं माना गया है। वे सभी इस बात को मानते हैं कि आत्मसाक्षात्कार से आध्यात्मिक आनन्द की उत्पत्ति होती है पर संसार में ही यह प्रस्फुटित होता है, इसे अनदेखा कर देते हैं। उन्होंने संसार को दुखमय माना है और इस प्रकार जो है उसे नहीं मानते और जो नहीं है उसे मानते हैं। इसीलिए वे प्रकृति को अनदेखा कर तत्त्व से सीधा सम्पर्क का प्रयत्न करते हैं। इस प्रकार वे तत्त्व, प्रकृति तथा मनुष्य की आंगिक निरन्तरता को समाप्त कर बीच की कड़ी हटाकर तत्त्व को पकड़ना चाहते हैं। इसी रीति से उन्होंने मनुष्य को तत्त्व से जोड़ने का प्रयत्न किया है और प्रकृति को केवल अनदेखा ही नहीं कर दिया अपितु उसे कष्टदायक माना है। उन्होंने सृष्टि को एक बोझ और जो है उसको अतात्त्विक और जो अव्यक्त है या जो नहीं है उसे तात्त्विक माना है। फलस्वरूप उन्होंने इस संसार को असार और त्याज्य कहा है और इस संसार से विमुखता को आत्मसिद्धि की संज्ञा दी है। उनका दर्शन, इसीलिए, अभी, यहाँ

और इसके सम्बन्ध में निराशावादी है और वहाँ, वह और संसार के परे के सम्बन्ध में आशावादी।

इस प्रयास में परस्पर विरोधी दार्शनिक धाराएँ भी एक मत हो जाती हैं कि विश्व दुखों से परिपूर्ण है और इससे छुटकारा मिलने पर ही वास्तविक आनन्द की प्राप्ति सम्भव है, यह परस्पर विरोधी दर्शनों की सामान्य धारणा है। इस प्रकार मनुष्य अपने घर में ही बनवासी हो जाता है। वह इस प्रकृति का अंग है पर अपने को वैसा नहीं मानता। उनकी मान्यता है कि शारीरिक रूप से वह प्रकृति का अंग है पर आध्यात्मिक रूप से उससे पृथक। इस प्रकृति में उसका व्यक्त रूप एक भ्रम है और अव्यक्त रूप ही आनन्द का स्रोत। इसलिए प्रकृति में रहकर नहीं उससे भाग कर ही दुखों से छुटकारा मिल सकता है।

रचनात्मक पक्ष

कृष्णमूर्ति के अनुसार वास्तविकता उपर्युक्त विचारों के बिलकुल विपरीत है। संसार दुखमय नहीं सुखमय है। विशुद्ध जीवन द्रव्य-आकार से स्वतंत्र नहीं, इसीमें है। अत: सुख इस प्राकृतिक जीवन में ही है, अब, यहीं और यही है। इसी प्रकार के जीवन में तत्त्व से मनुष्य की निरन्तरता अक्षुण बनी रहती है। यह दृष्टिकोण छुटकारा का दर्शन नहीं, स्वीकारने का दर्शन है। प्रकृति ही मनुष्य का वास्तविक धाम है।

कृष्णमूर्ति ने मनुष्य, प्रकृति तथा तत्त्व को एक सूत्र में बांधा है जिसे वे जैविक अनुक्रमता (organic sequence) कहते हैं। वे प्रकृति को मनुष्य और तत्त्व के मध्यस्थान में विचारते हैं। इससे स्पष्ट हो जाता है कि क्यों संसार सुखमय है और किस कारण से तत्त्व अपने विशुद्ध रूप में इसी के अन्तर्गत है और इसीलिए मनुष्य की आत्मसिद्धि प्रकृति से विमुख होकर नहीं अपितु इसीमें है। दूसरे शब्दों में, चरम सुख तथा स्वतंत्रता, जो मानव आत्मा का सार तत्त्व है इसी जगत में प्राप्य है। अत: कृष्णमूर्ति के अनुसार मुक्ति जगत से परे नहीं बल्कि इसीमें है। वही तत्त्व प्रकृति तथा मनुष्य, दोनों का सार तत्त्व है। अन्य दर्शनों ने निरपेक्ष तत्त्व को विशुद्ध, गतिहीन, एकरस होने की कल्पना की है; अत: संसार अर्थात् द्रव्य तथा आकार का अस्तित्व उस निरपेक्ष तत्त्व की गतिहीनता, विशुद्धता तथा एक-रसता को सीमित करते विचारी जाती है। यह उस तत्त्व की वास्तविकता को छिन्न-भिन्न करती प्रतीत होती है। वह जो निरपेक्ष है सापेक्ष प्रतीत होने लगता है। अत: सृष्टि में अन्तर्भूत होते ही तत्त्व की तात्त्विकता नष्ट होनी प्रतीत होती है।

ऐसे दर्शनों में आकार तथा द्रव्य सीमाएँ हैं और तत्त्व की सर्जनात्मकता उसे सीमित कर देती है। मनुष्य बंधन में माना जाने लगता है। पर कृष्णमूर्ति के

अनुसार यह विचार-क्रम ही उल्टा है। सृष्टि, सीमा और बंधन की प्रचलित अवधारणाएँ ही अमान्य हैं। तत्त्व और अस्तित्व के सम्बन्ध का विचार ही उल्टा है। आत्म-विकास से निरपेक्ष तत्त्व में कुछ ह्रास नहीं होता, और न वह सीमित होता है। उसकी विशुद्धता अक्षुण्ण रहती है। यह इसलिए ऐसा है कि कृष्णमूर्ति मूल तत्त्व को स्थिर नहीं विचारते। तत्त्व गतिमान है; वह सर्जनात्मक है (cp. Bergson)। बंधन से मुक्त होने के लिए संसार-सम्बन्धी नई धारणा बनानी होगी। इससे यह स्पष्ट है कि पुरातन जन्म-बन्धन सिद्धान्त का परित्याग करना और अस्तित्व तथा तत्त्व के सम्बन्ध को समझना आवश्यक है। यह मानना कि तत्त्व अपने को व्यक्त करने में सीमित होता है, एक भूल है। निरपेक्ष तत्त्व अपने व्यक्त रूप में सीमित नहीं होता। भौतिक द्रव्य उसे सीमित नहीं करता। मौलिक द्रव्य की शुद्धता नष्ट नहीं होती। अतः संसार में ही निरपेक्षता (absoluteness) है। कृष्णमूर्ति के विचार उस सिद्धान्त का विरोध करते हैं जिसमे निरपेक्षता भौतिक द्रव्य तथा आकार के परे विचारा जाता है।

यह सिद्ध करना कैसे सम्भव है? इसका साधन मात्र एक है। उस परम तत्त्व को स्थिर नहीं अपितु गतिशील विचारना तथा शुद्ध तत्त्व के सिद्धान्त के स्थान पर शुद्ध सर्जन के सिद्धान्त को मानकर चलना।

तत्त्व और प्रकृति

कृष्णमूर्ति ने विश्व की व्याख्या सर्जनात्मकता-सिद्धान्त के आधार पर की है। तत्त्व शुद्ध भाव (Pure Being) नहीं है अपितु शुद्ध क्रिया (Activity)। चारों ओर, अन्दर और बाहर, विश्व में या उसके बाहर चिर शान्ति नहीं अपितु अनन्त गति है और वह गति है सर्जनात्मक। सर्जनशीलता ही जीवन है; अस्तित्व का अर्थ है सर्जन करना। सर्जनात्मकता का अभाव जीवन का अन्त है। अतः सृष्टि जिसका अर्थ है सर्जनात्मक जीवन, तत्त्व को सीमित नहीं करता। यह तत्त्व का स्वप्रकाशन है। यह सृष्टि की आत्मसिद्धि है। यही निरन्तर सर्जनात्मकता ही आत्मसिद्धि है। और इसमें निरन्तरता है। सृष्टि का कोई बाह्य लक्ष्य नहीं है। सृष्टि-सृष्टि के लिए ही उत्तर है क्यों सृष्टि का।

सर्जनात्मक जीवन का महत्त्व यह है कि अपने स्वरूप के कारण अपने क्षणिक स्पर्श से संसार की सीमितता तथा उस बोझ से जिससे बोझिल हो मनुष्य कराहता रहता है, मुक्त कर देता है। संसार में नई स्फूर्ति का सृजन हो जाता है और सभी सीमाओं से मनुष्य मुक्त हो जाता है। कृष्णमूर्ति के अनुसार निरपेक्ष तत्त्व मनुष्य से दूर नहीं है। सर्जनात्मकशील गति ही तत्त्व है। इसे समझने के लिए एक मूर्तिकार का उदाहरण लें। एक मूर्तिकार अपनी गति से किसी मूर्ति को संगमरमर

में गढ़ता है। वह अपने सम्पूर्ण व्यक्तित्व को उसमें ढाल देता है। उसकी सर्जनात्मक क्रिया के द्वारा उसकी स्फूर्ति तथा ऊर्जा उस मूर्ति में समाहित हो जाती है और एक नए तथ्य का सृजन हो जाता है। पर ऐसा कर लेने पर उसकी स्फूर्ति और ऊर्जा निःशेष नहीं हो जाती। वह मूर्ति स्वयं में पूर्ण है पर विशिष्ट। इस उदाहरण से दो बातें स्पष्ट होती हैं।

(i) मूर्तिकार तो संगमरमर में मूर्ति गढ़ता है पर अन्य सर्जनात्मक क्रियाओं के अन्य द्रव्य होते हैं। मूर्तिकार संगमरमर में सृजन करता है, रंग-शिल्पी रंगों में, संगीतज्ञ ध्वनियों में और दार्शनिक प्रत्ययों में। पर सर्जनात्मकता में मूर्तिकार किसी अन्य की तुलना में निम्नतर या श्रेष्ठतर नहीं है।

अतः द्रव्यों के, जिस पर कोई काम करता है, भेद से सर्जनात्मकता में भेद नहीं होता। एक बड़ा मूर्तिकार उतना ही सर्जनात्मक है जितना एक बड़ा संगीतज्ञ। अन्तर मात्र तकनीक में है क्योंकि तकनीक उन द्रव्यों से सीमित होता है जिस पर वह व्यक्ति काम कर रहा है। सभी में गति का बहाव समान है। इसलिए जीवन को सर्जनात्मक मानने से, माध्यम कुछ भी हो, सभी में सर्जनात्मक बहाव या छुटकारा समान होता है। यही उत्तर है उस दर्शन का जो भौतिक संसार को अर्थात् विशिष्ट की तात्त्विकता को नकारते हैं। तत्त्व वह निरपेक्ष नहीं है जिसमें सापेक्ष समाहित हो जाते हैं। तत्त्व वही है जिसकी अनुभूति होती रहती है, अर्थात् सापेक्ष जिसमें निरपेक्ष का बहाव रहता है। एक संगमरमर के टुकड़े को लें। वह व्यक्ति जो इसे ढो रहा है उसके लिए यह एक बोझ है। उस बोझ से वह दो प्रकार से छुटकारा पा सकता है। यदि वह किसी ऐसे व्यक्ति के लिए उस बोझ को ढो रहा है जिसके लिए उसे असीम प्रेम या सहानुभूति है या अपने स्वास्थ्य के लिए तो उस संगमरमर का भार उसके सहानुभूति या किसी अन्य संवेग से संतुलित हो जाता है। इसे तटस्थ भाव (neutralisation) कहा जा सकता है। दूसरा तरीका है उस बोझ को गिराकर उससे छुटकारा पाने का। यह है नकारने (escape) का तरीका। पर एक व्यक्ति ऐसा भी है जिसके लिए वह बोझ कोई भार नहीं है। वह है उसके सर्जनात्मकता का माध्यम। वह व्यक्ति मूर्तिकार है। उसके लिए उस टुकड़े का कड़ापन या भार कष्टदायक नहीं है। यह है उसके सर्जनात्मकता के व्यक्तिकरण का माध्यम। यही इस संसार के लिए भी सत्य है। तत्त्व और संसार से सर्जनात्मक सम्बन्ध स्थापित कर लेने पर द्रव्य और आकार बोझ या भार नहीं प्रतीत होते। वे व्यक्ति को सीमित नहीं करते बल्कि उसकी मुक्ति के उपादान हो जाते हैं। अब प्रश्न यह उठता है कि पूर्ण मुक्ति कैसी सर्जनात्मकता में है ?

पूर्णता विशिष्ट की होती है। प्रत्येक पदार्थ की अपनी विशेषता होती है। उस विशिष्टता की चरम सीमा ही उसकी पूर्णता है, जैसे मूर्ति की, मिर्च की, मिठाई की।

अतः पूर्ण तत्त्व (Absolute) सर्जनात्मक क्रिया के क्षेत्र के अन्तर्गत ही सिद्ध हो सकता है। मूर्तिकार अपनी प्रत्येक मूर्ति में अपना सम्पूर्ण ढ़ाल देता है। फलस्वरूप एक अविभाजित व्यक्तित्व के रूप में वह सृजन करता है और चाहे वह कलाकृति बहुत छोटी है या माध्यम कोई हो उस सम्पूर्ण व्यक्ति का वह व्यक्त रूप है। अतः प्रत्येक अभिव्यक्ति में सम्पूर्ण मुक्ति है, बशर्ते उसमें पूर्णता हो। इससे निष्कर्ष यह निकलता है कि एक सर्जनात्मक जीवन प्रत्येक सर्जनात्मक क्रिया में सम्पूर्ण रूप से व्यक्त होता है और आत्मसिद्धि प्राप्त करता है और तोभी उसका न निःशेष होता है और न ह्रास। इस प्रकार वह निरपेक्ष तत्त्व सम्पूर्ण तथा विशिष्ट में समाहित है अपनी निरपेक्षता प्रदान करते हुए। अतः प्रत्येक विशिष्ट परम तत्त्व है यदि जिस प्रत्यय को व्यक्त करना उसका तात्पर्य है उसका वह पूर्ण प्रतिरूप हो। ऐसे पूर्ण विशिष्ट में सम्पूर्ण सर्जनात्मक जीवन की सिद्धि होती है और इस क्रिया में उसे स्वतंत्रता की प्राप्ति होती है। अतः यह जीवन ऊपरी सीमाओं के बावजूद निरपेक्ष, शुद्ध तथा स्वतंत्र रहता है। प्रकृति तत्त्व की सीमा नहीं, बल्कि स्वयं तत्त्व है। जिस प्रकार संगमरमर उस मूर्तिकार के लिए आवश्यक है उसी प्रकार द्रव्य और आकार सृष्टि के रूप में जीवन के लिए आवश्यक हैं। वे आत्मसिद्धि तथा मुक्ति के लिए आवश्यक हैं। यह ठीक है कि विभिन्न आकारों तथा द्रव्यों के लिए विभिन्न तकनीक की आवश्यकता होती है पर प्रत्येक में सर्जनात्मकता समान है। दूसरे शब्दों में, भौतिक तत्त्व भी उतना ही तात्त्विक है जितना अभौतिक तत्त्व क्योंकि तत्त्व समान रूप से दोनों में व्यक्त है।

प्रत्येक पदार्थ का अपना स्वभाव होता है, मिर्च का तीतापन, मिठाई का मीठापन। किसी पदार्थ की पूर्णता उसकी स्वभाव की पूर्णता है—स्वाभाविक पूर्णता। सृष्टि के लिए पूर्णता ही केवल स्वतंत्रता है और यह है स्वाभाविक पूर्णता। प्रत्येक की पूर्णता सम्पूर्ण पूर्णता है, न किसी से कम न किसी से अधिक। अतः प्रत्येक परम तत्त्व है।

प्रत्येक सृजित पदार्थ तभी पूर्णता प्राप्त करता है जब वह, जो उसका स्वभाव है वही बन जाता है। अतः 'प्राकृतिक' और 'आत्मपूर्णता' एक साथ चलते हैं। केवल मनुष्य में यह नियम टूटता नजर आता है क्योंकि उसमें कुछ ऐसे विरोधात्मक तत्त्व हैं जिससे निरन्तरता टूटती प्रतीत होती है। बाद में जब विरोधात्मक तत्त्वों का सामंजस्य हो जाता है तब निरन्तरता आ जाती है और वह मुक्ति प्राप्त कर लेता है और पूर्णता भी।

जीवन-सम्बन्धी गत्यात्मक विचार

तब तत्त्व और प्रकृति में क्या सम्बन्ध है? तत्त्व सर्जनात्मक तथा स्वतंत्र है। प्रत्येक रचित पदार्थ अपने सर्जनात्मक तत्त्व की अभिव्यक्ति है। यह सरल है क्योंकि

यह अनूठा है तथा सर्जनात्मक जीव-शक्ति की पूर्ण अभिव्यक्ति (क्योंकि यह पूर्ण है—प्राकृतिक स्वभाव के अनुकूल)। अतः यह स्वतंत्र है। अतः मुक्ति के लिए संसार को छोड़ने की आवश्यकता नहीं है। मुक्ति यहीं है—उसके चारों ओर के पदार्थों में। अतः प्रकृति का स्थान मनुष्य तथा तत्त्व के बीच माध्यपद का है।

मनुष्य : मनुष्य जब जन्म लेता है तो ऐसे विश्व में अपने को पाता है जिसमें असंख्य पदार्थ हैं। प्रत्येक पदार्थ अपने तईं निरपेक्ष तथा सर्जनात्मक क्रिया के परिणाम हैं। अपने स्वभाव के अनुकूल पूर्णता प्राप्त करना उनका लक्ष्य है। प्रथमतः उनका सम्बन्ध उस जीव-शक्ति से है जिसने उनकी सृष्टि की। प्रत्येक का एक दूसरे मनुष्य से परस्पर सम्बन्ध भी है क्योंकि सभी की सृष्टि उसी जीव-शक्ति से हुई है पर मात्र जीव-शक्ति ही उनमें सामान्य है। यही प्रकृति है, एक स्वतंत्र संसार क्योंकि इसमें प्रत्येक पदार्थ निरपेक्ष सर्जनात्मक स्वतंत्रता का चिह्न है और सम्पूर्णता में ऐसे ही पदार्थों का कुल योग। ऐसा संसार बन्धन नहीं हो सकता।

प्रत्येक पदार्थ में केवल अनूठापन है। इनमें मूल्यों में भेद नहीं है क्योंकि प्रत्येक में अपने स्वभाव के अनुकूल बनने की क्षमता है और पूर्णता प्राप्त करने की भी। कोई बड़ा या छोटा उद्देश्य किसी पदार्थ को बांधता नहीं है क्योंकि सभी का उद्देश्य एक है, जीवन की अभिव्यक्ति। और इसे कोई उद्देश्य नहीं माना जा सकता ठीक वैसे ही जैसे पानी का एक सतह पर रहना उसका उद्देश्य नहीं स्वभाव है। कृष्णमूर्ति सृष्टि में उद्देश्य का अभाव बतलाते हैं। जीव-शक्ति सृजन करता है इसलिए कि सर्जनात्मकता उसका स्वभाव है ठीक वैसे ही जैसे आईना का किसी पदार्थ को प्रतिबिम्बित करना उसका स्वभाव है। अतः विश्व उद्देश्यहीन, असम्बद्ध, अनूठा है और जीवन के लिए इसका मात्र महत्त्व है जीवन की अभिव्यक्ति। तो इसमें मनुष्य की भूमिका क्या है?

जैविक त्रिअवयव में मनुष्य तीसरा पद है। जीव क्रिया ने प्रकृति की सृष्टि की; फिर आगे आत्म अभिव्यक्ति में कौन से तत्त्वों की सृष्टि होती है? प्रत्येक पदार्थ अपने स्वभाव को प्राप्त कर पूर्णता प्राप्त कर लेता है और जैविक शक्ति को बटोर लेता है। अतः प्रत्येक पूर्णता अन्तिम चरण है। यहीं हमें सृष्टि के रूप में जैविक शक्ति में कुछ कमी (अभाव) प्रतीत होता है। उन पूर्णताओं में उस अभाव को हटा देने से ही तत्त्वमीमांसक दृष्टि से आत्म-सिद्धि सम्भव है। सृष्टि क्रिया में उस जैविक शक्ति से कुछ खो जाता है, वह है उसकी गत्यात्मकता। शुद्धता तथा स्वतंत्रता रह जाती है पर सर्जनात्मक वेग रुक जाता है। अतः उस पदार्थ में जैविक शक्ति सर्जनात्मक नहीं रह जाती शुद्ध भाव के रूप में रहती है। अतः प्रत्येक प्राकृतिक पदार्थ की पूर्णता में जीवन-शक्ति के दो विरोधी पहलू हैं : एक तो उस जैविक-शक्ति को जिसने सृष्टि की, उसे सर्जनात्मक स्वतंत्रता प्रदान करना और

दूसरे उस शक्ति की गति को रोकना (एक में सिमटा देना)। इस दृष्टि से प्रकृति जीवन की गति और रोक दोनों है। यह सर्जनात्मक क्रिया की अभिव्यक्ति है और उसी रूप में वह गति का रोक भी है। जीवन जो क्रियात्मक तथा सर्जनात्मक थी वह शुद्ध भाव के रूप में बन्द रहती है। इस रूप में यह स्पष्ट है कि आत्म अभिव्यक्ति में जीवन का चरम संतोष नहीं प्राप्त हो सकता। वह मुक्त होने को फड़फड़ाता रहता है और यह तभी सम्भव है जब यह फिर से सर्जनात्मक और क्रियाशील हो जाय। और यह है तीसरा चरण—जीव शक्ति से प्रकृति, प्रकृति से मनुष्य और तीसरा मनुष्य की अन्तिम मुक्ति। जिस प्रकार सृष्टिकर्ता के रूप में जीवन अपनी आन्तरिक आवश्यकता के कारण अपने को प्रकृति में व्यक्त करता है, उसी प्रकार प्रकृति उसी अन्तर्भूत आवश्यकता से अपनी सर्जनात्मकता को तलाश करती है। पर यह कैसे होता है? यह वस्तुओं को मिटाकर सम्भव नहीं है क्योंकि गति आगे की ओर है, पीछे की ओर नहीं। और फिर यदि नवीन सृष्टि हो तो जीव-शक्ति फिर सर्जन कर उसी दलदल में फंस जायगी। अत: इसे ऐसे वस्तु का सर्जन करना है जो इसकी गति को रोके नहीं, वहीं अन्त नहीं हो बल्कि आगे की गति का केन्द्र बन जाए। ऐसा ही विषय मनुष्य है। अत: मनुष्य उस जैविक एकता का तीसरा चरण है। मनुष्य के द्वारा ही शुद्ध भाव की सर्जनात्मकता वापस मिलती है। यह इसलिए सम्भव है कि मनुष्य विषय और विषयी दोनों है। वह प्रकृति के सम्बन्ध में विषय रूप है पर उससे बाहर विषयी (subject)। अपनी आत्म-निष्ठता के कारण ही वह जीव शक्ति को क्रियाशीलता और सर्जनात्मकता प्रदान करता है। उसे विषय और विषयी कहने का तात्पर्य है कि प्रथम बार प्रकृति में जीवन आत्मचेतना के रूप में फूलता है। तत्त्व, प्रकृति तथा मनुष्य के क्रम में तत्त्व में आत्मबोध होता है और वह फिर से सर्जनात्मक जीव-शक्ति के रूप में स्वतंत्र हो जाता है।

यह क्रिया आंगिक है क्योंकि प्रत्येक क्रम एक दूसरे से जुड़ा है और आन्तरिक आवश्यकता से ही सब प्रस्फुटित होते हैं। जीव-शक्ति के लिए स्वाभाविक है प्रकृति में अपने को व्यक्त करना और प्रकृति का मनुष्य में और मनुष्य का प्रकृति में बंधे जीव-शक्ति को पुन: गति प्रदान कराना। इसलिए प्रत्येक क्रम पीछे को समेटते हुए आगे की ओर गतिशील होता है।

प्रश्न है कि मनुष्य कैसे प्रकृति में बंधे जीव-शक्ति में गति प्रदान करता है? इसके पहले हम यह जान लें कि मनुष्य क्या है?

वह जीवन प्रक्रिया के पूरे चक्र को पूरा कर लेता है और उसे प्रारम्भिक अवस्था में पहुँचा देता है। अब प्रश्न है कि सृष्टि या सर्जन करना क्या है?

मनुष्य की सर्जनात्मकता प्रकृति के रूप में सृष्टि करने के समान नहीं है। प्रकृति के विभिन्न पदार्थों की सृष्टि में जीवन की गति पदार्थों में अन्त हो जाती है क्योंकि हर पदार्थ में वह गति जो प्राप्त करना चाहती है वह प्राप्त हो जाती है। पर मनुष्य में ऐसी बात नहीं है। यहाँ विषय सर्जनात्मक विषयी हो जाता है। अतः जहाँ उन पदार्थों का अन्त हो जाता है, वहाँ वह बिन्दु मनुष्य के लिए दूसरे का आरम्भ बिन्दु हो जाता है। नवीन सर्जनात्मकता का अन्त जीवन में होता है। यह वस्तुओं का सर्जन नहीं करता अपितु जीवन का ही। अतः उसका कार्य है सभी पदार्थों (अन्य मनुष्य तथा अन्य पदार्थों) को सर्जनात्मक दृष्टि से देखना और उन्हें जीवन का ही व्यक्त रूप मानना। इसे ही सर्जनात्मक अर्थ लगाना (creative interpretation) कहा जा सकता है। ऐसी ही सर्जनात्मकता से जीवन मुक्त होता है। तब, मनुष्य का सांसारिक प्रक्रिया में क्या स्थान तथा कार्य है। मनुष्य, प्रकृति और तत्त्व के आंगिक संश्लेषण में या जोड़ने में मनुष्य एक जीवित यंत्र है जिसके द्वारा सृष्टि रूपी जीवन आत्म-चेतना के रूप में जाग्रत होती है और वह अपने कार्यों का सर्जनात्मक अर्थ देकर स्वयं की सिद्धि प्राप्त करता है। मनुष्य को दो दृष्टियों से देखा जा सकता है :

प्रथमतः, वस्तुनिष्ठ दृष्टि से संसार के स्वतंत्र व्यक्त सभी अनूठे पदार्थों की भांति ही एक अनूठा पदार्थ है। उसका भी अन्य पदार्थों की भांति अपना स्वभाव है और उसी में उसकी पूर्णता भी। चूंकि वह पूर्ण है, अतः निरपेक्ष भी है। चूंकि यह अनूठा है अतः इसकी तुलना या क्रम निर्धारण सम्भव नहीं है। चूंकि प्रत्येक ऐसे पदार्थ में जिनमें पूर्णता है, सम्पूर्ण जीव-शक्ति समाहित हो जाती है; अतः मनुष्य भी सम्पूर्ण जीवन की अभिव्यक्ति है। किसी पदार्थ के रूप में जहाँ तक जीव-शक्ति है वह सभी उसमें बन्द है—उसके अस्तित्व (Being) के रूप में। अतः पदार्थ के रूप में वह सभी है जो वह हो सकता है। उसके स्वभाव के जड़ में निरपेक्ष जीवन है जो सर्वव्यापी तथा अनूठा है।

पर मनुष्य विषय और विषयी दोनों है। चूंकि वह विषयी है, अतः वह सर्जनात्मक भी हो सकता है। अतः उसकी इतनी शक्ति है कि वह सुषुप्त शक्ति को जाग्रत कर आगे गति दे दे। इस प्रकार सर्जनात्मक होने का अर्थ है आन्तरिक शक्ति को क्रियात्मकता प्रदान करना। अतः सर्जन करने का अर्थ है आन्तरिक को बाह्य, सुषुप्त को जाग्रत करना। अतः तात्त्विक दृष्टि से मनुष्य को कुछ पाना नहीं है, वह तो स्वयं निरपेक्ष तत्त्व है। उसे केवल जो है उसे व्यक्त करना है। जब जो उसमें जीवन है सम्पूर्णतः सृष्टि के रूप में व्यक्त (released) हो जाता है तो वह निरपेक्ष भाव से निरपेक्ष क्रिया हो जाता है। तब शुद्ध रूप से उसमें और जीवन में तादात्म्य हो जाता है, और यह सभी स्वाभाविक रीति से

ही सम्भव होता है। अतः मनुष्य का लक्ष्य है निरपेक्ष सृष्टि के रूप में क्रियात्मक बनना। इस प्रकार यहाँ मनुष्य का अर्थ सांसारिक मनुष्य से है। और उसका लक्ष्य तभी प्राप्त होता है जब किसी मानव आत्मचेतना के द्वारा मूल सर्जनात्मक सिद्धान्त आत्मपूर्णता की ओर पूर्ण स्वाभाविकता से कार्य करने लगे; जब इस वृहत् व्यक्त विश्व में कुछ भी ऐसा नहीं हो जिसका सही अर्थ सत्य के संदर्भ में नहीं किया जा सके। ऐसी अवस्था में व्यक्ति और जीवन में तादात्म्य हो जाता है क्योंकि उसका सम्पूर्ण अस्तित्व विशुद्ध सर्जनात्मक क्रिया हो जाती है और तब ये तीनों तत्त्व (तत्त्व, प्रकृति और मनुष्य) एक हो जाते हैं क्योंकि प्रकृति का अर्थ लगाने में वह उसे हासिल कर लेता है। उसी प्रक्रिया से 'मैं' को आत्मबोध होता है जीवन का, 'मैं' का और मनुष्य का एकाकार हो जाता है सर्जनात्मक जीवन धारा से।

तब क्या आत्म-सिद्धि की यह प्रक्रिया सभी के लिए है ? नहीं, क्योंकि प्रत्येक मनुष्य अनूठा है। वह आवश्यक भी है क्योंकि जीवन की अभिव्यक्ति अनन्त रूपों में होती है अतः प्रत्येक में उस जीवन का आत्म-प्रकाशन होता है। अतः प्रत्येक मनुष्य की अपनी दुनिया है और उसे ही पुनर्सृजन करना है। अतः मनुष्य का उच्चतम कार्य है सर्जन करना। इसी में मनुष्य की आत्म-सिद्धि है। यही है मनुष्य की नियति।

अशोक कुमार वर्मा

सन्दर्भ ग्रंथ तथा लेख

1. जे० कृष्णमूर्ति, प्रथम और अन्तिम मुक्ति,
अनुवादक डा० दयाल शरण वर्मा—मोतीलाल बनारसीदास

2. आमूल क्रान्ति की आवश्यकता—जे० कृष्णमूर्ति
कृष्णमूर्ति फाउण्डेशन इण्डिया, वाराणसी

3. गरुड की उड़ान—जे० कृष्णमूर्ति, कृ० फा० इ०, वाराणसी

4. जीवन-भाष्य—जे० कृष्णमूर्ति—सर्व-सेवा-संघ प्रकाशन, वाराणसी

5. शिक्षा एवं जीवन का महत्व—जे० कृष्णमूर्ति, कृ० फा० इ, वाराणसी

6. The Mind of J. Krishnamurti
Ed. LUIS S. R. VAS, Jaico Publishing House, Calcutta

7. Beyond Violence—J. Krishnamurti—
B. J. Publications Pvt. Ltd., Delhi.

8. Krishnamurti in India—1970-71, K. F. I., Delhi

9. Krishnamurti's Note book—K. F. I, Delhi

10. Tradition and Revolution—J. Krishnamurti, K. F. I., Delhi

11. Exploration into Insight—K. F. I., Delhi

12. The Wholeness of Life—K. F. I., Delhi

13. You are the world—K. F. I., Delhi

14. The Future of Humanity—K. F. I., Delhi

15. Mind without Measure—K. F. I., Delhi

16. The Network of Thought—K. F. I., Delhi

17. The way of Intelligence—K. F. I., Delhi

मानवेन्द्र नाथ रॉय

मानवेन्द्र नाथ रॉय को हम बीसवीं शताब्दी का प्रमुख भारतीय दार्शनिक मान सकते हैं। रॉय ने अपने दर्शन में दर्शनशास्त्र और धर्म के बीच एक स्पष्ट अन्तर किया है। रॉय के अनुसार परम्परागत धार्मिक विचारों और धर्मशास्त्रीय रूढ़ियों से छुटकारा पाए बिना दर्शनशास्त्र का विकास सम्भव नहीं है। दूसरी ओर, रॉय ने दर्शनशास्त्र और विज्ञान के बीच बहुत निकट सम्बन्ध की कल्पना की है। रॉय के दर्शन की यह विशेषता उन्हें बीसवीं सदी के कुछ अन्य प्रमुख भारतीय विचारकों से बिल्कुल अलग कर देती है।

दूसरे, रॉय ने सामाजिक क्रान्ति के सन्दर्भ में वैचारिक या दार्शनिक क्रान्ति को केन्द्रीय महत्त्व दिया है। रॉय के अनुसार दार्शनिक क्रान्ति के बिना सामाजिक क्रान्ति सम्भव नहीं है। इसके अलावा, रॉय ने, अठारहवीं शताब्दी के फ्रेंच दार्शनिक हॉलबैक की परम्परा में, समकालीन वैज्ञानिक विकास के प्रकाश में भौतिकवाद की एक संशोधित और नयी व्याख्या प्रस्तुत की है, जो अपने-आप में एक दार्शनिक उपलब्धि है।

अगर हम रॉय के दर्शन को प्राचीन भारतीय दर्शन के सन्दर्भ में देखना चाहें, तो हम उन्हें प्राचीन भारतीय भौतिकवाद—लोकायत—की परम्परा में रख सकते हैं। लेकिन रॉय का भौतिकीय वास्तववाद (Physical Realism) लोकायत या चार्वाक दर्शन की तुलना में अत्यधिक विकसित दर्शन है। रॉय ने भौतिकवाद की पुनर्व्याख्या के क्रम में न सिर्फ भौतिकशास्त्र के नवीनतम आविष्कारों को ध्यान में रखा है, बल्कि उन्होंने अपने दर्शन में नैतिकता को भी प्रमुख स्थान दिया है। इतना ही नहीं, रॉय के दर्शन का एक महत्त्वपूर्ण सामाजिक और राजनीतिक पक्ष भी है, जो साम्यवाद और औपचारिक लोकतन्त्र की उनकी समीक्षा पर आधारित है, और जिसे रॉय ने नवमानवतावाद या रैडिकल मानवतावाद का नाम दिया।

जीवन

मानवेन्द्र नाथ रॉय का मूल नाम नरेन्द्रनाथ भट्टाचार्य था। उनका जन्म 21 मार्च, 1887, को बंगाल के 24 परगना जिले के एक गाँव में हुआ था। रॉय ने अपने राजनीतिक जीवन की शुरुआत एक लड़ाकू राष्ट्रवादी के रूप में की थी। उस समय वे एक चौदह वर्षीय स्कूली छात्र थे। उनका सम्बन्ध अनुशीलन समिति और जुगान्तर ग्रुप जैसे भूमिगत संगठनों से रहा। पहले विश्वयुद्ध के प्रारम्भ होने के बाद

राय सशस्त्र विद्रोह द्वारा भारत से ब्रिटिश शासन को उखाड़ फेंकने के उद्देश्य से शस्त्रों की तलाश में जावा चले गए। वहाँ उन्हें अपने उद्देश्य में सफलता नहीं मिली। इसके बाद वे शस्त्रों की तलाश में अलग-अलग नामों और नकली पासपोर्टों के सहारे एक देश से दूसरे देश में भटकते रहे। अन्ततः जून 1916 में वे संयुक्त राज्य अमरिका के सैन फ्रांसिस्को शहर पहुँच गए।

अमेरिका के स्टैनफोर्ड विश्वविद्यालय के प्रांगण में ही रॉय ने अपना नाम नरेन्द्रनाथ भट्टाचार्य से बदल कर मानवेन्द्र नाथ रॉय रख लिया। जैसा कि रॉय ने स्वयं लिखा है, यह परिवर्तन उनके लिए एक नए जन्म की तरह था, क्योंकि शस्त्रों की निरर्थक तलाश में अब उनकी रुचि नहीं रह गयी थी, और वे एक नए सिरे से अपने जीवन की शुरुआत करना चाहते थे।[1]

अमेरिका के ही न्यूयॉर्क शहर में रॉय भारत के प्रसिद्ध राष्ट्रवादी नेता लाला लाजपत राय के सम्पर्क में आए। रॉय भी उनके साथ सार्वजनिक सभाओं में जाने लगे। इन सभाओं में मजदूर वर्ग के लोगों द्वारा पूछे जाने वाले सवालों ने रॉय को यह सोचने के लिए मजबूर किया कि क्या आजादी के बाद भारत से गरीबी और शोषण का अन्त हो जाएगा। न्यूयॉर्क के सार्वजनिक पुस्तकालय में रॉय का परिचय समाजवादी साहित्य से हुआ। रॉय ने समाजवाद का खण्डन करने के उद्देश्य से समाजवाद का सिलसिलेवार अध्ययन आरम्भ किया। लेकिन जल्दी ही उन्होंने पाया कि वे स्वयं भी समाजवादी बन चुके थे! अपने लड़ाकू राष्ट्रवादी दिनों में रॉय बंकिमचन्द्र, विवेकानन्द और रूढ़िवादी हिन्दू दर्शन से प्रभावित रहे थे। इसलिए, शुरू में समाजवाद को स्वीकार करने पर भी रॉय ने उसके भौतिकवादी दार्शनिक आधार को स्वीकार नहीं किया।

बाद में, 1919 में रॉय मेक्सिको में कम्युनिष्ट इंटरनेशनल के दूत माइकेल बोरोडिन के सम्पर्क में आए। बोरोडिन के साथ लम्बी चर्चाओं के बाद रॉय ने भौतिकवादी दर्शन को भी स्वीकार कर लिया, और पूरी तौर से साम्यवादी बन गए। मेक्सिको की समाजवादी पार्टी को कम्युनिस्ट पार्टी में बदलने में रॉय ने प्रमुख भूमिका निभाई।

1920 में रॉय को कम्युनिस्ट इंटरनेशनल के दूसरे सम्मेलन में शामिल होने के लिए मॉस्को आमन्त्रित किया गया। सम्मेलन से पहले रॉय की लेनिन से कई मुलाकातें हुईं। राष्ट्रीय आन्दोलनों में स्थानीय बुर्जुआ वर्ग की भूमिका के बारे में रॉय और लेनिन के बीच कुछ मतभेद थे। लेनिन की सलाह पर कम्युनिस्ट इंटरनेशनल के इस सम्मेलन ने लेनिन की थीसिस के साथ रॉय की थीसिस को भी पूरक थीसिस के रूप में पारित किया। इसके बाद के वर्षों में रॉय को कम्युनिस्ट

इंटरनेशनल के नीति-निर्धारक संगठनों में महत्त्वपूर्ण स्थान दिया गया। 1927 में रॉय को कम्युनिस्ट इंटरनेशनल के प्रतिनिधि के रूप में चीन भेजा गया। लेकिन बाद में उन्हें कुछ वैचारिक मतभेदों के कारण स्टालिन द्वारा 1929 में कम्युनिस्ट इंटरनेशनल से निकाल दिया गया।

दिसम्बर 1930 में रॉय के भारत लौटने के बाद जुलाई 1931 में उन्हें गिरफ्तार कर लिया गया। ब्रिटिश सरकार को उखाड़ फेंकने के षडयंत्र के आरोप में उन पर मुकदमा चलाया गया और छः वर्षों के लिए जेल की सजा दी गयी। जिस समय रॉय भारत लौटे उस समय वे पूरी तौर से साम्यवादी ही थे हालांकि कम्युनिस्ट इंटरनेशनल से उनका सम्बन्ध टूट चुका था। जेल में रॉय को अध्ययन और चिन्तन के लिए काफी समय मिला। रॉय ने जेल में ही 'आधुनिक विज्ञान के दार्शनिक परिणामों' के बारे में सिलसिलेवार अध्ययन और लेखन की योजना बनायी। इसके अन्तर्गत वे मार्क्सवाद की पुनर्व्याख्या और पुनर्मूल्यांकन भी करना चाहते थे। पाँच वर्ष की अवधि में उन्होंने अपने विचारों को लगभग तीन हजार पन्नों में लिखा। रॉय की जेल में लिखी गयी पाण्डुलिपि अब तक पूरी तौर से प्रकाशित नहीं हुयी है, लेकिन उसके आधार पर कई पुस्तकें प्रकाशित हो चुकी है, जिनमें रॉय के भौतिकवाद के अध्ययन के दृष्टिकोण से Materialism (1940) और Science and Philosophy, 1947, प्रमुख हैं।[2] रॉय के नवमानवतावादी दर्शन के बीज भी रॉय की जेल-पान्डुलिपियों में मौजूद हैं।

1936 में जेल से रिहाई के बाद रॉय अपने समर्थकों के साथ भारतीय राष्ट्रीय काँग्रेस में शामिल हो गए। कांग्रेस में उन्होने 'लीग ऑफ रैडिकल कांग्रेसमेन' की स्थापना की। लेकिन 1940 में रॉय और उनके अनुयायी दूसरे विश्वयुद्ध में भारत की हिस्सेदारी के प्रश्न पर मतभेद के कारण कांग्रेस से अलग हो गए, और रॉय ने रैडिकल डेमोक्रेटिक पार्टी की स्थापना की। इसके साथ ही रॉय के जीवन कि उस अन्तिम चरण की शुरुआत हुई जिसमें उन्होने नवमानवतावादी दर्शन का विकास किया। रॉय की मृत्यु जनवरी 1954 मे हुई।

दर्शनशास्त्र की अवधारणा

दर्शनशास्त्र के स्वरूप और धर्म एवं विज्ञान से उसके सम्बन्धों की चर्चा रॉय ने अपनी पुस्तक Materialism और Science and Philosophy में की है। अपनी पुस्तक Materialism में रॉय ने पायथागोरस को उद्धृत करते हुए दर्शन-शास्त्र को "प्रकृति के चिन्तन, अध्ययन और ज्ञान" के रूप में परिभाषित किया है। रॉय के अनुसार दर्शनशास्त्र का कार्य है वस्तुओं को उनके वास्तविक रूप में जानना, और प्रकृति के विविध घटनाओं के सामान्य उद्गम को प्रकृति में ही ढूंढ़ना। रॉय

के विचार में दर्शनशास्त्र की शुरुआत तब हुई जब मनुष्य आदिम प्राकृतिक धर्म के देवी-देवताओं की कहानियों से असंतुष्ट होकर प्राकृतिक घटनाओं का कारण प्रकृति में ही ढूंढ़ने लगा।[3]

अपनी पुस्तक Science and Philosophy में रॉय ने दर्शनशास्त्र की परिभाषा 'जीवन के सिद्धान्त" के रूप में की है। रॉय के अनुसार दर्शनशास्त्र का कार्य "विश्व की गुत्थी को सुलझाना है।" दर्शनशास्त्र की अपनी परिभाषा की व्याख्या करते हुए रॉय कहते हैं कि दर्शनशास्त्र जीवन का सिद्धान्त है क्योंकि इसका जन्म मनुष्य द्वारा प्रकृति की व्याख्या करने और अपने वातावरण से अपने सम्बन्ध को समझने के प्रयत्नों से होता है। रॉय के अनुसार जीवन विश्व के विकास का ही परिणाम है। विश्वव्यवस्था को समझे बिना मनुष्य के अतीत, वर्तमान और भविष्य की व्याख्या सम्भव नहीं है। इसलिए, मानव जीवन और प्रकृति के विभिन्न पहलुओं की व्याख्या करने वाले एक व्यापक दर्शन को विश्व-विज्ञान (Cosmology) पर आधारित होना चाहिए।[4]

दर्शनशास्त्र और तत्त्वमीमांसा

रॉय ने दर्शनशास्त्र और तत्त्वमीमांसा के बीच अन्तर किया है। रॉय के अनुसार तत्त्वमीमांसा की शुरुआत भी विश्व की अनेकता के पीछे की एकता को तलाशने की इच्छा से होती है। लेकिन तत्त्वमीमांसा उस समय दर्शनशास्त्र से अलग हो जाती है, जब वह प्रकृति या संवृति (Phenomenon) से ऊपर और परे परमार्थसत् (Noumenon) की बात करने लगती है। इस तरह तत्त्वमीमांसा ज्ञान प्राप्त करने की दृष्टि से वास्तविकता के अन्वेषण से मुँह मोड़कर परिकल्पना (speculation) की बंजर भूमि पर विचरने लगती है। वह मूर्त को जानने की शर्त के रूप में अमूर्त को जानने के निरर्थक कार्य को अपने हाथ में लेती है।

स्पष्ट है कि रॉय परिकल्पनात्मक दर्शन (Speculative philosophy) के विरुद्ध हैं। उनके अनुसार परिकल्पनात्मक दर्शन भौतिक जगत से परे अनुभवातीत तत्त्व (transcendental being) को जानने का असम्भव कार्य करने का प्रयत्न करता है। परिकल्पनात्मक दर्शन में विश्व की ठोस वास्तविकताओं की व्याख्या एक परिकल्पनात्मक परमतत्त्व (absolute) की सहायता से की जाती है। इस विश्व की वास्तविकताओं को समझने की बजाय परिकल्पनात्मक दर्शन की परिणति विश्व की वास्तविकता को नकारने और उसको मनुष्य की कल्पना की उपज बतलाने में होती है। रॉय के विचार में ऐसे अन्वेषण का, जो अपने अध्ययन के विषय को ही नकार दे, अन्त निरर्थक सपनों और निराशाजनक उलझनों में होना अवश्यम्भावी है।

दर्शनशास्त्र और धर्म

रॉय परिकल्पनात्मक दर्शन के विरुद्ध तो थे ही, इसके अलावा वे दर्शनशास्त्र का धर्म और धर्मशास्त्र से एकीकरण किए जाने के भी विरुद्ध थे। जैसाकि उन्होंने Science and Philosophy में कहा है, एक सामान्य शिक्षित मनुष्य दर्शनशास्त्र को बहुत अस्पष्ट लेकिन व्यापक अर्थ में लेता है। वह दर्शनशास्त्र के अन्तर्गत परिकल्पनात्मक दर्शन के अतिरिक्त कवि-सुलभ कल्पना को भी शामिल मानता है। रॉय के अनुसार विशेषकर भारत में यह अस्पष्ट और व्यापक अर्थ ही अधिक प्रचलित है। भारतीय दर्शन में, दर्शनशास्त्र और धर्म या दर्शनशास्त्र और धर्मशास्त्र के बीच स्पष्ट अन्तर भी नहीं किया जाता है। दरअसल, जिसे भारतीय दर्शन का विशिष्ट गुण माना जाता है वह यही है कि भारतीय दर्शन ने अब भी मध्ययुगीन परम्पराओं से उस तरह अपना सम्बन्ध नहीं तोड़ा है, जिस तरह आधुनिक पश्चिमी दर्शन ने सतरहवीं शताब्दी में ही तोड़ लिया था।[5]

रॉय के विचार में अतिप्राकृतिक या अलौकिक शक्तियों में विश्वास प्राकृतिक घटनाओं का कारण प्रकृति में ढूंढ़ने के रास्ते में बाधक है। इसलिए, रूढ़िवादी धार्मिक विचारों और धर्मशास्त्रीय सिद्धान्तों को नकारे बिना दर्शनशास्त्र का अस्तित्व सम्भव नहीं है। रॉय के अनुसार विज्ञान के विकास के साथ-साथ धर्म का अन्त होना निश्चित है, क्योंकि विज्ञान ने मनुष्य को उन प्रश्नों का उत्तर देने में समर्थ बना दिया है, जिनका उत्तर देने के लिए मानव ने अपने बचपन में अतिप्राकृतिक और अलौकिक शक्तियों की कल्पना की थी। इसलिए, रॉय स्पष्ट तौर से यह विचार व्यक्त करते हैं कि दर्शनशास्त्र को धर्म से अपना सम्बन्ध तोड़ लेना चाहिए, और भौतिक जगत की वास्तविकता को अपना आधार बना कर आगे बढ़ना चाहिए।

दर्शनशास्त्र और विज्ञान

एक ओर रॉय ने रूढ़िवादी धार्मिक विचारों और धर्मशास्त्रीय सिद्धान्तों से मुक्ति को दर्शनशास्त्र के अस्तित्व और विकास की अनिवार्य शर्त्त माना है, और दूसरी ओर उन्होंने दर्शनशास्त्र और विज्ञान के बीच बहुत निकट सम्बन्ध की कल्पना की है। रॉय के अनुसार आधुनिक वैज्ञानिक सिद्धान्त के विकास का दार्शनिक महत्त्व यही है कि उसने विज्ञान और दर्शनशास्त्र के बीच के पुराने विभाजन को अतर्कसंगत बना दिया है। रॉय के विचार में विश्व-विज्ञान (Cosmology), सत्तामीमांसा (Ontology) और ज्ञानमीमांसा से सम्बन्धित दार्शनिक समस्याओं का समाधान वैज्ञानिक ज्ञान के द्वारा उत्तरोत्तर किया जा सकता है। इसलिए, रॉय के अनुसार

दर्शनशास्त्र का कार्य सम्पूर्ण वैज्ञानिक ज्ञान के तार्किक समन्वय द्वारा प्रकृति और जीवन के एक ऐसे व्यापक सिद्धान्त की स्थापना करना है, जो विश्व की युक्तिसंगत व्याख्या कर सके और जीवन में एक विश्वसनीय मार्गदर्शक का काम कर सके। दर्शनशास्त्र को वैज्ञानिक ज्ञान के विकास के साथ निरन्तर कदम से कदम मिलाकर चलना चाहिए। दूसरे शब्दों में, दार्शनिक सिद्धान्तों को वैज्ञानिक ज्ञान के विकास के प्रकाश में अपने को निरन्तर संशोधित करते रहना चाहिए।

आधुनिक भौतिकवाद

रॉय भौतिकवाद के प्रबल समर्थक हैं। उनके अनुसार भौतिकवाद ही एकमात्र सम्भव दर्शन है, क्योंकि यह प्रकृति के वास्तविक ज्ञान पर आधारित है—ऐसा ज्ञान जो प्रकृति के निरीक्षण, अन्वेषण और चिन्तन से प्राप्त होता है। रॉय के विचार में भौतिकवाद के अतिरिक्त कोई भी अन्य दर्शन हमें भौतिक जगत के दायरे से परे एक ऐसे रहस्यवादी तत्वमीमांसा की ओर ले जाता है, जिसके शिखर पर ईश्वर विराजमान रहता है।

रॉय के अनुसार भौतिकवाद कोई वैसा खतरनाक दर्शन नहीं है जैसा आमतौर से बतलाया जाता है। न ही यह "खाओ, पीओ और मौज करो" का सिद्धान्त है, जैसाकि उसके अज्ञानी और विद्वेषपूर्ण विरोधी हमें समझाने का प्रयत्न करते हैं। भौतिकवाद मात्र यह कहता है कि विश्व की हर वस्तु का उदगम भौतिक द्रव्य से है; भौतिक द्रव्य के सिवा इस विश्व में अन्य किसी वस्तु का अस्तित्व नहीं है; सभी वस्तुएँ भौतिक द्रव्य के ही रूपान्तर हैं; और भौतिक द्रव्य में आने वाले परिवर्तन प्रकृति में अन्तर्निहित नियमों द्वारा अनिवार्य रूप से नियंत्रित होते हैं।[6]

इस तरह, रॉय के अनुसार भौतिकवाद की दो मूलभूत मान्यताएँ हैं: एक, विश्व में सभी वस्तुओं का उद्गम भौतिक द्रव्य से है; दो, यह विश्व नियमों द्वारा नियंत्रित है, और इसमें अकारण कुछ भी नहीं होता है।

राय ने यह माना है कि प्राचीन भौतिकवाद को डेमोक्रीटस ने एक व्यापक सिद्धान्त का रूप दिया, और एपिक्यूरस ने इसे और अधिक विकसित किया। इसी तरह, प्राचीन भारत में प्रकृतिवाद, तर्कबुद्धिवाद, संशयवाद, अज्ञेयवाद और भौतिकवादी चिन्तन के लम्बे विकास की परिणति चार्वाक दर्शन में हुई जिसकी तुलना हम यूनानी एपिक्यूरियसवाद से कर सकते हैं।

अपनी पुस्तक Materialism के "Modern Materialism" शीर्षक अध्याय में रॉय ने आधुनिक भौतिकवाद को डेमोक्रीटस के समय से हुए वैज्ञानिक चिन्तन का परिणाम बतलाया है।[7] रॉय के अनुसार भौतिकवाद किसी अतिप्राकृतिक या

अलौकिक वस्तु की कल्पना किए बिना विश्व की व्याख्या प्रस्तुत करता है। विश्व की ऐसी व्याख्या के प्रयत्नों से यह स्थापित होता है कि विश्व के मूल में भौतिक द्रव्य है जिसका हमें पर्याप्त ज्ञान मिल चुका है, और जिसके बारे में हमें निरन्तर अधिक ज्ञान मिल रहा है। भौतिकवाद के अनुसार चिन्तन के पहले अस्तित्व, प्रत्यय के पहले वस्तु और चित् के पहले भौतिक द्रव्य की सत्ता है, जबकि प्रत्ययवादी दर्शन इस सम्बन्ध को उलट देता है। रॉय के अनुसार वैज्ञानिक ज्ञान और तर्कबुद्धिवादी चिन्तन के युग में भौतिकवाद का विरोध धार्मिक शब्दावली में सम्भव नहीं है। इसलिए आधुनिक समय में अध्यात्मवाद भौतिकवाद का विरोध करने के लिए प्रत्ययवाद का रूप ग्रहण कर सामने आता है (बर्कले का प्रत्ययवाद इसका एक अच्छा उदाहरण है)। अब विवाद का मुख्य विषय ज्ञानमीमांसा का यह प्रश्न बन जाता है कि क्या मानव मस्तिष्क द्वारा विश्व का ज्ञान सम्भव है।

भौतिकवाद के अनुसार विश्व का, मानव चेतना से स्वतंत्र, अपने आप में अस्तित्व है (भौतिकवाद वस्तुवादी दर्शन है)। रॉय के अनुसार अठारहवीं और उन्नीसवीं शताब्दी में हुए विज्ञान के आविष्कारों के ठोस आधार पर ही भौतिकवाद के इस मूल सिद्धान्त को निश्चयपूर्वक स्थापित किया जा सका। मानव मस्तिष्क से स्वतंत्र विश्व के अस्तित्व, और उसके बारे में वस्तुनिष्ठ ज्ञान की सम्भावना की पुष्टि इस बात से ही हो जाती है कि प्राकृतिक विज्ञानों के माध्यम से हमें विश्व के बारे में निरन्तर अधिक ज्ञान प्राप्त हो रहा है। उन्नीसवीं शताब्दी में प्राणि-विज्ञान, वनस्पतिशास्त्र, रसायनशास्त्र और भौतिकी जैसे विभिन्न प्राकृतिक विज्ञानों के माध्यम से नयी-नयी समस्याओं का समाधान हो सका, जबकि धर्मशास्त्र और तत्त्वमीमांसा ऐसा करने में असमर्थ रहे। जिन तथ्यों की व्याख्या के लिए पहले देवी-देवताओं और ईश्वर जैसी अति-प्राकृतिक शक्तियों की सहायता ली जाती थी, उनकी व्याख्या विज्ञान के माध्यम से प्राकृतिक नियमों की सहायता से की जाने लगी। धर्मशास्त्र और तत्त्वमीमांसा द्वारा विभिन्न प्रश्नों के दिए गए उत्तरों और इन्द्रिय-अनुभव द्वारा प्राप्त ज्ञान के बीच स्पष्ट असंगति दिखाई देने लगी। प्रकृति की व्याख्या की तीन विधियों—धर्मशास्त्रीय, तत्त्वमीमांसीय और वैज्ञानिक—में वैज्ञानिक विधि सबसे अधिक सफल रही। इस तरह, रॉय के विचार में विश्व की व्याख्या के लिए प्रकृति या संवृत्ति से परे किसी परमार्थसत् की कल्पना की भी कोई आवश्यकता नहीं रह गयी। विश्व की व्याख्या के लिए सारी सामग्री विश्व में ही उपलब्ध है।

आधुनिक भौतिकवाद का "संकट"

रॉय के अनुसार आधुनिक भौतिकवाद के तथाकथित संकट का सम्बन्ध भौतिक द्रव्य के अस्तित्व से नहीं, बल्कि भौतिक द्रव्य के संप्रत्ययन (conception) से

था।[8] इस "संकट" ने मात्र पुराने परमाणुवाद की अपर्याप्तता की ओर हमारा ध्यान आकर्षित किया, और यह दिखलाया कि परमाणु (atom) भौतिक द्रव्य की अन्तिम, अखंडनीय स्थिति नहीं है। रॉय के अनुसार इस "संकट" का सार तत्त्व यही था कि भौतिक द्रव्य द्रव्यमान (mass) से ऊर्जा (energy) या विकिरण (radiation) में परिवर्तित होता नजर आ रहा था।

भौतिक द्रव्य के संप्रत्यय पर प्रश्न-चिह्न खड़ा करने के अतिरिक्त इस संकट का दूसरा परिणाम यह था कि यह यांत्रिकी (mechanics) के पुराने सिद्धान्तों को नष्ट करता दिखाई दे रहा था। ऐसा मालूम होने लगा कि जब भौतिक द्रव्य में द्रव्यमान ही नहीं है, तो फिर यांत्रिकी के सिद्धान्त उस पर कैसे लागू हो सकते हैं?

जैसा कि हम पहले चर्चा कर चुके हैं, रॉय वैज्ञानिक दर्शन के समर्थक थे। उनके अनुसार दार्शनिक सिद्धान्तों को वैज्ञानिक ज्ञान के विकास के प्रकाश में अपने को निरन्तर संशोधित करते रहना चाहिए। रॉय की यह निश्चित मान्यता थी कि अगर कोई दार्शनिक सिद्धान्त वैज्ञानिक शोध के सत्यापित परिणामों के विरुद्ध जाता हो तो हमें उसे त्याग देना चाहिए। इसलिए, रॉय के अनुसार, अगर आधुनिक भौतिकशास्त्रीय शोधों से यह सिद्ध होता हो कि भौतिक द्रव्य में कोई इन्द्रियानुभविक (empirical) भौतिक तत्त्व नहीं है, और यह अमूर्त तत्त्वमीमांसीय कल्पना मात्र है, तो फिर हमें भौतिक द्रव्य के संप्रत्यय को भी बिना किसी संकोच के छोड़ देना चाहिए।

लेकिन रॉय के विचार में आधुनिक भौतिकशास्त्र के शोधों से भौतिकवाद का खण्डन नहीं होता है, बल्कि उसे और दृढ़ आधार मिलता है। रॉय इस तथ्य की ओर ध्यान दिलाते हैं कि परमाणु के बारे में और अधिक ज्ञान मिल जाने के कारण परमाणु के संप्रत्यय में परिवर्तन आया है। परमाणु भौतिक द्रव्य की अन्तिम, अखंडनीय स्थिति नहीं है। दरअसल यह अपने-आप में एक अतिलघु सौर-परिवार है जिसमें इलेक्ट्रोन, प्रोटॉन और न्यूट्रॉन जैसे अत्यन्त सूक्ष्म कण मौजूद रहते हैं। ये सूक्ष्म कण कोई रहस्यमय वस्तुएँ नहीं हैं। इलेक्ट्रॉन में भी द्रव्यमान (mass) है। इसी तरह, ऊर्जा भी कोई अभौतिक वस्तु नहीं है। यह भौतिकद्रव्य का ही रूप है। इसलिए आधुनिक भौतिकी के शोधों से परमाणु के बारे में और अधिक जानकारी मिली है, न कि उसके अस्तित्व का खण्डन हुआ है। रॉय के अनुसार भौतिक द्रव्य के इस परिवर्तित संप्रत्यय में ऐसी कोई नयी बात नहीं है, जिससे यांत्रिकी के सभी परम्परागत सिद्धान्त गलत साबित हो जाएँ।

आधुनिक भौतिकवाद के "संकट" की चर्चा के क्रम में रॉय ने बर्ट्रेण्ड रसेल के इस मत का उल्लेख किया है कि सापेक्षता के सिद्धान्त ने दिक् और काल को दिक्-

काल में मिलाकर द्रव्य (substance) के संप्रत्यय को दार्शनिकों की युक्तियों से कहीं अधिक नुकसान पहुंचाया है। सामान्यबुद्धि के अनुसार भौतिक द्रव्य के किसी टुकड़े का, एक ओर, काल में निरन्तर स्थायी अस्तित्व बना रहता है और दूसरी ओर, दिक् में उसका स्थान परिवर्तित होता रहता है। लेकिन आधुनिक सापेक्षता के सिद्धान्त पर आधारित भौतिकी के अनुसार भौतिक द्रव्य के किसी टुकड़े का निरन्तर स्थायी अस्तित्व बना नहीं रहता है, बल्कि वह परस्पर सम्बद्ध घटनाओं (events) की शृंखला है। इस तरह, बर्ट्रेण्ड रसेल के अनुसार भौतिक द्रव्य में वह ठोसपन नहीं है, जिसके कारण वह भौतिकवादियों को क्षणिक विचारों की तुलना में अधिक वास्तविक मालूम देता था।

इसके विपरीत, राय के अनुसार सापेक्षता का सिद्धान्त भले 'सामान्यबुद्धि" के भौतिक द्रव्य के सप्रत्यय के विरुद्ध जाता हो, इससे भौतिकवाद का वैज्ञानिक आधार नष्ट नहीं होता है। जहाँ तक इस विश्व की संरचना और मूल द्रव्य का प्रश्न है, इसमें किसी गम्भीर वैज्ञानिक संदेह की कोई गुंजाइश नहीं है। इस विश्व का अधिष्ठान (substratum) एक ही सर्वव्यापी द्रव्य है। राय के अनुसार भौतिक द्रव्य के "तरंग सिद्धान्त" (Wave theory) का दार्शनिक निहितार्थ यही है। अब हम द्रव्यमान (mass) और गति (motion) या भौतिक द्रव्य (matter) और ऊर्जा (energy) के द्वैत को बनाए नहीं रख सकते हैं। न सिर्फ भौतिक द्रव्य को ऊर्जा में परिवर्तित किया जा सकता है, बल्कि ऊर्जा को भी भौतिक द्रव्य में बदला जा सकता है। ऐसा प्रयोग द्वारा सिद्ध किया जा चुका है। इसलिए, ऊर्जा भी एक भौतिक वस्तु है। ऐसे में इस तथ्य से कि इस विश्व का अधिष्ठान "ऊर्जा की तरंगे" (waves of energy) हैं, यह सिद्ध नहीं होता है कि यह विश्व आध्यात्मिक द्रव्य का बना हुआ है। दरअसल, भौतिकशास्त्र ने प्रत्यक्ष-ज्ञान के दृढ़ आधार पर भौतिकवाद की पुष्टि की है।

रॉय यह स्वीकार करते हैं कि भौतिकी के नवीनतम आविष्कारों से यह सिद्ध होता है कि भौतिक द्रव्य की परम्परागत अवधारणा सन्तोषजनक नहीं है, लेकिन इतना तो निश्चित है कि भौतिक-विज्ञान का विषय एक वस्तुनिष्ठ वास्तविकता है, जिसका, भौतिक-वैज्ञानिकों की मस्तिष्क से स्वतन्त्र, बाह्य जगत में अस्तित्व है। इस वस्तुनिष्ठ सत्ता की मात्रा को मापा जा सकता है। इसलिए, यह भौतिक है, मानसिक या आध्यात्मिक नहीं। रॉय के अनुसार भौतिक द्रव्य के सम्प्रत्यय में आए परिवर्तन को ध्यान में रखते हुए "भौतिकवाद" को अगर "भौतिकीय वास्तववाद" (Physical Realism) का नाम दे दिया जाए, तो अधिक उपयुक्त होगा। इससे भौतिकवाद के विरुद्ध सभी वैज्ञानिक आपत्तियाँ समाप्त हो जाएँगी।[9]

रॉय द्वारा भौतिकवाद की नयी व्याख्या

रॉय ने समकालीन वैज्ञानिक विकास के प्रकाश में भौतिकवाद की एक नयी संशोधित व्याख्या प्रस्तुत की है, और उसे एक नया नाम भी दिया है। हालांकि रॉय के वास्तविकता-सम्बन्धी सिद्धान्त को हम भौतिकवाद की परम्परा में रख सकते हैं, फिर भी रॉय के भौतिकवाद और परम्परागत भौतिकवाद में कई महत्त्वपूर्ण अन्तर हैं। रॉय के विचार में भौतिकवाद को उन मान्यताओं से मुक्त किया जाना चाहिए जिन्हें विज्ञान के नवीनतम आविष्कारों ने अतर्कसंगत बना दिया है।

"भौतिक द्रव्य" के संप्रत्यय में परिवर्तन : रॉय के अनुसार इस विश्व का अधिष्ठान वह नहीं है जिसे परम्परागत रूप में "भौतिक द्रव्य" कहा गया है, लेकिन वह मानसिक या आध्यात्मिक भी नहीं है, वह एक भौतिक तत्त्व है, क्योंकि उसे मापा जा सकता है। इस तरह, रॉय के "भौतिकवाद" में परम्परागत "यांत्रिक भौतिकवाद" की तरह "भौतिक द्रव्य" को ठोस पत्थर जैसे अखण्डनीय परमाणुओं का बना हुआ नहीं माना गया है।

रॉय ने नवीन भौतिकी के आलोक में "भौतिक द्रव्य" की धारणा को संशोधित किया है। दरअसल, रॉय "भौतिक द्रव्य" शब्द को भी छोड़ने के लिए तैयार थे, बशर्ते उसके स्थान पर कोई दूसरा अधिक उपयुक्त शब्द गढ़ा जा सके। रॉय के अनुसार यह बहुत महत्त्वपूर्ण नहीं है कि इस विश्व के एकमात्र अधिष्ठान को हम क्या नाम देते हैं। हम चाहे तो इसे—भौतिक द्रव्य, ऊर्जा, कम्पन (vibratory motion) या विद्युत-क्षेत्र (field)—कह सकते हैं। महत्वपूर्ण बात यह है कि वह एक भौतिक सत्ता (Physical Reality) है। "भौतिक सत्ता" कहने से रॉय का तात्पर्य यही है कि उसका मानव मस्तिष्क से स्वतंत्र वस्तुनिष्ठ अस्तित्व है, और उसे मापा जा सकता है। यही कारण है कि रॉय ने अपने संशोधित "भौतिकवाद" को "भौतिकीय वास्तववाद" का नाम दिया।[10]

भौतिक नियतत्त्ववाद में संशोधन : रॉय ने हाइसेनबर्ग के अनिश्चिति-सिद्धान्त (Principle of uncertainty) के प्रकाश में भौतिकवाद के दूसरे महत्त्वपूर्ण सिद्धान्त —नियतत्त्ववाद (determinism)—को भी संशोधित किया है। रॉय कुछ विचारकों की इस राय से सहमत नहीं है कि अनिश्चिति-सिद्धान्त से नियतत्त्ववाद का खण्डन होता है। रॉय के अनुसार हमें इस सिद्धान्त को ध्यान में रखते हुए मात्र कारणता (causality) की परम्परागत धारणा में परिवर्तन लाने की आवश्यकता है।[11]

हाइसेनबर्ग के अनिश्चिति-सिद्धान्त के अनुसार इलेक्ट्रोन जैसे परमाणु के अन्दर के कणों की स्थिति (position) और गतिमात्रा (momentum) दोनों को एक

साथ पूरी यथार्थता से निर्धारित नहीं किया जा सकता है। जितनी ही अधिक यथार्थता से हम उसकी स्थिति को निर्धारित करेंगे, उतनी ही कम यथार्थता से उसकी गतिमात्रा (momentum = mass × velocity) को निर्धारित कर पाएँगे। इसका एक महत्त्वपूर्ण निहितार्थ यह है कि परमाणु के अन्दर के स्तर पर यांत्रिकी के शास्त्रीय नियमों या न्यूटन के गति-सम्बन्धी नियमों के आधार पर इलेक्ट्रोन जैसे सूक्ष्म कणों के व्यवहार की निश्चित भविष्यवाणी नहीं की जा सकती है। यह निश्चयपूर्वक नहीं बतलाया जा सकता है कि किसी खास समय में कोई इलेक्ट्रोन कहाँ पर होगा। सिर्फ उसके प्रसंभाव्य (probable) स्थान को बतलाया जा सकता है। इस तरह, हाइसेनबर्ग की अनिश्चिति-सिद्धान्त से यह समस्या पैदा होती है कि कारणता के नियम और इलेक्ट्रोन के व्यवहार में पायी गयी अनिश्चयता (uncertainty) के बीच सामञ्जस्य कैसे स्थापित किया जाए।

रॉय के अनुसार इस समस्या का समाधान प्रसंभाव्यता के सिद्धान्त (Theory of Probablity) के आधार पर किया जा सकता है।[12] सांख्यिकीय नियमों (statistical laws) के जरिए हम परमाणु के अन्दर के कणों के प्रसंभाव्य स्थान की भविष्यवाणी कर सकते हैं। इसलिए, अनिश्चिति-सिद्धान्त से नियतत्ववाद का खण्डन नहीं होता है, क्योंकि सांख्यिकीय नियम भी नियतत्ववाद के आधार पर ही आगे बढ़ते हैं। अव्यवस्था या अस्तव्यस्तता के बीच हम इस बात की भविष्यवाणी भी कैसे कर सकते हैं कि कौन-सी घटना सबसे अधिक प्रसंभाव्य है? परमाणु के अन्दर के कणों के व्यवहार की व्याख्या नियमों के आधार पर की जा सकती है, इससे यह साबित होता है कि नियतत्ववाद सही है।

रॉय के विचार में हमें अपने ज्ञान की अनिश्चयता को ज्ञान के विषय पर स्थानान्तरित नहीं करना चाहिए। इस तथ्य से कि हम किसी खास समय में इलेक्ट्रोन की स्थिति (position) और वेग (velocity) को निश्चयपूर्वक निर्धारित नहीं कर सकते हैं (क्योंकि इलेक्ट्रोन की स्थिति और वेग में उसे मापने के क्रम में परिवर्तन आ जाता है), यह निष्कर्ष नहीं निकाल लेना चाहिए कि इलेक्ट्रोन अनिर्धार्य (indeterminate) और अव्यवस्थित तरीके से व्यवहार करते हैं। अनिश्चयता (uncertainty) और अनिर्धार्यता (indeterminacy) एक ही बात नहीं है। अगर ऐसा होता तो प्रसंभाव्यता के आधार पर भी उसके बारे में कोई भविष्यवाणी कर पाना सम्भव नहीं होता।

इस तरह, रॉय ने नियतत्ववाद के कठोर यांत्रिक सिद्धान्त को प्रसंभाव्यता (probability) के जरिए नरम बनाने का प्रयास किया है। रॉय के अनुसार जब किसी घटना पर पड़ने वाले सभी कारण-सम्बन्धी प्रभावों की गणना सम्भव न हो,

तो ऐसे में नियतत्ववाद की व्याख्या प्रसंभाव्यता के आधार पर करनी होगी। लेकिन किसी एक समय प्रसंभाव्य घटनाओं में जो भी घटना दरअसल में घटती है, वह भी नियत (determined) होती है। इसलिए, नियतत्ववाद और प्रसंभाव्यता में, रॉय के अनुसार, कोई परस्पर विरोध नहीं है।

रॉय का यह निश्चित मत है कि यह विश्व नियमों द्वारा नियंत्रित है। कार्य-कारण नियम या कारणता कोई अनुभवनिरपेक्ष (a priori) या स्वयंसिद्ध (axiomatic) नियम नहीं है। यह विश्व में अन्तर्निहित भौतिक सम्बन्ध है। रॉय के अनुसार अगर हम कारणता के नियम को या, दूसरे शब्दों में, प्रकृति में अपरिवर्तनीय (invariant) सम्बन्ध को अस्वीकार कर दें तो विज्ञान का आधार ही नष्ट हो जाएगा, क्योंकि वैज्ञानिक अन्वेषण के मूल में यह विश्वास रहता है कि यह विश्व नियमों द्वारा नियंत्रित है, और इन नियमों को ढूंढ़ा, समझा और परिमाणात्मक (quantitative) तरीके से व्यक्त किया जा सकता है।

"मृदु" नियतत्ववाद : रॉय ने संकल्प-स्वातंत्र्य और नियतत्ववाद के बीच सांमजस्य स्थापित करने का प्रयास किया है। रॉय से अनुसार मनुष्य में संकल्प-स्वतंत्र्य है और वह कई वैकल्पिक कर्मों में से किसी को भी चुन सकता है। लेकिन रॉय संकल्प-स्वातंत्र्य को मान्यता देने वाले एकमात्र भौतिकवादी नहीं हैं। प्राचीन यूनानी भौतिकवादी एपिक्यूरस ने भी संकल्प-स्वातंत्र्य को मान्यता दी थी।

रॉय के अनुसार निर्जीव वस्तुओं से विकास की लम्बी प्रक्रिया द्वारा मनुष्य का उदय हुआ है। इसलिए, मानव-विश्व के अपने अलग नियम हैं। इन नियमों को भी अन्तिम विश्लेषण में निर्जीव विश्व के नियमों से सम्बन्धित किया सकता है, लेकिन मानव-संकल्प को सीधे भौतिक विश्व के नियमों से नहीं जोड़ा जा सकता है।[13] इस तरह रॉय का नियतत्ववाद हॉलबैक के नियतत्ववाद की तरह "कट्टर" नियतत्ववाद ("Hard" determinism) नहीं है, जिसमें संकल्प-स्वातंत्र्य को नकारा गया है; बल्कि एपिक्यूरस के नियतत्ववाद की तरह "मृदु" नियतत्ववाद ("Soft" determinism) है।

विचारों का वस्तुनिष्ठ अस्तित्व और मानसिक विश्व की स्वायत्तता : रॉय के अनुसार मानसिक क्रियाओं और विचारों का उद्गम भी भौतिक विश्व से ही होता है, लेकिन इनका अपना वस्तुनिष्ठ अस्तित्व भी है। मन (mind) और भौतिक द्रव्य (matter) दोनों अन्तिम विश्लेषण में एक ही हैं, फिर भी दोनों वस्तुनिष्ठ वास्तविकताएँ हैं। एक बार अस्तित्व में आ जाने के बाद विचारों का अपना स्वतन्त्र अस्तित्व और अपने स्वतन्त्र नियम होते हैं। इस तरह, परम्परागत भौतिकवादियों की तुलना में रॉय ने मानसिक-विश्व को अधिक वस्तुनिष्ठता और स्वायत्तता प्रदान

की है।[14] राय के शब्दों में "मनुष्य जीवित मशीन नहीं, बल्कि एक चिन्तनशील पशु है।"

नैतिकता को महत्त्व : रॉय ने अपने दर्शन में नैतिकता को महत्त्वपूर्ण स्थान दिया है। रॉय के अनुसार शास्त्रीय भौतिकवाद की सबसे बड़ी कमजोरी यही थी कि उसके अन्तर्गत नैतिकता को पर्याप्त स्थान नहीं दिया गया। रॉय के विचार में भौतिकवादी नैतिकता न सिर्फ सम्भव है, बल्कि यह सबसे उत्कृष्ट किस्म की नैतिकता है।[15] रॉय ने नैतिकता को मनुष्य की जन्मजात तर्कबुद्धिशीलता से जोड़ा है। रॉय के शब्दों में "मनुष्य इसलिए नैतिक है, क्योंकि वह तर्कबुद्धियुक्त है।" रॉय ने अपने नीतिशास्त्र में व्यक्ति की स्वतन्त्रता को, जिसे उन्होंने जैविक अस्तित्व के संघर्ष से जोड़ा है सर्वोच्च मूल्य माना है। सत्य की तलाश को उन्होंने स्वतंत्रता की चाह का परिणाम माना है।

लेकिन रॉय अपने दर्शन में, नैतिकता को प्रमुख स्थान देने वाले अकेले भौतिकवादी नहीं है। प्रचलित धारणा के विपरीत, प्राचीन भौतिकवादी एपिक्यूरस और आधुनिक भौतिकवादी हॉलबैक ने अपने दर्शन में नीतिशास्त्र को प्रमुख स्थान दिया है।

रॉय का भौतिकवाद और मार्क्सवादी भौतिकवाद

अपने नवमानवतावादी दर्शन के विकास के पहले रॉय परम्परागत किस्म के मार्क्सवादी थे। दरअसल रॉय ने मार्क्सवाद के सन्दर्भ में ही भौतिकवाद का संशोधन किया। इस तरह, रॉय द्वारा किया गया भौतिकवाद का संशोधन उस हद तक मार्क्सवाद पर भी लागू है, जिस हद तक मार्क्सवादी भौतिकवाद परम्परागत भौतिकवाद के समरूप है। लेकिन रॉय के भौतिकवाद और मार्क्सवादी भौतिकवाद में विशेषकर तीन महत्त्वपूर्ण असमानताएँ हैं।

पहली असमानता तो यह है कि रॉय हीगेल के विरासत को मार्क्सवादी भौतिकवाद की कमजोरी मानते हैं। रॉय के अनुसार भौतिकवाद की सत्यता को द्वन्द्वन्याय (dialectic) की सत्यता पर आश्रित कर देने से भौतिकवाद की वैज्ञानिक सरलता और निर्दोषता समाप्त हो जाती है। रॉय के विचार में शुद्ध और सरल भौतिकवाद अपने-आप में एक पूर्ण और वैज्ञानिक दर्शन है, इसलिए रॉय भौतिकवाद और द्वन्द्वन्याय को एक-दूसरे से अलग रखने के पक्ष में थे।[16] रॉय के अनुसार भौतिकवाद की सत्यता द्वन्द्वन्याय की सत्यता पर आश्रित नहीं है। दोनों सिद्धान्तों के बीच कोई तार्किक सम्बन्ध नहीं है। रॉय के विचार में यह बात सही नहीं है कि विचारों का विकास हमेशा द्वन्द्वात्मक तरीके से होता है, और न ही यह मानने का

कोई कारण है कि वास्तविकता का विकास भी विचारों के विकास की तरह ही होता है। सक्षेप में, रॉय भौतिकवाद के संशोधित रूप के समर्थक हैं, लेकिन वे मार्क्सवादी द्वन्द्वात्मक भौतिकवाद के पक्षधर नहीं हैं।

दूसरे, जैसाकि हम आगे चर्चा करेंगे, रॉय ने अपने नवमानवतावादी दर्शन में मार्क्सवादी ऐतिहासिक भौतिकवाद को अस्वीकार किया है और इतिहास की एक मानवतावादी व्याख्या प्रस्तुत की है, जिसमें उन्होंने इतिहास के निर्माण में मानव-संकल्प और विचारों को महत्त्वपूर्ण स्थान दिया है। तीसरे, जैसाकि हम पहले चर्चा कर चुके हैं, रॉय ने अपने भौतिकवाद में नैतिकता को प्रमुख स्थान दिया है। रॉय के अनुसार मार्क्सवाद ने अपने मानवतावादी विरासत से अपने को अलग कर, और भौतिकवाद एवं नीतिशास्त्र के बीच सम्बन्ध को तोड़कर, एक बहुत बड़ी भूल की। रॉय के विचार में यह मान्यता कि वैज्ञानिक दृष्टि से नैतिकता और न्याय की अपील हमें समाज को आगे ले जाने में बिल्कुल ही सहायता नहीं करती, विज्ञान की गलत धारणा पर आधारित है।

इस तरह, रॉय का भौतिकीय वास्तववाद बीसवीं शताब्दी के नवीनतम आविष्कारों के प्रकाश में भौतिकवाद का नया, संशोधित संस्करण है। रॉय के भौतिकीय वास्तववाद और परम्परागत एवं मार्क्सवादी भौतिकवाद के बीच कई महत्त्वपूर्ण अन्तर हैं।

नवमानवतावाद या रैडिकल मानवतावाद

नवमानवतावाद या रैडिकल मानवतावाद उस सामाजिक-राजनीतिक दर्शन का नाम है जिसे मानवेन्द्र नाथ रॉय ने अपने जीवन के अन्तिम काल में विकसित किया। 1940 में कांग्रेस पार्टी से अलग होने के बाद रॉय ने रैडिकल डेमोक्रेटिक पार्टी की स्थापना की। इसके बाद रॉय धीरे-धीरे मार्क्सवाद और साम्यवाद से दूर होते चले गए। रॉय के अनुसार Scientific Politics, New Orientation और Beyond Communism—इन तीन पुस्तकों में नवमानवतावादी दर्शन के विकास का इतिहास दर्ज है।[17] लेकिन रॉय के नवमानवतावादी दर्शन का परिचय हमे रैडिकल डेमोक्रेटिक पार्टी द्वारा अगस्त, 1947, में जारी किए गए घोषणा-पत्र —New Humanism— से मिलता है।

इस घोषणा-पत्र का प्रारूप रॉय ने ही तैयार किया था। घोषणा-पत्र में व्यक्त किए गए विचार रॉय के शब्दों में, "आलोचनात्मक मार्क्सवादियों और भूतपूर्व कम्युनिस्टों के एक समूह" द्वारा विकसित किए गए हैं।[18]

घोषणा-पत्र की केन्द्रीय विषय-वस्तु रॉय द्वारा प्रतिपादित और रैडिकल डेमोक्रेटिक पार्टी द्वारा दिसम्बर 1946 में बम्बई में अपने तीसरे सम्मेलन में पारित

"रैडिकल लोकतंत्र पर 22 सिद्धान्त-सूत्र"—22 थीसीस (Principles of Radical Democracy—22 Theses) हैं।

"22 थीसीस" और घोषणा-पत्र New Humanism पर आगे चर्चा के आधार पर रॉय इस निष्कर्ष पर पहुँचे थे कि पार्टी राजनीति और उनकी कल्पना के आदर्श लोकतन्त्र के बीच परस्पर संगति नहीं है। इसलिए दिसम्बर 1948 में रैडिकल डेमोक्रेटिक पार्टी ने कलकत्ता में अपने चौथे सम्मेलन में राजनीतिक दल के रूप में कार्य करना छोड़कर अपने को रैडिकल मानवतावादी आन्दोलन में बदलने का निर्णय लिया।[19] तदनुसार उन्नीसवीं और बीसवीं थीसीस और घोषणा-पत्र से अन्तिम तीन पैराग्राफों को भी संशोधित कर दिया गया। संक्षेप में हम कह सकते हैं कि अपने संशोधित रूप में "22 थीसीस" रॉय के नवमानवतावादी दर्शन का सार और रैडिकल मानवतावादी आन्दोलन की आधारशिला है। रॉय के नव मानवतावादी दर्शन को समझने के लिए हमें अपना ध्यान "22 थीसीस" पर केन्द्रित करना चाहिए।

प्रसिद्ध रैडिकल मानवतावादी वी० एम० तारकुंडे के अनुसार "22 थीसीस" को तीन वर्गों में बांटा जा सकता है: उनके अनुसार थीसीस संख्या 1 से 6 में रैडिकल मानवतावाद के बुनियादी सिद्धान्तों को व्यक्त किया गया है। थीसीस संख्या 7 से 13 में कम्युनिज्म और औपचारिक संसदीय लोकतन्त्र की खामियों का उल्लेख है, जबकि थीसीस संख्या 14 से 22 में सत्ता के विकेन्द्रीकरण और जनता की सीधी हिस्सेदारी पर आधारित रैडिकल लोकतन्त्र का विकल्प हमारे सामने प्रस्तुत किया गया है। यह "22 थीसीस" को वर्गीकृत करने का एक अच्छा तरीका है।[20]

सबसे पहले हम रैडिकल मानवतावाद के बुनियादी दर्शन को लें, जिन्हें प्रथम 6 थीसीस में व्यक्त किया गया है। रॉय की प्रथम थीसिस के अनुसार समाज के मूल में है व्यक्ति। यह सही है कि सहयोगात्मक सामाजिक सम्बन्धों से व्यक्ति की क्षमताओं के विकास में सहायता मिलती है, लेकिन सामाजिक प्रगति का पैमाना व्यक्ति का विकास है। किसी समूह के अस्तित्व के लिए व्यक्ति का अस्तित्व आवश्यक है। व्यक्ति से स्वतन्त्र राष्ट्र या वर्ग में सामूहिक अहं के अस्तित्व को मान लेना एक भूल है। व्यक्ति को प्राप्त स्वतन्त्रता और सुख से अलग सामाजिक विकास एक काल्पनिक आदर्श है। सामाजिक कल्याण व्यक्ति के कल्याण द्वारा ही सम्भव है।

रॉय की दूसरी थीसिस के अनुसार स्वतन्त्रता की खोज और सत्य की तलाश मानव विकास के बुनियादी प्रेरक तत्व हैं। स्वतन्त्रता की खोज बुद्धि और भावना के उच्चस्तर पर जीव-वैज्ञानिक अस्तित्व के संघर्ष या जीवन-संघर्ष (struggle for existence) का ही विस्तार है। सत्य की तलाश इस संघर्ष का ही परिणाम है।

प्रकृति के अपने निरंतर बढ़ते हुए ज्ञान की सहायता से मनुष्य प्रकृति और सामाजिक वातावरण के अत्याचार से क्रमशः मुक्ति पाने में समर्थ होता है।

तीसरी थीसिस के अनुसार सभी व्यक्तिगत और सामूहिक मानवीय प्रयत्नों का लक्ष्य है अधिक से अधिक स्वतन्त्रता प्राप्त करना। रॉय के लिए स्वतन्त्रता का अर्थ है व्यक्ति के अन्दर मौजूद सम्भावनाओं के प्रकट होने की राह से हर बन्धन का उत्तरोत्तर समाप्त होना। इसलिए, रॉय के विचार में किसी भी सामूहिक प्रयत्न या सामाजिक संगठन की सफलता का मापदण्ड उससे समूह की इकाई व्यक्ति को होने वाला वास्तविक लाभ है।

इस तरह, अगर हम समाज-दार्शनिक दृष्टिकोण से देखें तो स्वतन्त्रता की खोज को जीववैज्ञानिक अस्तित्व के संघर्ष से जोड़ने के अतिरिक्त, रॉय की प्रथम तीन थीसीस का सार है : व्यक्तिवाद। रॉय ने समूहवाद के विपरीत व्यक्तिवाद का समर्थन किया है। व्यक्ति और उसकी स्वतन्त्रता को रॉय ने अपने नवमानवतावादी दर्शन में सर्वोच्च स्थान दिया है। रॉय ने व्यक्ति और उसकी स्वतन्त्रता को साध्य और सामाजिक संगठन को इसके लिए साधन माना है। रॉय के अनुसार सामाजिक-राजनीतिक दर्शन की शुरुआत इस बुनियादी विचार से होनी चाहिए कि व्यक्ति समाज से पहले आता है, और व्यक्ति ही स्वतन्त्रता का अनुभव कर सकता है।

थीसीस 4, 5 और 6 में रॉय ने इतिहास की मार्क्सवादी व्याख्या (ऐतिहासिक भौतिकवाद) या, दूसरे शब्दों में, इतिहास की आर्थिक व्याख्या की आलोचना की है और इतिहास की नयी मानवतावादी व्याख्या को प्रस्तुत किया है। '22 थीसीस" में व्यक्त नवमानवतावादी दर्शन को स्पष्ट करने के प्रयत्न में रॉय ने रैडिकल डेमोक्रेटिक पार्टी के 1946 और 1947 के सम्मेलनों में कई भाषण दिए थे, जो उनकी पुस्तक Beyond Communism में संकलित है। इन भाषणों में भी रॉय के महत्वपूर्ण विचार मिलते हैं। जैसाकि रॉय ने New Humanism के दूसरे संस्करण की प्रस्तावना में कहा है, नवमानवतावादी दर्शन का विकास इतिहास की मानवतावादी व्याख्या के आधार पर किया जाना चाहिए। बाद में अपनी पुस्तक Reason, Romanticism and Revolution में रॉय ने विस्तार से सभ्यता की शुरुआत से आधुनिक समय के इतिहास की मानवतावादी व्याख्या को हमारे सामने रखा है। संक्षेप में, रॉय ने नियतत्ववाद (determinism) के वैज्ञानिक और भाग्यवाद (pre-destination) के धार्मिक सिद्धान्त के बीच अन्तर किया है। रॉय के अनुसार ऐतिहासिक नियतत्ववाद और संकल्प-स्वातंत्र्य के बीच कोई विरोध नहीं है। राय यह मानते हैं कि इतिहास एक नियत (determined) प्रक्रिया है, लेकिन इसे निर्धारित करने वाले कई कारण सम्बन्धी कारक (causative factors) हैं, जिनमें मानव-संकल्प सबसे महत्वपूर्ण है; और मानव-संकल्प को हमेशा आर्थिक प्रेरणा से

नहीं जोड़ा जा सकता है। रॉय यह प्रश्न उठाते हैं कि अगर इतिहास आर्थिक दृष्टि से पूर्वनिर्धारित है, तो फिर हम मानव-प्रयत्नों द्वारा क्रान्ति कैसे कर सकते हैं। रॉय के अनुसार इतिहास का निर्माता स्वयं मानव है, उत्पादन के साधन और समाज की आर्थिक संरचना सहित मानव-समाज एक मानवीय रचना है। राय के विचार में आर्थिक नियतत्ववाद का परिणाम एक किस्म का आर्थिक भाग्यवाद है।

इसी तरह, रॉय ने इतिहास के विकास में विचारों के महत्व पर बड़ा बल दिया है। रॉय ने स्पष्ट शब्दों में मार्क्सवादी इतिहास की आर्थिक व्याख्या के इस सिद्धान्त को अस्वीकार किया है कि विचारधाराएँ और नैतिक मूल्य समाज के आर्थिक ढाँचे की अधिरचना (superstructure) मात्र हैं। रॉय के अनुसार विचारों की उत्पत्ति भी भौतिक विश्व की पृष्ठभूमि में मानव मस्तिष्क में ही होती है लेकिन एक बार उत्पन्न हो जाने के बाद विचारों का अपना स्वतंत्र अस्तित्व होता है, और अपने स्वतंत्र नियम होते हैं। विचारों का विकास और समाज का विकास—ये दोनो प्रक्रियाएँ एक-दूसरे के समानान्तर चलती हैं, और एक-दूसरे को प्रभावित करती हैं। लेकिन मानवीय विकास की इस समग्र प्रक्रिया में हम किसी भी समय ऐतिहासिक घटनाओं और विचारों के विकास के बीच कार्य-कारण सम्बन्ध नहीं सिद्ध कर सकते हैं। विचारों का विकास अपने स्वतंत्र तार्किक नियमों के आधार पर होता है, और इनका हमारे आचरण पर जबरदस्त प्रभाव पड़ता है। संक्षेप में, रॉय ने अपनी इतिहास की मानवतावादी व्याख्या में मानव-संकल्प और विचारों एवं नैतिक मूल्यों को केन्द्रीय महत्व दिया है और इन कारणों की अवहेलना करने के लिए इतिहास की आर्थिक व्याख्या की आलोचना की है।

थीसीस संख्या 7, 8, 9, 10 और 11 में रॉय ने कम्युनिस्ट सिद्धान्तों और व्यवहार की आलोचना की है। यह आलोचना मुख्य रूप से बोलशेविक क्रान्ति के बाद के सोवियत संघ के अनुभव के आधार पर की गयी है। इसकी चर्चा रॉय की पुस्तक New Humanism के तीसरे अध्याय "Degeneration of Communist Theory and Practice" के अन्तर्गत भी की गयी है। रॉय के विचार में सोवियत संघ के अनुभव को देखते हुए यह बात संदेहास्पद मालूम देती है कि साम्यवादी तरीकों से स्वतंत्रता के आदर्श तक पहुँचा जा सकता है।

रॉय के अनुसार स्वतंत्रता पर आधारित विश्व की रचना के लिए क्रान्ति का मात्र समाज के आर्थिक पुनर्निर्माण से आगे जाना जरूरी है। शोषित और दलित वर्गों के नाम पर सत्ता पर कब्जा कर लेने और निजी सम्पत्ति को समाप्त कर देने से अपने-आप अनिवार्य रूप से स्वतंत्रता की स्थापना नहीं हो जाती है। रॉय के विचार में कम्युनिज्म या साम्यवाद कहाँ तक स्वतंत्रता के उद्देश्य को प्राप्त

करने में सहायक हो सकता है इसकी जाँच अनुभव के प्रकाश में की जानी चाहिए। एक ऐसी राजनीतिक और आर्थिक व्यवस्था, जो हाड़-मांस के मनुष्य को वर्ग या राष्ट्र जैसे काल्पनिक सामूहिक अहं के अधीन रखे, स्वतंत्रता के लक्ष्य को पाने में सहायक नहीं हो सकती है। इसी तरह रॉय के अनुसार किसी भी ऐसे सामाजिक दर्शन या सामाजिक पुनर्निर्माण की योजना का, जो व्यक्ति की सम्प्रभुता को अस्वीकार करे, और स्वतंत्रता के आदर्श को एक अमूर्त कल्पना कह कर नकार दे, बहुत ही सीमित प्रगतिशील और क्रान्तिकारी महत्व हो सकता है।

रॉय इस बात को अस्वीकार करते हैं कि राजकीय स्वामित्व और योजनाबद्ध अर्थ-व्यवस्था से अपने-आप अनिवार्य रूप से श्रम का शोषण समाप्त हो जाता है, या धन का समान वितरण हो जाता है। रॉय के अनुसार जिस तरह आर्थिक लोकतंत्र के अभाव में राजनीतिक लोकतंत्र सम्भव नहीं है, उसी तरह राजनीतिक लोकतंत्र के अभाव में आर्थिक लोकतंत्र भी सम्भव नहीं है।

रॉय ने राज्य की मार्क्सवादी अवधारणा को भी अस्वीकार किया है। मार्क्सवाद के अनुसार राज्य एक वर्ग द्वारा दूसरे वर्ग के शोषण का औजार है, जबकि रॉय के अनुसार राज्य समाज का राजनीतिक संगठन है। कम्युनिज़म के अन्तर्गत राज्य के विसर्जित हो जाने की बात एक "यूटोपिया" या काल्पनिक आदर्श है, जो अनुभव के आधार पर गलत साबित हो चुकी है। सामाजीकृत उद्योगों के आधार पर योजनाबद्ध अर्थव्यवस्था के लिए शक्तिशाली राजनीतिक तंत्र का होना जरूरी है, और इस तंत्र पर लोकतान्त्रिक नियंत्रण के जरिए ही नयी व्यवस्था में स्वतंत्रता की वास्तविक गारन्टी हो सकती है।

कम्युनिज़म के अन्तर्गत पूंजीवाद से साम्यवाद के संक्रमण काल में "सर्वहारा की तानाशाही" के विचार को भी रॉय ने स्वीकार नहीं किया है। रॉय के अनुसार यह एक आत्म-विरोधी बात है कि स्वतंत्रता के निषेध (तानाशाही) के माध्यम से हमें स्वतंत्रता प्राप्त हो सकती है। तानाशाही में अपने को स्थायी बनाने की प्रवृत्ति होती है। कम्युनिस्ट तानाशाही में कार्यकुशलता सामूहिकता और सामाजिक प्रगति के नाम पर व्यक्ति की स्वतंत्रता की अनदेखी की जाती है। परिणामस्वरूप समाजवाद के तहत एक उच्चतर किस्म के लोकतंत्र की बात असम्भव हो जाती है। "सर्वहारा की तानाशाही" साधन की बजाय साध्य बन जाती है। इस तरह, तानाशाही स्वयं अपने लक्ष्य को पराजित कर देती है। रॉय के अनुसार रैडिकल मानवतावादी दृष्टि से सामाजिक क्रान्ति के क्रम में किसी भी किस्म की तानाशाही को कोई स्थान नहीं दिया जा सकता है।

जहाँ एक ओर रॉय ने कम्युनिस्ट तानाशाही की आलोचना की है, वहाँ दूसरी ओर, थीसीस संख्या 12 और 1: में उन्होंने औपचारिक संसदीय लोकतंत्र की

त्रुटियों की ओर ध्यान दिलाया है। रॉय के अनुसार संसदीय लोकतंत्र की त्रुटिओं का कारण है सत्ता का प्रतिनिधिओं के हाथों में सौंपा जाना। लोकतंत्र को कारगर बनाने के लिए सत्ता का हमेशा जनता के हाथों में रहना जरूरी है। इसके लिए ऐसे तरीके निकालना चाहिए जिससे जनता कभी-कभी नहीं रोज-रोज अपनी सम्प्रभुता का कारगर इस्तेमाल कर सके। रॉय के विचार में अलग-अलग व्यक्ति अधिकांश समय सभी व्यावहारिक दृष्टियों से शक्तिहीन होते हैं। उनके पास ऐसा कोई साधन नहीं होता है जिससे वे अपनी सम्प्रभुता का इस्तेमाल करते हुए राज्य-मशीनरी पर स्थायी नियंत्रण स्थापित कर सकें। रॉय के अनुसार संसदीय लोकतंत्र के द्वारा उदारवाद की पैरोडी बन जाती है। आर्थिक-अहस्तक्षेप (Laissez-Faire) की नीति से मनुष्य द्वारा मनुष्य के शोषण को वैधानिक मान्यता मिल जाती है। दूसरी ओर, आर्थिक मनुष्य की अवधारणा व्यक्तिवाद के मुक्तिदायिनी सिद्धान्त के असर को बेकार कर देती है। रॉय के विचार में आर्थिक मनुष्य की प्रचलित धारणा के बदले हमें सहज रूप से तर्कबुद्धियुक्त और तर्कबुद्धियुक्त होने के नाते नैतिक मनुष्य की अवधारणा को अपनाना चाहिए।

जैसाकि हमने पहले उल्लेख किया है, थीसीस संख्या 14 से 22 में रॉय ने सत्ता के विकेन्द्रीकरण और जनता की सीधी हिस्सेदारी पर आधारित रैडिकल लोकतंत्र का विकल्प हमारे सामने प्रस्तुत किया है। साथ ही, यह भी बतलाया है कि इस लक्ष्य को हम कैसे हासिल कर सकते हैं। रॉय के अनुसार संसदीय लोकतंत्र का विकल्प तानाशाही नहीं, बल्कि देशव्यापी लोकसमितियों के जाल पर आधारित संगठित लोकतंत्र है। इस संगठित या रैडिकल लोकतंत्र में राज्य का ढाँचा एक पिरामिड की तरह होगा जिसका आधार लोक समितियाँ होंगी। इन लोक समितियों के जरिए राज्य पर जनता का प्रत्यक्ष नियंत्रण स्थापित होगा।

रॉय के अनुसार किसी भी क्रान्तिकारी या मुक्तिदायी सामाजिक-दर्शन का कार्य इस बुनियादी तथ्य पर बल देना है कि अपने विश्व का निर्माता स्वयं मानव है, और वह एक चिन्तनशील प्राणी और व्यक्ति के रूप में ही विश्व का नवनिर्माण कर सकता है। मनुष्य का मस्तिष्क भी एक उत्पादन का साधन है, और इसमें सबसे क्रान्तिकारी वस्तु का उत्पादन होता है। क्रान्ति के लिए रूढ़िभंजक विचारों का होना जरूरी है। ऐसे व्यक्तियों की बढ़ती हुई संख्या से, जिन्हें अपनी सृजनात्मक शक्ति का ज्ञान हो, जिनमें इस विश्व का नए सिरे से पुनर्निर्माण करने का जबरदस्त संकल्प हो, और जो साहसी विचारों और स्वतन्त्र व्यक्तियों के स्वतन्त्र समाज के आदर्श से प्रेरित हों, उन परिस्थितियों की रचना हो सकती है, जिसमें सही अर्थ में लोकतन्त्र सम्भव होगा।

रॉय के अनुसार सामाजिक क्रान्ति की विधि और कार्यक्रम को सामाजिक विकास के बुनियादी सिद्धान्तों पर आधारित होना चाहिए। स्वतन्त्रता और तर्कबुद्धिसंगत

सहकारी जीवन के सिद्धान्तों में जनता को शिक्षित करने के व्यापक और दृढ़ प्रयत्नों द्वारा ही सामाजिक नवजागरण ला पाना सम्भव है। साथ ही, क्रान्ति के बाद की व्यवस्था के सामाजिक-राजनीतिक आधार के रूप में जनता को कारगर लोकतांत्रिक संगठनों के माध्यम से संगठित किया जाना चाहिए। सामाजिक क्रान्ति के लिए एक ओर तेजी से बढ़ती हुई संख्या में नवजागरण के मनुष्यों और दूसरी ओर तेजी से फैलते हुए लोक समितियों की व्यवस्था का अस्तित्व, और दोनों के बीच सहज समन्वय आवश्यक है। इसी तरह, क्रान्ति के कार्यक्रम को स्वतन्त्रता, तर्कबुद्धि और सामाजिक सामंजस्य के सिद्धान्तों पर आधारित होना चाहिए। इसका अर्थ होगा सामाजिक जीवन से हर किस्म के एकाधिकार और निहित स्वार्थों को समाप्त करना।

रॉय यह मानते थे कि रैडिकल लोकतन्त्र की स्थापना के लिए मानव द्वारा मानव के शोषण की सम्भावना को समाप्त करने की दृष्टि से समाज का आर्थिक पुनर्निर्माण भी जरूरी है। समाज के सदस्यों के उच्चतर बौद्धिक एवं मानवीय सम्भावनाओं का विकास हो सके इसके लिए उनके भौतिक आवश्यकताओं की पूर्ति एक अनिवार्य शर्त है। स्वतन्त्रता के लक्ष्य की ओर बढ़ने के लिए जनता की आर्थिक मुक्ति जरूरी है। इसलिए, रॉय मनुष्य के जीवन-स्तर को बढ़ाने की गारन्टी देने वाली आर्थिक व्यवस्था को रैडिकल लोकतन्त्रिक राज्य का आधार मानते थे। रॉय के अनुसार रैडिकल लोकतन्त्र की अर्थव्यवस्था उपयोग के लिए उत्पादन और मानवीय आवश्यकताओं के अनुसार वितरण पर आधारित होगी, जबकि उसकी संस्कृति ज्ञान के सर्वव्यापी विस्तार के लिए वैज्ञानिक और रचनात्मक गतिविधियों को अधिकतम प्रोत्साहन और न्यूनतम नियन्त्रण पर आधारित होगी। वह नया समाज तर्कबुद्धि और विज्ञान पर आधारित होने के नाते योजनाबद्ध होगा, लेकिन उसकी योजनाओं का मुख्य लक्ष्य होगा व्यक्ति की स्वतन्त्रता। इस तरह, वह नया समाज राजनीतिक, आर्थिक और सांस्कृतिक दृष्टि से एक लोकतान्त्रिक समाज होगा: एक ऐसा लोकतांत्रिक समाज जो अपनी रक्षा आप करने में समर्थ होगा।

जैसाकि पहले भी उल्लेख किया गया है, "22थीसीस" और घोषणा-पत्र New Humanism को रैडिकल डेमोक्रेटिक पार्टी के दस्तावेज के रूप में स्वीकार और जारी किया गया था। लेकिन इनमें व्यक्त विचारों पर आगे चर्चा के आधार पर रॉय इस निष्कर्ष तक पहुँचे थे कि पार्टी राजनीति द्वारा रैडिकल लोकतन्त्र की स्थापना सम्भव नहीं है।

रॉय के अनुसार उनकी कल्पना के रैडिकल लोकतांत्रिक समाज का निर्माण स्वतन्त्रता के लक्ष्य से प्रेरित ऐसे मनुष्यों के प्रयत्नों से होगा जो जनता के भावी शासक के रूप में नहीं बल्कि उनके दोस्त, दार्शनिक और मार्ग-दर्शक के रूप में काम करेंगे। स्वतन्त्रता के अपने लक्ष्य को ध्यान में रखते हुए उनका राजनीतिक व्यवहार तर्कबुद्धि-

संगत और इसलिए नैतिक होगा : स्वतन्त्रता और सत्ता के केन्द्रीकरण के बीच तार्किक संगति के अभाव को समझते हुए रैडिकल लोकतन्त्रवादी सत्ता के अधिकतम विकेन्द्रीकरण के लिए प्रयत्न करेंगे। जनता में स्वतन्त्रता की इच्छा के विकास से उनके प्रयत्नों को बल मिलेगा; और अन्ततः प्रबुद्ध जनमत और जनता के बुद्धिमत्तापूर्ण प्रयत्नों के समर्थन से रैडिकल लोकतान्त्रिक राज्य का उदय होगा।

रॉय के विचार में अन्तिम विश्लेषण में नागरिकों की शिक्षा रैडिकल लोकतान्त्रिक दिशा में समाज की प्रगति की अनिवार्य शर्त होगी। इसलिए लोकसमितियाँ नागरिकों की राजनीतिक शिक्षा के लिए स्कूल की तरह काम करेंगी। रैडिकल लोकतान्त्रिक समाज का ढाँचा और काम करने का तरीका ऐसा होगा जिससे सामाजिक दृष्टि से स्वतन्त्र और स्वार्थरहित व्यक्तियों को सार्वजनिक जीवन में आगे बढ़ने का अवसर मिलेगा। ऐसे व्यक्तियों द्वारा संचालित होने पर राज्य एक वर्ग द्वारा दूसरे वर्ग के शोषण का औजार नहीं रह जाएगा।

इस तरह, अपने नवमानवतावाद में रॉय ने व्यक्ति और उसकी स्वतन्त्रता को सर्वोच्च महत्त्व देते हुए एक ओर व्यक्तित्व और सामूहिक जीवन, और, दूसरी ओर आर्थिक नियतत्ववाद और विचारों के गति-विज्ञान के बीच सामंजस्य स्थापित करने का प्रयत्न किया है; और इस सामंजस्य के आधार पर हमारे सामने सामाजिक क्रान्ति की एक विधि और कार्यक्रम को प्रस्तुत किया है।

संक्षेप में, "22 थीसीस" के माध्यम से व्यक्त किए गए रॉय के नवमानवतावादी दर्शन का नकारात्मक पक्ष है : इतिहास की आर्थिक व्याख्या सहित साम्यवाद की अपर्याप्तता का, और औपचारिक संसदीय लोकतन्त्र की त्रुटिओं का वर्णन। जबकि नवमानवतावादी दर्शन का सकारात्मक पक्ष है : व्यक्ति की स्वतन्त्रता को सर्वोच्च महत्त्व, इतिहास की मानवतावादी व्याख्या, साम्यवाद और औपचारिक संसदीय लोकतन्त्र के विकल्प के रूप में रैडिकल या संगठित लोकतन्त्र का चित्र, और उसे प्राप्त करने के मार्ग का वर्णन।

रॉय के अनुसार नवमानवतावाद अन्तिम सत्य होने का दावा करने वाली रूढ़िवादी विचारों की कोई बन्द व्यवस्था नहीं है। रैडिकल मानवतावादियों को वैज्ञानिक ज्ञान और नए अनुभवों के प्रकाश में नवमानवतावादी दर्शन को निरन्तर संशोधित करते रहना चाहिए। रॉय के विचार में रैडिकल मानवतावादी आन्दोलन की सफलता का पैमाना होगा जनता के बीच स्वतन्त्रता, तर्कबुद्धिशीलता और धर्मनिरपेक्ष नैतिकता के आदर्शों का प्रचार। जिस हद तक इन मूल्यों का जनता के बीच प्रसार होगा, उसी हद तक नवमानवतावादी आन्दोलन को सफल माना जाएगा।[31]

रॉय कि यह मान्यता थी कि सामाजिक क्रान्ति के पहले दार्शनिक क्रान्ति का होना

जरूरी है। उनके अनुसार भाग्य और भगवान भारतीय जनता की गुलामी की जंजीर की सबसे मजबूत कड़ी हैं। रॉय की यह कल्पना थी कि रैडिकल मानवतावादी आन्दोलन एक स्कूल की तरह होगा जो भारत की जनता को भाग्य और उसके शीर्ष पर विराजमान भगवान के विरुद्ध विद्रोह करना सिखाएगा।[22] रॉय के अनुसार क्रान्तिकारी व्यक्ति वही है, जो इस बात को समझता है कि यह विश्व किसी अतिप्राकृतिक सत्ता द्वारा निर्मित नहीं है, और इसे मानव प्रयत्नों द्वारा बेहतर बनाया जा सकता है।[23]

रैडिकल मानवतावाद और मार्क्सवाद

रॉय एक भूतपूर्व मार्क्सवादी थे। ऐसे में यह विचारणीय प्रश्न है कि रॉय के नव-मानवतावादी सामाजिक-राजनीतिक दर्शन और मार्क्सवाद में क्या अन्तर है। रॉय द्वन्द्वात्मक भौतिकवाद और ऐतिहासिक भौतिकवाद से असहमत थे, इसकी चर्चा हम पहले ही कर चुके हैं। रॉय भौतिकवाद को द्वन्द्वन्याय से जोड़े जाने के विरुद्ध थे। उन्होंने भौतिकवाद के संशोधित रूप "भौतिकीय वास्तववाद" का समर्थन किया है। इसी तरह, उन्होंने अपने मानवतावादी इतिहास की व्याख्या में मानव-प्रयत्नों, विचारों और नैतिक मूल्यों को महत्वपूर्ण स्थान दिया है। इसके अलावा, रॉय ने राज्य की मार्क्सवादी अवधारणा को भी अस्वीकार किया है। रॉय के अनुसार राज्य समाज का राजनीतिक संगठन है, और राज्यविहीन समाज की स्थापना सम्भव नहीं है। इस तरह, रॉय राजनीतिक विकेन्द्रीकरण के समर्थक होते हुए भी अराजकतावादी (anarchist) नहीं हैं।

"सर्वहारा की तानाशाही" के सिद्धान्त से भी रॉय असहमत हैं। रॉय के अनुसार तानाशाही के माध्यम से लोकतंत्र की स्थापना नहीं की जा सकती है। इसी तरह, रॉय ने हिंसक वर्ग-संघर्ष के सिद्धान्त को भी अस्वीकार किया है—इतिहास दर्शन के रूप में भी और क्रान्ति की तकनीक के रूप में भी।[24] मार्क्सवाद के अनुसार अब तक का इतिहास वर्ग-संघर्षों का इतिहास रहा है। रॉय यह स्वीकार करते हैं कि कोई भी समाज वर्गों में विभाजित रहता है और अलग-अलग वर्गों के अपने अलग-अलग वर्ग-हित होते हैं। लेकिन, रॉय के अनुसार, इसके अलावा समाज में संयोजक प्रवृत्तियाँ भी होती हैं, जो समाज को जोड़कर रखती हैं। अगर ऐसा न हो तो सामाजिक विकास (evolution) कभी भी सम्भव न हो, और बार-बार समाज का विघटन हो जाए। मार्क्सवादी भविष्यवाणी के अनुसार पूंजीवादी समाज दो परस्पर विरोधी गुटों—बुर्जुआ और सर्वहारा—में विभाजित नहीं हुआ है। रॉय के विचार में इससे वर्ग-संघर्ष के सिद्धान्त की सत्यता पर सन्देह उत्पन्न होता है।

रॉय के अनुसार पूंजीवादी समाज में मध्यम वर्ग की भूमिका के बारे में मार्क्सवाद निश्चित रूप से गलत है। मध्यम वर्ग, मार्क्स की भविष्यवाणी के अनुसार गायब नहीं हुआ है, बल्कि और बड़ा हो गया है। यह वर्ग भी यथास्थिति का विरोधी है। आर्थिक दृष्टि से इसकी स्थिति भी सर्वहारा जैसी ही है, लेकिन शिक्षित

होने के नाते इस वर्ग का समाज पर काफी प्रभाव है। रॉय ध्यान दिलाते हैं कि समाजवाद भी मध्यम वर्ग की विचारधारा है। आर्थिक दृष्टि से सर्वहारा के समकक्ष होने के कारण मध्यम वर्ग भी क्रान्ति में शामिल हो सकता है, लेकिन सांस्कृतिक दृष्टि से उसकी स्थिति सर्वहारा जैसी नहीं है। रॉय के विचार में मध्यम वर्ग को सांस्कृतिक और नैतिक मूल्यों से लगाव रहता है। मध्यम वर्ग में ऐसे व्यक्ति पैदा हो सकते हैं जो आर्थिक हितों के टकराव से आगे देख सकें और सामाजिक न्याय एवं सामंजस्य पर आधारित नयी सामाजिक व्यवस्था की कल्पना कर सकें।

मार्क्सवाद के अन्तर्गत आर्थिक मुद्दों को ही सर्वोच्च महत्त्व दिया गया। नैतिक और सांस्कृतिक मूल्यों की अवहेलना की गयी। इस कारण, मध्यम वर्ग उससे दूर चला गया और क्रान्ति की शक्तियाँ कमजोर हुईं। रॉय के अनुसार सर्वहारा वर्ग को क्रान्ति का अग्रदूत मानकर उसका गुणगान करने का कोई औचित्य नहीं है। दरअसल, यह श्रेय मध्यम वर्ग को मिलना चाहिए, जिसे मार्क्सवाद के अन्तर्गत सिर्फ बदनाम किया गया है :

मार्क्स और खास कर लेनिन ने यह कल्पना की थी कि आर्थिक आधार पर समाज के परस्पर दो विरोधी वर्गों में बँट जाने के बाद हिंसक विद्रोह के जरिए क्रान्ति और तानाशाही की स्थापना सम्भव होगी। रॉय ध्यान दिलाते हैं कि रूसी अनुभव से सिद्ध होता है कि यह सिद्धान्त आत्म-विरोधी है। इससे राजनीतिक प्रभुत्व, सांस्कृतिक जकड़न और आर्थिक गुलामी के नए रूप पैदा होते हैं। रॉय के अनुसार मार्क्स के बाद से हुए वैज्ञानिक आविष्कारों से आधुनिक राज्यों की सैन्य-शक्ति इतनी बढ़ गयी है कि अल्पमत द्वारा सैनिक विद्रोह के जरिए सत्ता पर कब्जा करना सम्भव नहीं है। रूस में आकस्मिक सफलता के बाद साम्यवादियों की निरन्तर असफलता से यह सिद्ध होता है कि सत्ता पर कब्जा करने की दृष्टि से भी यह तकनीक अपर्याप्त है।

इसलिए, रॉय के विचार में क्रान्ति के नए दर्शन को यथास्थिति के बचे हुए नैतिक आधार को नष्ट करने, और नयी व्यवस्था के अपने चित्र द्वारा वर्तमान स्थिति से असंतुष्ट सभी लोगों को प्रेरित करने में समर्थ होना चाहिए। इसके अन्तर्गत आज के युग के अनुकूल क्रान्ति करने का नया मार्ग भी बतलाया जाना चाहिए। रॉय यह स्वीकार करते हैं कि सामाजिक परिवर्तन लाने के ठोस कदम अलग-अलग स्थानों पर परिस्थितियों के अनुसार अलग-अलग होंगे, लेकिन उनके अनुसार अगर मानव स्वतंत्रता के आन्दोलन को सफल होना है तो उसे सीमित वर्गीय आधार से बाहर निकलकर एक व्यापक मानवीय दृष्टिकोण से प्रेरणा ग्रहण करनी होगी। रॉय के अनुसार आज के युग का मुख्य संघर्ष बुर्जुआ और सर्वहारा या पूँजी और श्रम के बीच नहीं, बल्कि सर्वाधिकारवाद और लोकतन्त्र या राष्ट्र और वर्ग जैसे सामूहिक अहं और व्यक्ति की स्वतंत्रता के बीच है।

रमेन्द्र

सन्दर्भ

1. V. B. Karnik, *M. N. Roy* (New Delhi : National Book Trust, 1980), p. 25.
2. Sibnarayan Ray (ed.), "Introduction" *Selected Works of M. N. Roy*, Vol I (Delhi : Oxford University Press, 1987), p. 36.
3. M. N. Roy, *Materialism* (Delhi : Ajanta Publications, 1982), pp. 1-2.
4. M. N. Roy, *Science and Philosophy* (Delhi : Ajanta Publications), 1984, pp. 5-6.
5. Ibid., p. 1.
6. M. N. Roy, *Materialism*, p. 5.
7. Ibid., pp. 184-206.
8. M. N. Roy, "The Crisis of Materialism" in *Materialism*, pp 207-216.
9. Ibid., p. 232.
10. M. N. Roy, *Reason, Romanticism and Revolution* (Delhi : Ajanta Publications, 1989), pp. 492-93.
11. M. N. Roy, ' The Concept of Causality in Modern Science", *The Humanist Way*, Vol. IV, No. 2, 1949-50, p. 148.
12. M. N. Roy, "Probability and Determinism", *The Humanist Way*, Vol IV, No. 3, 1950, pp. 239-41.
13. M. N. Roy, *Reason, Romanticism and Revolution*, pp. 495-96.
14. M N. Roy, *Beyond Communism* (Delhi : Ajanta Publications, 1981), pp. 32-33.
15. Ibid., p. 6.
16. M. N. Roy, "Editorial Notes", *The Marxian Way*, Vol. I, No. 3, p. 274.
17. M. N. Roy, *Scientific Politics* (Calcutta : Renaissance Publishers, 1947), p. VI.

18. M. N. Roy, "Preface to the Second Edition", *New Humanism*—A Manifesto (Delhi : Ajanta Publications, 1981).

19. Ibid.

20. V. M. Tarkunde, "Radical Humanism in Retrospect", *The Radical Humanist*, Vol. 48, No. 10, January, 1985.

21. M. N. Roy, *New Humanism—A Manifesto*, p. 74.

22. M. N. Roy, *Beyond Communism*, p. 72.

23. M. N. Roy, *Scientific Politics*, p. 38.

24. M. N. Roy, *New Humanism—A Manifesto*, pp. 26-33.

जवाहरलाल नेहरू

जीवन—जवाहरलाल नेहरू का जन्म 14 नवम्बर सन 1889 ई० को उत्तर प्रदेश के इलाहाबाद शहर में हुआ था। पिता मोतीलाल नेहरू एक सुप्रसिद्ध वकील थे। वे पाश्चात्य सभ्यता से प्रभावित, एक संभ्रान्त और सम्पन्न व्यक्ति थे। जवाहरलाल नेहरू का लालन-पालन एक उच्चस्तरीय वातावरण में हुआ। उनकी प्रारंभिक शिक्षा के लिए अँग्रेज शिक्षक रखे गए थे। पन्द्रह वर्ष की उम्र में उनका नामांकन इंगलैंड के सुप्रसिद्ध स्कूल 'हैरो' में हुआ। स्कूल-शिक्षा के बाद इंगलैंड में ही ट्रिनिटी कॉलेज में उनका नामांकन हुआ। यहीं से उन्होंने बैरिस्टरी की परीक्षा पास की। तदन्तर 1912 ई० में वे भारत वापस लौटे और बैरिस्टरी प्रारंभ की। इसी समय महात्मा गाँधी के नेतृत्व में स्वतंत्रता आन्दोलन तेज हो रहा था। जवाहरलाल नेहरू महात्मा गाँधी के नेतृत्व और व्यक्तित्व से बहुत प्रभावित हुए। उन्होंने बैरिस्टरी छोड़ दी और देश-सेवा का दृढ़ संकल्प लेकर स्वतंत्रता-संग्राम में कूद पड़े। स्वतंत्रता-संग्राम के क्रम में वे अनेक बार जेल गए और अनेक यातनाओं को झेला। अन्ततः देश 15 अगस्त सन् 1947 ई० को स्वतंत्र हुआ और वे प्रथम प्रधानमंत्री के पद पर आसीन हुए तथा आजीवन प्रधानमंत्री बने रहे। उनका देहान्त 27 मई सन् 1964 ई० को हुआ।

पण्डित जवाहरलाल नेहरू एक महान् चिंतक, लेखक, वक्ता और इतिहासकार थे। 'विश्व इतिहास की झलक' (Glimpses of World History) और 'भारत की खोज' (Discovery of India) उनकी महत्त्वपूर्ण एवं प्रसिद्ध कृतियाँ हैं। यद्यपि इन कृतियों से मुख्यतः उनकी ऐतिहासिक रुचि की अभिव्यक्ति होती है तथापि इनसे उनकी राजनीतिक, सामाजिक, धार्मिक, वैज्ञानिक एवं दार्शनिक दृष्टि भी स्पष्ट होती है। वस्तुतः उनके सामने मुख्यतः दो समस्याएँ थीं—राजनीतिक और सामाजिक। इन दोनों समस्याओं पर उन्होंने निष्पक्ष चिंतन किया। फलस्वरूप उनके राजनीतिक और सामाजिक विचार भारतीय भौगोलिक सीमा में सीमित न रहकर विश्व-विचार बन गए। उनके विश्व-विचारों में तत्कालीन ज्वलन्त राजनीतिक एवं सामाजिक समस्याओं के अतिरिक्त अनेक सम्बद्ध समस्याओं की भी अभिव्यक्ति हुई है। अपने इन विचारों को उन्होंने किसी पुस्तक में क्रमबद्ध रूप से अभिव्यक्त नहीं किया है। फिर भी, इन विचारों को उनके अनेक भाषणों, पत्रों साक्षात्कारों आदि के आधार पर संकलित एवं संगृहीत करने के प्रयास विभिन्न व्यक्तियों एवं संस्थाओं के द्वारा किए गए हैं। नेहरू के विचारों के समुचित अध्ययन के पूर्व उनकी पृष्ठभूमि का सिंहावलोकन आवश्यक है।

पृष्ठभूमि का संबंध उन तथ्यों एवं परिस्थितियों से है जो किसी चिंतक के विचारों को प्रभावित एवं निर्धारित करती हैं। इस परिप्रेक्ष्य में पंडित जवाहरलाल नेहरू के विचारों को प्रभावित एवं निर्धारित करनेवाले तथ्यों एवं परिस्थितियों को तीन भागों में बाँटा जा सकता है—व्यक्तिगत, पारिवारिक एवं सामाजिक। उनके व्यक्तिगत तथ्यों एवं परिस्थितियों में उनके निष्पक्ष, स्वतंत्र, समीक्षात्मक, विस्तृत एवं वैज्ञानिक दृष्टिकोण विशेष रूप से उल्लेखनीय हैं। इस प्रसंग में पारिवारिक तथ्य एवं परिस्थितियाँ भी काफी सहायक सिद्ध हुईं। पाश्चात्य वातावरण से प्रभावित उनके पिता मोतीलाल नेहरू ने जवाहरलाल नेहरू की प्रारंभिक शिक्षा की व्यवस्था अँग्रेज शिक्षकों की देख-रेख में की। उच्च शिक्षा के लिए उन्होंने जवाहरलाल नेहरू को इंगलैंड भेजा। संभवतः इन्हीं तथ्यों एवं परिस्थितियों के कारण उनकी विज्ञान में रुचि बढ़ी। दूसरी ओर, परिवार में परम्परागत धर्म का वातावरण भी व्याप्त था। अनेक अवसरों पर धार्मिक अनुष्ठानों के आयोजन तथा तदनुकूल क्रिया-कलापों से जवाहरलाल नेहरू निषेधात्मक और भावात्मक रूप से प्रभावित हुए बिना नहीं रह सके। फिर, सामाजिक तथ्यों एवं परिस्थितियों का भी उन पर गहरा प्रभाव सहज ही द्रष्टव्य है। दासता के दलदल में फँसे देशवासियों पर अँग्रेज शासकों के बर्बरतापूर्ण अन्याय एवं अत्याचार को उन्होंने अपनी नग्न आँखों से देखा था, जिनका उनके मन-हृदय पर अमिट प्रभाव पड़ा। गरीबी, अशिक्षा, विषमता, जात-पात, अंधविश्वास एवं अन्य अनेक सामाजिक बुराइयों से वे मर्माहत हुए बिना नहीं रह सके। इन बातों से उनके सामाजिक विचार निश्चित ही प्रभावित हुए।

यद्यपि हमारा अभीष्ट यहाँ पंडित जवाहरलाल के प्रमुख राजनीतिक एवं सामाजिक विश्व-विचारों को प्रस्तुत करना है तथापि उनके कुछ ऐसे विचारों को भी प्रस्तुत करना लाभदायक है जिनका कोई सीधा सम्बंध उनके राजनीतिक या सामाजिक विचारों से दिखाई नहीं पड़ता, फिर भी ऐसे विचार कम महत्त्वपूर्ण नहीं कहे जा सकते। ऐसे विचारों में धर्म और विज्ञान संबंधी उनके विचार विशेष रूप से उल्लेखनीय हैं।

धर्म और विज्ञान

धर्म—जवाहरलाल नेहरू के परिवार में भारतीय संस्कृति के अनुसार परम्परागत धर्म में आस्था थी। इस आस्था के अनुकूल धर्म-संबंधी अनुष्ठान एवं क्रिया-कलाप परिवार में बहुधा सम्पन्न होते थे। इन अनुष्ठानों एवं क्रिया-कलापों में नेहरू को कोई धर्म कभी दृष्टिगोचर नहीं हुआ। इसलिए जीवन के प्रारंभिक वर्षों में धर्म के प्रति उनका कोई झुकाव नहीं हुआ। धर्म उनके लिए प्रारंभ में कोई रहस्यमय

वस्तु मात्र था। वास्तव में धर्म के प्रति उनके विचार का निर्माण उनके निजी शिक्षक एफ०टी० ब्रुक्स के प्रभाव से शुरू हुआ। एफ०टी० ब्रुक्स एक थियोसॉफिस्ट थे। जिनके संसर्ग में नेहरू को अनेक आध्यात्मिक विषयों तथा 'अवतार', 'काम-शरीर', 'अलौकिक शरीर', 'तेजोवलय', 'कर्म-तत्त्व' जैसे धार्मिक पदों, हिन्दू धर्म-ग्रन्थों, बौद्ध-धर्म के 'धम्मपद', यूनानी तत्त्ववेत्ता पायथागोरस तथा अपोलोयिस; अनेक दार्शनिकों एवं ऋषियों के ग्रन्थों के विवेचन सुनने का अवसर प्राप्त हुआ। इन विवेचनों के गूढ़ तथ्य तो नेहरू के लिए रहस्य ही बने रहे। परन्तु इनके प्रति उनके मन में जिज्ञासा और आकर्षण उत्पन्न हुआ। फलस्वरूप धर्म के प्रति उनका बौद्धिक चिंतन प्रारंभ हुआ। कर्मकाण्ड को छोड़कर हिन्दू-धर्म के प्रति उनके मन में एक पवित्र स्थान उपनिषद् और भगवद्गीता से उत्पन्न हुआ। इन हिन्दू ग्रन्थों में उन्हें विशिष्टता और विलक्षणता महसूस हुई और जिनका उनके मानस पटल पर गहरी छाप पड़ी। इस प्रकार थियोसॉफिकल वातावरण ने उनके मन-हृदय पर धार्मिक पवित्रता की एक रेखा खींच दी। लेकिन कुछ ही समय में थियोसॉफिस्टों में वर्त्तमान अनेक दोषों ने उनकी इस रेखा को मिटा दिया।

वस्तुत: 'धर्म' एक अत्यन्त ही व्यापक शब्द है। इसके विविध पहलू हैं। इनमें कुछ पहलू व्याघातक भी हैं। धर्म को कभी व्यक्तिगत माना गया है तो कभी सामाजिक, कभी तथ्यात्मक तो कभी कल्पनात्मक, कभी लौकिक तो कभी पारलौकिक, कभी ईश्वर-केन्द्रित तो कभी मानव-केन्द्रित, कभी भावात्मक (positive) तो कभी मूल्यात्मक, कभी व्यावहारिक तो कभी सैद्धान्तिक, कभी लाभकारक तो कभी हानि-कारक। कभी धर्म अत्यन्त ही वांछनीय माना गया है तो कभी अत्यन्त ही अवांछ-नीय। इस प्रकार धर्म का इतिहास बड़ा ही प्राचीन तथा लम्बा है। फिर, यह गत्यात्मक भी है। इस प्रकार 'धर्म' सचमुच एक रहस्य लगता है। इसलिए धर्म जिसका क्षेत्र इतना व्यापक तथा स्वरूप इतना गत्यात्मक है, बुद्धिवादी जवाहरलाल नेहरू के लिए प्रारंभिक वर्षों में सहज रूप से ग्राह्य नहीं हो सका। उनकी समी-क्षात्मक दृष्टि धर्म के बाह्याडम्बर तथा अनावश्यक आवरण के अन्दर वर्त्तमान धर्म के मूल तत्त्व को वर्षों खोजती रही। अन्ततः लम्बे अध्ययन, अनुभव तथा चिन्तन-मनन के पश्चात् धर्म के विषय में उनके विचार का निर्माण हुआ।

जवाहरलाल नेहरू के अनुसार धर्म के दो पक्ष हैं—निषेधात्मक एवं भावात्मक। धर्म के निषेधात्मक पक्ष में वे तत्त्व हैं जो धर्म के लिए अनावश्यक, अवांछनीय तो है ही साथ ही वे धर्म को विकृत भी करते हैं। इसलिए प्रारंभ में इन्होंने कहा, "मुझे तो लगभग हमेशा यही मालूम हुआ कि अन्धविश्वास और प्रगति-विरोध, जड़ (प्राण-रहित) सिद्धान्त और कट्टरपन, अन्धश्रद्धा और शोषण नीति और (न्याय अथवा अन्याय से) स्थापित स्वार्थों के संरक्षण का ही नाम 'धर्म' है।" धर्म का दूसरा पक्ष

भावात्मक है जिसमें धर्म के मूल, शुद्ध आवश्यक, वांछनीय तत्त्व का भाव रहता है। इस संदर्भ में धर्म का भावनात्मक पक्ष उनके अनुसार बहुत ही प्रबल होता है, क्योंकि यह व्यक्तियों की आन्तरिक आकांक्षा को पूरा करता है—उन्हें सुख शान्ति प्रदान करता है। जवाहरलाल नेहरू इस तत्त्व का सर्वथा अभाव ऐतिहासिक धर्मों में मानते हैं। उनके अनुसार "......आजकल का संगठित धर्म तो ज्यादातर एक खाली खोल ही रह गया है, जिसके अन्दर कोई तथ्य और तत्त्व नहीं है।" ऐसे धर्मों को वे मृत धर्म कहते हैं। इन धर्मों के भावनात्मक विचारों से वे प्रभावित नहीं हो सके। उन्हें ईश्वर-केन्द्रित धर्म या परम्परागत धर्म में कोई विश्वास नहीं रहा। वे तो नैतिक धर्म में विश्वास करते थे। उन्हीं के शब्दों में, "मुझे परलोक, या मृत्यु के बाद क्या होता है, इसके बारे में कोई दिलचस्पी नहीं है। इस जीवन की समस्याएं ही मेरे दिमाग को व्यस्त करने के लिए काफी मालूम होती हैं। मुझे तो चीनियों की परम्परा से चली आई जीवन-दृष्टि, जो कि मूल में नैतिक है लेकिन फिर भी अधार्मिकता या नास्तिकता का रंग लिए हुए है, पसन्द आती है।" वे 'ताओ' की तर्ज पर धर्म को जीवन-मार्ग और जीवन पद्धति मानते हैं। ईश्वर-केन्द्रित परम्परागत या ऐतिहासिक धर्म तो पलायनवाद और भाग्यवाद का मार्ग है जो केवल भावुकता या मनोवेग है। इनका कोई संबंध वास्तविक धर्म से नहीं है। धर्म और नैतिकता परलोक की वस्तु नहीं बल्कि इस लोक की धरोहर हैं। धर्म का यही स्वरूप हमको नैतिक और आध्यात्मिक प्रगति प्रदान कर सका है। धर्म को प्रायः समाज से असम्बद्ध ईश्वर की खोज माना जाता है जिससे धर्म व्यक्तिगत हो जाता है और फलस्वरूप धर्म समाज से पृथक् व्यक्तिगत वस्तु बन जाता है जो स्वार्थपूर्ण है, परिवर्तन और प्रगति के लिए बाधक है।

'धर्म' शब्द का स्पष्ट अर्थ : जवाहरलाल नेहरू के अनुसार शब्द अर्थ-बोध कराने के अपूर्ण साधन हैं। उनके कई तरह से अर्थ लगाए जाते हैं। 'धर्म' शब्द के भी अनेक अर्थ लगाए जाते हैं। इसी प्रकार 'मजहब' शब्द में कर्म-काण्डों एवं रस्म-रिवाजों के, धर्म-ग्रन्थों के, मनुष्यों के एक समुदाय विशेष के, कुछ निश्चित सिद्धान्तों और नीति-नियमों, श्रद्धा, भक्ति, भय, घृणा, दया, बलिदान, तपस्या, उपवास, भोज, प्रार्थना, पुराने इतिहास, शादी, गमी, परलोक, दंगों और सिर-फिटौवल आदि अनेक बातों के विचार और भाव शामिल हैं। इसलिए 'धर्म' या मजहब' या इसी प्रकार के पर्यायवाची शब्दों से अनेक प्रकार के विचारों या भावनाओं का भाव उत्पन्न होता है जिससे वाद-विवाद का कोई अन्त नहीं होता। अतः यह वांछनीय है कि इन शब्दों के बदले ईश्वर-विज्ञान, दर्शन-विज्ञान, आचारशास्त्र, नीतिशास्त्र, आत्मवाद, आध्यात्मिकशास्त्र, कर्त्तव्य, लोकाचार आदि शब्दों का प्रयोग किया जाए जो सीमित अर्थ वाले हैं और जिनसे अनावश्यक भावुकता और अवांछनीय अन्धविश्वास उत्पन्न नहीं होते।

धर्म वस्तुतः वह है जो व्यक्ति की आन्तरिक उन्नति की चेतना का एक वांछनीय एवं प्रशंसनीय दिशा में विकास करता है। 'दिशा' तो विवादास्पद है। लेकिन आन्तरिक उन्नति पर धर्म बल देता है और बाह्य परिवर्तन को इसी का एक अंग या रूप मानता है। धर्म के ये दोनों पक्ष परस्पर निर्भर और परस्पर सहायक हैं। एक के बिना दूसरा अधूरा एवं असमर्थ एवं असफल है।

अपने धर्म सम्बन्धी विचार का आधार जवाहरलाल नेहरू नैतिक धर्म के समर्थक गांधीजी, उपयोगितावादी धर्म के समर्थक जॉन ड्यूवी तथा मानवतावादी धर्म के समर्थक रोम्यां रोलां के धर्म-सम्बन्धी विचारों को मानते हैं। वस्तुतः उनका धर्म-सम्बन्धी विचार किसी एक धार्मिक विचारक से प्रभावित नहीं है बल्कि अनेक धार्मिक विचारों का समन्वय है। प्रारम्भिक रूप में वे गांधी के धर्म-सम्बन्धी नैतिक विचारों से प्रभावित हुए बिना नहीं रह सके। वहीं उन्होंने गांधी के धर्म-सम्बन्धी आध्यात्मिक पक्ष को महत्वहीन समझा। नेहरू जहाँ गांधी के धर्म सम्बन्धी नैतिक पक्ष से प्रभावित हुए वहीं दूसरी ओर जॉन ड्यूवी के धर्म-सम्बन्धी प्रकृतिवादी पक्ष से काफी आकृष्ट हुए। फिर, जॉन ड्यूवी के विचार में परिवर्द्धन करनेवाले कोर्लिस लामोण्ट के इस विचार की स्पष्ट छाप दीखती है कि धर्म तर्कसंगत रूप से प्रकृतिवादी और विज्ञानवादी ही हो सकता है।

गांधी के नैतिक धर्म, जॉन ड्यूवी के प्रकृतिवादी धर्म और लामोण्ट के विज्ञानवादी धर्म का केन्द्र-बिन्दु कदापि कोई अतिप्राकृतिक सत्ता नहीं बल्कि प्रकृति का सर्वश्रेष्ठ उपहार 'मानव' है। क्योंकि इन विचारकों के अनुसार धर्म का एक मात्र आदर्श 'मानव हित' है। चूंकि अपने विचारों में ये विचारक 'मानवता' को सर्वोच्च स्थान प्रदान करते हैं, इसलिए इनका विचार 'मानवतावाद' के नाम से जाना जाता है। नेहरू के अनुसार वर्त्तमान परिवेश में 'मानवतावाद' और 'विज्ञानवाद' दो सर्वाधिक महत्त्वपूर्ण आदर्श हैं जिनका समन्वय मानवता के लिए अनिवार्य सत्य है। इन्हीं दोनों का समन्वित रूप 'वैज्ञानिक मानवतावाद' है।

विज्ञान—पंडित जवाहरलाल नेहरू के धर्म-सम्बन्धी विचारों की संरचना में उनके व्यक्तिगत बौद्धिक दृष्टिकोण, पारिवारिक तथा सामाजिक वातावरण का महत्वपूर्ण योगदान है। उनके 'विज्ञान' सम्बन्धी विचारों की संरचना भी इसी परिवेश का परिणाम है। विज्ञान का प्रथम परिचय उन्होंने अपने घरेलू शिक्षक एफ० टी० ब्रुक्स से पाया। अपने इस शिक्षक के विज्ञान सम्बन्धी ज्ञान से वे बहुत प्रभावित हुए। यहीं से विज्ञान के प्रति उनके आकर्षण का आरम्भ हुआ। इंगलैंड के हैरो स्कूल और कैम्ब्रिज की शिक्षा से इस आकर्षण को और बल मिला।

शैक्षणिक जीवन ने उनमें विज्ञान के लिए एक स्पष्ट और सबल सैद्धान्तिक पृष्ठभूमि प्रदान की।

सैद्धान्तिक रूप में विज्ञान एक बौद्धिक क्रिया है। यह विज्ञान का आन्तरिक या बौद्धिक पक्ष है। इस रूप में विज्ञान मानव का बौद्धिक दृष्टिकोण है। यह शुद्ध रूप से ज्ञानदायक है, इसमें भावना और संवेग का कोई स्थान नहीं होता। अतः नेहरू के अनुसार विज्ञान अपने सैद्धान्तिक स्वरूप में निष्पक्ष बौद्धिक चिंतन है। यद्यपि इसके बिना विज्ञान का अस्तित्व नहीं सोचा जा सकता तथापि इसका एक दूसरा पक्ष है जो ज्यादा महत्त्वपूर्ण है; वह है इसका व्यावहारिक पक्ष। रदरफोर्ड के विज्ञान-सम्बन्धी विचारों से प्रभावित जवाहरलाल नेहरू ने अपने विचारों में विज्ञान के इस व्यावहारिक पक्ष को ही अधिक महत्त्वपूर्ण और उपयोगी माना है। फलतः उनके विज्ञान-सम्बन्धी विचारों की अभिव्यक्ति अधिकांशतः सामाजिक, आर्थिक एवं राजनीतिक संदर्भों में ही हुई है।

विज्ञान का क्षेत्र संपूर्ण समाज, विश्व तथा मनुष्य है। इसका सम्बन्ध किसी विशेष समाज या देश तक संकुचित नहीं है। यह कोई व्यष्टि नहीं बल्कि समष्टि है। इसका सम्बन्ध समस्त मानव से है। मानव मात्र का कल्याण इसका अभीष्ट है। यही इसका साध्य है। इस साध्य की प्राप्ति शान्ति से ही संभव है। अतः शान्ति साधन है। युद्ध तो विज्ञान का स्वाभाविक परिणाम नहीं बल्कि इसके दुरुपयोग का दुष्परिणाम है। अतः विज्ञान के लिए शान्ति वांछनीय और युद्ध अवांछनीय है। विज्ञान का मूल्यांकन इसी सामाजिक परिवेश में होना चाहिए। समाज या मानव से पृथक विज्ञान का अस्तित्व अनावश्यक ही नहीं, अचिंतनीय भी है।

लेकिन जवाहरलाल के अनुसार विज्ञान का सामाजिक स्वरूप मुख्यतः इसके आर्थिक योगदान पर निर्भर है। विज्ञान का आर्थिक योगदान ही किसी समाज का स्वरूप निर्धारित करता है। अतः विज्ञान का आर्थिक योगदान किसी समाज की नींव है। आधुनिक युग के इस मानव-समाज की भूख, गरीबी, अशिक्षा, बेकारी, पिछड़ापन आदि को विज्ञान की मदद से ही दूर कर सकते हैं। इसलिए एक राजनीतिज्ञ के रूप में जवाहरलाल नेहरू ने भारतीय अर्थव्यवस्था को विज्ञान का जामा पहनाने का प्रयास किया। इस प्रयास में सर्वप्रथम 1930 के दशक में Indian National Congress के अन्तर्गत क्रियाशील National Planning Committee के अध्यक्ष की हैसियत से उन्होंने यह अनुभव किया कि भारत के समक्ष तत्काल तीन आर्थिक समस्याओं के समाधान के लिए तीन मौलिक आवश्यकताएँ ध्यातव्य हैं—(1) भारी इंजीनियरी तथा यंत्र उत्पादक उद्योग (2) वैज्ञानिक शोध-संस्थान और (3) बिजली-शक्ति।

उनके अनुसार ये तीनों किसी भी आर्थिक विकास-योजना के आधारभूत तत्व हैं। इसलिए उन्होंने भारत में विज्ञान की रूप-रेखा को मूर्तरूप प्रदान करने के लिए दो भारतीय वैज्ञानिकों, होमी भाभा और एस. एस. भटनागर, की सेवा प्राप्त की। भटनागर ने वैज्ञानिक शोध-संस्थानों की योजना बनायी और भाभा ने न्यूक्लीअर शोध प्रोग्राम बनाया। इतना ही नहीं, नेहरू ने तत्कालीन वैज्ञानिक तथा औद्योगिक शोध परिषद के अध्यक्ष के वैज्ञानिक विचारों से सहमत होकर तथा अणुशक्ति विभाग को अपने नियंत्रण में रखकर विज्ञान के प्रति अपनी सूझ तथा निष्ठा का परिचय दिया। आगामी वर्षों में विज्ञान के प्रति उनकी कटिबद्धता कई शोध-संस्थानों की स्थापना से स्वत: स्पष्ट है। वस्तुत: नेहरू ने अपनी इन क्रियाओं से यही स्पष्ट किया कि विज्ञान भारतीयों और भारतीय सरकार के लिए अनिवार्य मार्ग है। नेहरू के विज्ञान-सम्बन्धी दृष्टिकोण कदापि सैद्धान्तिक नहीं थे। उन्होंने तो विज्ञान को सदा सामाजिक-आर्थिक परिवेश में देखा है। उन्होंने पंचवर्षीय योजनाओं में विज्ञान को अहम भूमिका प्रदान की और यहाँ तक कहा कि ये योजनाएँ 'सक्रिय विज्ञान' हैं।

लेकिन नेहरू के उपर्युक्त विचारों से 'विज्ञान' को भौतिक समाज और उसकी अर्थव्यवस्था तक ही सीमित नहीं समझना चाहिए। उनके अनुसार विज्ञान हमारे जीवन का अभिन्न अंग है, वह तो हमारा दृष्टिकोण है। किसी बात को सोच-समझ कर तर्क-वितर्क करते हुए, प्रयोग और परिणाम की जाँच-पड़ताल के साथ स्वीकार करना, आलोचनात्मक दृष्टिकोण रखना, प्रयोग-परीक्षण आदि विज्ञान की मान्यताएँ हैं जिनका घनिष्ठ सम्बन्ध हमारे जीवन से है। विज्ञान केवल भौतिक नहीं बल्कि मानसिक भी है, क्योंकि उसके अन्तर्गत अर्द्धचेतन के रहस्यों एवं गुप्तशक्तियों का भी अध्ययन होता है। यह तथ्य है कि विज्ञान प्रारम्भ में भौतिक जगत् तक ही सीमित था, परन्तु धीरे-धीरे उसका प्रवेश मानसिक जगत् में हो गया है। इस प्रकार विज्ञान स्वाभाविक रूप से विकासात्मक है। अन्य वस्तुओं की तरह विज्ञान का भी अपना एक आदर्श है और वह है मानव-कल्याण।

नेहरू के अनुसार विज्ञान का वास्तविक धर्म या बुद्धिपरक धर्म से विरोध नहीं है। धर्म का जो अवैज्ञानिक दृष्टिकोण है उसी से विज्ञान का संघर्ष प्रतीत होता है। यह संघर्ष वास्तव में धर्म और विज्ञान का नहीं बल्कि अवैज्ञानिक एवं वैज्ञानिक दृष्टिकोण का है। तथाकथित धर्म द्वारा प्रसूत सभी बुराइयों के मूल में यही अवैज्ञानिक दृष्टिकोण है। अगर धर्म के प्रसंग में इस अवैज्ञानिक दृष्टिकोण को छोड़ दिया जाए तो धर्म और विज्ञान में कोई संघर्ष नहीं रह जाता।

दर्शन विज्ञान का सहायक है। उसकी मदद से विज्ञान के विकास का मार्ग प्रशस्त हो सकता है। लेकिन परम्परागत शास्त्रीय दर्शन से यह कार्य संभव नहीं है। दर्शन अपने वास्तविक स्वरूप में ही विज्ञान का सहायक बन सकता है। उन्होंने स्वयं कहा है, "......I do not come to you wholly as a stranger. For I too have worshipped at the shrine of science and counted myself as one of its votaries."[1]

नेहरू का वैज्ञानिक मानवतावाद

नेहरू एक महान् चिंतक थे। उनके चिंतन का केन्द्र बिन्दु 'मानव' था। मानव के विभिन्न पक्षों में भी उसका हित उनके चिंतन का सार था। उनके अधिकांश विचार 'मानव हित', 'मानव विकास' तथा 'मानव सुरक्षा' आदि से प्रेरित हैं। मानव का ऐहिक सुख, परमार्थ, मानव-दुख निवारण एवं मानव हितों का संवर्द्धन ही उनके जीवन का परम अभीष्ट था। उन्होंने एक स्वतंत्र विश्व-समाज के निर्माण की कल्पना की जिसमें सभी लोग स्वतंत्र रह कर बौद्धिक रूप से सामाजिक कल्याण, विकास एवं सुरक्षा के लिए योगदान करें। मानवता उनका सर्वोच्च आदर्श और मानव-सेवा उनका यथार्थ साधन था। उनके इन्हीं विचारों को 'मानवतावाद' कहा जाता है।

नेहरू का मानवतावाद धर्माश्रित नहीं है, क्योंकि यह किसी अतिप्राकृतिक सत्ता की कल्पना पर आधारित नहीं है। उनके मानवतावादी दृष्टिकोण को आध्यात्मिक भी नहीं कहा जा सकता, क्योंकि इसमें आत्मा जैसी किसी सत्ता की भी कल्पना नहीं है। पारलौकिकता से उनका मानवतावाद पूर्णतः अछूता है। वे रूढ़िवादी परम्परागत धार्मिक अन्धविश्वासों से पृथक् एक सर्वथा नवीन नींव अपने मानवतावाद को प्रदान करते हैं। यह नींव है 'विज्ञान' की।

'विज्ञान' शब्द का प्रयोग नेहरू बहुत ही व्यापक अर्थ में करते हैं। उनके अनुसार विज्ञान एक स्वतंत्र और संपूर्ण दृष्टिकोण है जिसको वे 'वैज्ञानिक दृष्टिकोण' कहते हैं। वैज्ञानिक दृष्टिकोण वह बौद्धिक, स्वतंत्र एवं संपूर्ण दृष्टिकोण है जिसके अन्तर्गत किसी तथ्य को तर्क-वितर्क प्रयोग और परिणाम की परीक्षा, नापन, निष्पक्ष आलोचना, दोषपूर्ण बातों का निराकरण, असंगत बातों का बहिष्कार आदि के आधार पर स्वीकार किया जाता है। इस वैज्ञानिक दृष्टिकोण का सम्बन्ध

1. Jawaharlal Nehru, *Before And After Independence*, ed by J. S Bright, Vol. I and II (The Indian Printing Works) New Delhi, P. 294

स्वयं जीवन तथा जीवन के सभी पहलुओं से है। यह दृष्टिकोण समष्टिगत है। उनके अनुसार ऐसे ही वैज्ञानिक दृष्टिकोण से मानव मात्र का हित, विकास एवं संरक्षण संभव है। हमारे जीवन में जो द्वन्द्व, संघर्ष, संग्राम, अशान्ति, हिंसा और युद्ध की घटनाएँ देखी जाती हैं उनका मूल कारण वैज्ञानिक और अवैज्ञानिक दृष्टि-कोणों का अन्तर ही है। वैज्ञानिक दृष्टिकोण का क्षेत्र संपूर्ण विश्व एवं मानव मात्र है, संपूर्ण मानसिक तथा शारीरिक जीवन है। यद्यपि विज्ञान में परिवर्त्तन संभव हैं तथापि, नेहरू के अनुसार, वैज्ञानिक दृष्टिकोण में कोई परिवर्तन नहीं होता। इसलिए हमको अपने विचारों और कार्यों में—सामाजिक, राजनीतिक, आर्थिक, दार्शनिक, धार्मिक आदि में—वैज्ञानिक दृष्टिकोण ही अपनाना चाहिए।

नेहरू का 'मानवतावाद' 'वैज्ञानिक दृष्टिकोण' पर आधारित है। इसलिए उनके मानवतावाद को 'वैज्ञानिक मानवतावाद' कहा जाता है। यह 'वैज्ञानिक मानवतावाद', 'वैज्ञानिक दृष्टिकोण' और 'मानवतावाद' का समन्वय है। वैज्ञानिक दृष्टिकोण ही इसकी नींव है।

नेहरू के 'वैज्ञानिक मानवतावाद' पर अनेक विचारों की छाप स्पष्ट है। अपने राजनीतिक जीवन में वे महात्मा गाँधी के अत्यन्त समीप रहे। फलतः वे महात्मा गाँधी के सुदृढ़ नैतिक विचारों से प्रभावित हुए। इसीलिए उनके वैज्ञानिक मानवता-वाद के सबल स्तम्भ नैतिक विचार हैं। जॉन ड्यूवी के प्रकृतिवादी विचार ने भी नेहरू को आकृष्ट किया, इसलिए उनके मत में प्रकृतिवादी विचार की प्रधानता है। इसी तरह लामोण्ट ने अपने मानवतावाद में 'विज्ञान' का समावेश किया तथा इसको सर्वाधिक गौरव प्रदान किया। लामोण्ट के इस 'विज्ञान' सम्बन्धी विचार का प्रभाव नेहरू के वैज्ञानिक मानवतावाद पर स्पष्टतः अंकित है।

(1) इतना ही नहीं, नेहरू का मानवतावाद मार्क्सवादी मानवतावाद से कुछ बिन्दुओं पर प्रभावित कहा जा सकता है। प्रत्यक्षवादी कोंत से प्रभावित नेहरू मानव सेवा को ही तथाकथित धर्मानुष्ठान कहते हैं। महात्मा बुद्ध के व्यावहारिक या लौकिक दर्शन की भी नेहरू पर अमिट छाप है।

(2) तत्कालीन भारत में धर्मप्रसूत भाग्यवाद, नियतिवाद, पुनर्जन्म तथा समाज-प्रसूत अशिक्षा, अज्ञान, बेरोजगारी, गरीबी और भुखमरी ने नेहरू को निषेधात्मक रूप से प्रभावित किया है।

उनके वैज्ञानिक मानवतावाद के प्रतिपादन के सन्दर्भ में उनके व्यक्तिगत दृष्टिकोण, पारिवारिक वातावरण और विदेश-प्रवास के क्रम में वैज्ञानिक अध्ययन के महत्वपूर्ण योगदान को भी अस्वीकार नहीं किया जा सकता।

इस प्रकार नेहरू का 'वैज्ञानिक मानवतावाद' केवल 'विज्ञान' और 'मानव कल्याण' का ही समन्वय नहीं है बल्कि इसमें प्रगतिवादी, बुद्धिवादी, प्रत्यक्षवादी, प्रजातन्त्रवादी, उदारवादी, मूल्यवादी, आदर्शवादी, यथार्थवादी जैसे अनेक मतों का समन्वय है। इसलिए इसको परिभाषाबद्ध करना कठिन है। लेकिन, इसकी मुख्य विशेषताओं का उल्लेख किया जा सकता है—

1. नेहरू का वैज्ञानिक मानवतावाद नैतिकतावादी है। क्योंकि यह मानव के ऐहिक आचरण पर बल देता है। यह विश्वास करता है कि बिना किसी आध्यात्मिक या धार्मिक मान्यता के मानव अपने आर्थिक, सांस्कृतिक, सांसारिक सुख-सम्पन्नता, स्वतंत्रता एवं विकास के ऐहिक उद्देश्य को प्राप्त कर सकता है।

2 यह प्रत्यक्षवादी है, क्योंकि एक ओर जहाँ यह अतिप्राकृतिक, आध्यात्मिक एवं धार्मिक शक्तियों एवं विचारों का निषेध करता है, वहीं दूसरी ओर इन्द्रिय अनुभूति, ऐहिक सम्बन्ध एवं आचरण, मानवीय असीम शक्ति आदि प्रत्यक्ष तथ्यों में दृढ़ विश्वास रखता है।

3. यह किसी अतिप्राकृतिक, आध्यात्मिक, धार्मिक अमूर्त्त सत्ता में विश्वास नहीं करता। यह प्रकृति तथा इसके नियमों को ही सर्वोच्च मानता है। प्रकृति के नियमों के अनुकूल ही संपूर्ण विश्व की क्रिया-प्रक्रियाओं का नियंत्रण एवं संचालन होता है, ऐसा यह मत मानता है। इसलिए इसे प्रकृतिवादी कहा जा सकता है।

4. प्रत्यक्षवादी और प्रकृतिवादी होने के कारण यह स्वाभाविक रूप से विकासवादी है, क्योंकि इसके अनुसार संपूर्ण विश्व विकास का परिणाम है, किसी सत्ता के सृजन का नहीं।

5. यह मानव जैसे चेतन प्राणी का विकास भौतिक पदार्थ की विकासात्मक प्रक्रियाओं का परिणाम मानता है। इसलिए यह तत्वमीमांसीय रूप में भौतिकवाद का प्रतिपादक है। दूसरी ओर, चूँकि इसके अनुसार मानव जीवन का उद्देश्य भौतिकता को प्राप्त करना है, इसलिए नीतिशास्त्रीय रूप में भी इसे भौतिकवादी कहा जा सकता है।

6. यह प्रजातन्त्र, स्वतन्त्रता, समानता, सर्व सुखाय एवं सर्व हिताय पर बल देता है। इसलिए यह उदारवादी एवं परोपकारवादी है। इसी कारण यह राजनीतिक, आर्थिक, सामाजिक एवं सांस्कृतिक विकास की संभावनाओं से परिपूर्ण है।

7. यह मानवीय बुद्धि को सर्वाधिक गौरव एवं महत्व प्रदान करता है। यह आस्था, परम्परा, मान्यता आदि की बौद्धिक परीक्षा करता है और ग्राह्य सिद्ध होने पर उन्हें स्वीकार करता है अन्यथा अस्वीकार। इस परिवेश में यह बुद्धिवादी

प्रकट होता है। चूंकि यह तर्क-वितर्क, समीक्षा, प्रयोग एवं परिणाम के आधार पर अपना दृष्टिकोण स्थापित करता है, इसलिए इसको विज्ञानवादी कहा जाता है।

8. यह मानवीय जीवन को समष्टिगत मानता है। इसलिए मानवीय जीवन के सर्वांगीण विकास के लिए कला, साहित्य, मनोरंजन तथा सांस्कृतिक विकास का पक्षधर है। यह भौतिक विकास का पोषक अवश्य है, पर साथ-साथ मानसिक विकास को भी आवश्यक मानता है। वस्तुतः मानवीय जीवन के सर्वांगीण विकास के लिए उसका भौतिक एवं मानसिक दोनों विकास नितान्त ही अपेक्षित है।

9. यह मानव को विवेकशील प्राणी मानता है जिसका आदर्श मूल्यों के प्रति प्रतिबद्धता है। मूल्यों से प्रतिबद्ध होने के कारण यह मूल्याश्रित धर्म है। अतः इसका आदर्श मूल्याश्रित धर्म में अन्तर्निहित है।

10. नेहरू का वैज्ञानिक मानवतावाद विज्ञान, धर्म और दर्शन का सामजस्य है। यह तर्क-वितर्क, समीक्षा, प्रयोग और परिणाम पर आधारित है, इसलिए यह वैज्ञानिक है। फिर, यह मूल्याश्रित है, इसलिए एक धर्म है। इसी प्रकार यह संपूर्णतः बौद्धिक दृष्टिकोण पर आधारित है। इसलिए यह एक दर्शन है।

11. यह किसी अतिप्राकृतिक सत्ता, आध्यात्मिक सत्ता में विश्वास नहीं करता, इसलिए तदनुकूल यह भाग्यवाद, नियतिवाद, परलोक, पुनर्जन्म आदि में विश्वास नहीं करता। इसके विपरीत, यह प्रकृतिवादी एवं प्रत्यक्षवादी है, इसलिए यह कर्म में विश्वास करता है। इहलौकिकता इसका क्षेत्र और सीमा है।

12. यह अन्तर्राष्ट्रीयता का पोषक है। नेहरू अन्तर्राष्ट्रीय सहयोग, सह-अस्तित्व, सह-विकास के पक्षधर थे। इसी प्रसंग में उन्होंने 'पंचशील' का प्रतिपादन किया था। गुट-निरपेक्षता इस दिशा में उनकी एक महत्वपूर्ण पहल थी। वे सभी राष्ट्रों, धर्मों, सम्प्रदायों एवं जातियों को एक ही 'मानव-समाज' मानते थे। इसलिए उनके विचार में 'एकीकरण' या 'अन्तर्राष्ट्रीयता' का भाव है।

नेहरू के वैज्ञानिक मानवतावाद की अभिव्यक्ति उनकी राजनीतिक, धार्मिक, सामाजिक, आर्थिक, सांस्कृतिक एवं वैज्ञानिक नीतियों में स्पष्ट देखी जा सकती है। उनकी राजनीतिक पंचशील-नीति और गुट-निरपेक्षता; उनकी धार्मिक नीति में धर्म-निरपेक्षता; सामाजिक एवं आर्थिक नीतियों में उपनिवेशवाद, सामन्तवाद, पूँजीवाद का विरोध तथा प्रजातंत्र का पोषण, अनेक उद्योगों का राष्ट्रीयकरण और नए बड़े उद्योगों की स्थापना; सांस्कृतिक नीतियों में हिन्दी को राष्ट्रभाषा का गौरव प्रदान करना, क्षेत्रीय भाषाओं को स्वतन्त्रता प्रदान करना, कला के विकास के लिए अनेक सुविधाओं को प्रदान करना तथा अनेक प्रोत्साहन; उनकी वैज्ञानिक नीति में अनेक वैज्ञानिक आयोगों की स्थापना, वैज्ञानिकों को प्रोत्साहन, वैज्ञानिक तकनीक के विकास के लिए सक्रिय पहल आदि उनके वैज्ञानिक मानवतावाद के पक्ष में साक्ष्य हैं।

सुरेन्द्र

नेहरू के गुट-निरपेक्षता की अवधारणा

पृष्ठभूमि—

द्वितीय विश्वयुद्ध के बाद शक्तिशाली राष्ट्रों का पतन हुआ और कुछ नई महाशक्तियाँ उभरीं। ब्रिटेन, फ्रान्स युद्ध के पूर्व की अपेक्षा कमजोर हो गए और जर्मनी, इटली तथा जापान का तो पतन ही हो गया। महाशक्तियों के रूप में सोवियत संघ यथा संयुक्त राज्य अमरीका उभरे। ये दोनों देश दो प्रकार की शासन पद्धतियों का प्रतिनिधित्व करते थे, सोवियत संघ साम्यवादी गुट का नेतृत्व करता था और अमरीका पूंजीवादी गुट का। अन्य छोटी-छोटी शक्तियां इन्हीं दो खेमों में बंटी हुई थीं। ये दोनों महाशक्तियाँ प्रतिद्वन्द्वी थीं और अपने-अपने प्रभाव-विस्तार का प्रयत्न कर रही थीं। दोनों ने खुलकर एक-दूसरे के विरुद्ध युद्ध की घोषणा तो नहीं की पर नीतियाँ दोनों की परस्पर विरोधी थीं। अतः जिन देशों ने एक खेमे का समर्थन किया उनका दूसरे खेमे वाले ने विरोध किया। यह स्थिति थी शीत युद्ध (cold war) की—युद्ध की घोषणा नहीं, पर युद्ध की सी स्थिति; आक्रमण नहीं पर आक्रामक व्यवहार। ऐसी स्थिति में 1947 में स्वतन्त्र हुए भारत को अपनी विदेशी नीति का निश्चय करने में किसी भी गुट का आँख मूंद कर समर्थन करना कठिन था। कठिनाई थी अपने देश के विकास में। कठिनाई थी अपने उद्देश्य की पूर्ति में। गांधी ने ही विश्व शान्ति, समानता तथा स्वतन्त्रता को भारत की सर्वोपरि विदेश नीति माना था। किसी भी गुट से आबद्ध हो जाने पर उस गुट का पक्षधर बन जाना आवश्यक हो जाता। फलतः उस गुट की गलत नीतियों का समर्थन भी आवश्यक होता। ऐसी स्थिति में विश्व शांति की ओर अग्रसर होना सम्भव नहीं था। अतः भारत ने दोनों गुटों से पृथक रहकर दोनों से मैत्री तथा सहयोग की नीति को अपनाया। इसी नीति को गुट-निरपेक्षता (non-alignment) की नीति कहा जाता है।

ऐतिहासिक दृष्टि से भारत बुद्धकालीन युग से अहिंसक दर्शन का अगुआ रहा है। मध्यकालीन युग में युद्ध हुए पर उस काल के भक्त कवियों ने भी अहिंसा तथा अभेद के पाठ का प्रचार किया। समकालीन युग में गांधी के नेतृत्व में अहिंसा के द्वारा ही ब्रिटिश साम्राज्य के विरुद्ध स्वतन्त्रता का संग्राम हुआ।

गुट-निरपेक्षता (non-alignment)—किसी भी गुट से पृथक रहते हुए भी उससे मैत्री भाव तथा परस्पर सहयोग की भावना गुट-निरपेक्षता है। पृथक रहने का अर्थ है किसी गुट का अन्धा अनुकरण नहीं करना अर्थात् किसी गुट के अन्यायपूर्ण व्यवहार का असमर्थन। मैत्री भाव का अर्थ है किसी गुट से शत्रुता नहीं अर्थात् उसके न्यायपूर्ण व्यवहार का समर्थन। न्यायपूर्ण व्यवहार में सहयोग करना और अपने

विकास के हित में किसी भी गुट से सहयोग लेना। भारत के प्रथम प्रधान मन्त्री जवाहरलाल ने गुट-निरपेक्षता की नीति का प्रतिपादन किया था।

गुट-निरपेक्षता कोई निषेधात्मक अवधारणा नहीं अपितु एक भावात्मक अवधारणा है। यदि किसी अन्तर्राष्ट्रीय विषयों पर दो गुटों में मतभेद हो तो उसमें तटस्थ रहना गुट-निरपेक्षता नहीं है। नेहरू ने कहा है कि 'यदि स्वतंत्रता का हनन होगा, न्याय की हत्या होगी अथवा कहीं आक्रमण होगा तो वहाँ हम न आज तटस्थ रह सकते हैं और न भविष्य में तटस्थ रह सकेंगे'। इससे स्पष्ट है कि गुट-निरपेक्षता तटस्थता नहीं है। कृष्णमेनन ने कहा है कि 'हम तटस्थतावादी संज्ञा अपना लेने का उत्तरदायित्व स्वीकार नहीं करते।' गुट-निरपेक्षता की अवधारणा के अन्तर्गत सत्य तथा न्याय के निष्पक्ष समर्थन का भाव है।

सत्य तथा न्याय का निष्पक्ष समर्थन तभी सम्भव है जब स्वतंत्र विदेश नीति हो। अपने स्वार्थवश या भय से आक्रांत हो यदि किसी गुट का समर्थन किया गया तो वह नीति निष्पक्ष नहीं होगी क्योंकि वह स्वतंत्र नहीं है। अतः गुट-निरपेक्षता एक स्वतंत्र विदेश नीति है। गुट-निरपेक्षता के अन्तर्गत स्वतंत्रता की अवधारणा है।

उपर्युक्त विवेचना से यह स्पष्ट है कि गुट-निरपेक्षता नकारात्मक नीति नहीं, सकारात्मक नीति है। गुट-निरपेक्षता का अर्थ निष्क्रियता नहीं सक्रियता तथा रचनात्मकता है। नेहरू द्वारा प्रतिपादित गुट-निरपेक्षता का यह अर्थ नहीं है कि शक्तिशाली गुटों के द्वारा उत्पन्न समस्याओं से विमुख रहना, बल्कि यह कि किसी गुट का पक्ष नहीं लेना और सत्य तथा शान्ति के हित में सक्रिय रहना। अतः गुट-निरपेक्षता एक रचनात्मक-नीति है। यह उस आदर्श की प्राप्ति में सहायक है जो मूलतः मानव जाति के हित में है।

गुट-निरपेक्षता, इसीलिए, एक आदर्शवादी नीति है। विश्व शान्ति ही इसका आदर्श है। दो विश्व युद्धों का परिणाम मानव जाति के लिए विनाशकारी रहा है। मानव जाति का विकास युद्ध के वातावरण में नहीं, शान्ति के वातावरण में ही सम्भव है। किसी शक्तिशाली गुट का पक्ष लेना उस आदर्श का हनन है। अतः गुट-निरपेक्षता एक आदर्शवादी नीति है। पर यह एक खोखली नीति नहीं है। अपने देश का हित भी इसी में समाहित है। इसलिए इसमें आदर्शवाद तथा राष्ट्रीय हित का समन्वय है।

गुट-निरपेक्षता की नीति का सूत्रपात 7 सितम्बर 1946 में नेहरू ने अपने रेडियो भाषण में किया था। 'हम भरसक एक-दूसरे के विरुद्ध डटे हुए इन गुटों की शक्ति मूलक राजनीति से दूर रहना चाहते हैं। इस स्थिति के परिणाम पहले दो विश्व-

युद्धों के रूप में सामने आ चुके हैं और यह स्थिति पहले से कहीं बड़े पैमाने पर विनाश का कारण बन सकती है। हमें सबसे मित्रता करनी है और सबकी ओर मित्रता के हाथ बढ़ाने हैं। इसलिए किसी एक राष्ट्र के करीब आने का यह अभिप्राय नहीं है कि हम अन्य राष्ट्रों से दूर हुए हैं। यह न वर्तमान स्थिति है और न ही भविष्य में होगी। हम हमेशा से अन्य राष्ट्रों के साथ मैत्रीपूर्ण सम्बन्ध बनाए रखने के पक्षधर रहे हैं और अब भी अन्य राष्ट्रों से सहयोगात्मक सम्बन्ध बनाए रखना चाहते हैं। शान्ति की रक्षा भारत की नीति का केन्द्रीय तत्त्व है। इसी तत्त्व के अनुकूल ही हमने गुट-निरपेक्षता की नीति का अनुसरण किया है।"

गुट-निरपेक्षता एक मानववादी नीति है। मानव विकास युद्धों के वातावरण में पल्लवित वा विकसित नहीं होता। अतः विश्व शान्ति की ओर अग्रसर होना मानव हित में है, क्योंकि इसी में उसका विकास सम्भव है। नेहरू की राजनीति का आदर्श समग्र मानव जाति का विकास है। इस आदर्श की पूर्ति के हित में गुट-निरपेक्षता एक आवश्यक कदम है।

नेहरू ने गुट-निरपेक्षता की नीति को किसी दबाव या अन्य प्रेरणाओं से नहीं अपनाया। उन्होंने स्वयं कहा है कि भारत के राष्ट्रहित के लिए तथा शान्ति और न्याय के हित में गुट-निरपेक्षता आवश्यक है। "मैं नहीं समझता हूँ कि हम जिस नीति का अनुसरण कर रहे हैं, यदि उसे हम छोड़ देते और किसी बड़ी शक्ति के साथ गुटबद्ध होने की कोशिश करते और उनकी मेज से रोटी का कोई टुकड़ा गिर जाने की आशा में उसके पिछलग्गू बन जाते तो यह बात किसी भी दृष्टि से, सैद्धान्तिक, नैतिक, अवसरवादी अथवा संकीर्ण राष्ट्रहित की दृष्टि से हमारे लिए कम अनिष्टकर होती। मैं अपने देश के पक्ष में हूँ और किसी के पक्ष में नहीं।" उनका तर्क था कि यदि हम किसी एक शक्ति के साथ गुटबद्ध हो जाते तो विश्व राजनीति में नीति और कार्यवाही की स्वतंत्रता का मार्ग अवरुद्ध हो जाता। दूसरी बात यह भी होती कि जो आदर्श हमें विरासत में मिली है, शान्ति और अहिंसा का, उस पर चलने में हम असमर्थ हो जाते। तीसरी बात यह भी है कि गुट-निरपेक्षता को अपनाने के आर्थिक और भौगोलिक कारण भी हैं। गुट-निरपेक्षता को अपनाकर भारत दोनों खेमों से आर्थिक सहयोग का समान रूप से अधिकारी हो जाता है। एक खेमे से बँधकर ऐसा सम्भव नहीं होता। माइकेल बेशर का मत है कि युद्ध चाहे कहीं भी हो वह सभी देशों के लिए खतरनाक होता है। इससे दोनों खेमों के बीच तनाव का स्तर बढ़ जाता है। इससे आर्थिक विकास अवरुद्ध हो जाता है। इसी कारण से गुट-निरपेक्षता की नीति भारतीय मानस को आकृष्ट करता है। यह उसकी दार्शनिक परम्परा के अनुरूप है।

भारत की भौगोलिक स्थिति भी गुटनिरपेक्षता की ओर प्रेरित करती है। इसकी सीमाएँ साम्यवादी देशों से निकट हैं। अतः पश्चिमी देशों से गठबन्धन करना विवेक सम्मत नहीं है। इसलिए नेहरू ने कहा है कि 'किसी गुट के साथ संधियों में बंध जाने के कारण सदा उसके इशारे पर नाचना पड़ता है और साथ ही अपनी स्वतंत्रता बिलकुल ही नष्ट हो जाती है। किसी से बंधना आत्म-सम्मान खोना है।' नेहरू गुटबद्धता को 'युद्धकालीन मनोवृत्ति' मानते थे। अतः गुट-निरपेक्षता एक भावात्मक, सक्रिय, रचनात्मक, राष्ट्रीय सम्मान के हित में न्यायपूर्ण सत्यनिष्ठ, मानवतावादी तथा आदर्शवादी नीति है।

पंचशील

पृष्ठभूमि—द्वितीय विश्वयुद्ध की वीभिषकाओं से यह स्पष्ट हो गया था कि अन्तर्राष्ट्रीय सम्बन्धों का यदि नियन्त्रण नहीं हो तो मानव अस्तित्व ही खतरे में पड़ जायगा। नागासाकी तथा हिरोशिमा पर परमाणु बम का प्रयोग इसका साक्षी है। अतः अन्तर्राष्ट्रीय सम्बन्धों को नियन्त्रित करने के लिए नेहरू ने न केवल एक अन्तर्राष्ट्रीय व्यवस्था या कानून की आवश्यकता महसूस की अपितु राष्ट्रों के परस्पर व्यवहार के लिए सभी के हित के लिए कुछ सामान्य व्यवहार के नियमों को आवश्यक बतलाया। यदि इन नियमों का पालन अनिवार्य न माना जाय तो परस्पर युद्ध की स्थिति बनी रहेगी तथा बड़े राज्य अन्य राज्यों के लिए खतरनाक हो जायेंगे। इसी दृष्टि से नेहरू ने अन्तर्राष्ट्रीय व्यवहार के लिए पाँच तथ्यों को आवश्यक माना जिसे वे पंचशील कहते हैं।

पंचशील—पंचशील के निम्नलिखित आदर्श हैं :

(1) सभी राज्य एक-दूसरे की प्रभुता और भौगोलिक सीमाओं का आदर करें। जिस प्रकार प्रत्येक व्यक्ति को जीने का अधिकार है, राष्ट्रों को भी अपने अस्तित्व को कायम रखने का अधिकार बनता है। राष्ट्रों का अस्तित्व दो प्रकार से खतरे में पड़ सकता है, (i) यदि उसकी प्रभुता को न माना जाय और (ii) यदि उसकी भौगोलिक सीमाओं का अनादर हो अर्थात् उसकी सीमाओं के अन्तर्गत जो नियम हों उसका उल्लंघन हो।

(2) कोई राज्य दूसरे राज्य पर आक्रमण करके उसकी राष्ट्रीय सीमाओं का उल्लंघन न करे। यदि कोई राज्य दूसरे राज्य की सीमाओं का उल्लंघन करे तो युद्ध होने का भय रहता है और उनमें से कमजोर राष्ट्र के अस्तित्व पर ही खतरा बन जाता है।

(3) कोई राज्य दूसरे राज्य के मामले में हस्तक्षेप न करे। सभी राष्ट्र प्रभुत्व-

सम्पन्न हैं। अतः सभी राष्ट्रों को स्वतंत्रता का अधिकार है। सभी राष्ट्रों को इस अधिकार का आदर करना चाहिए। अतः किसी राष्ट्र के आन्तरिक मामलों में हस्तक्षेप करने का अधिकार अन्य राष्ट्रों को नहीं है।

(4) सभी राज्यों में समानता का भाव हो और वे पारस्परिक सहयोग से काम लें। सभी राष्ट्र एक समान शक्तिशाली नहीं होते। पर यदि शक्तिशाली राज्य कमजोर राष्ट्रों को समान भाव से न देखें तो उनमें आपसी सौहार्द तथा मैत्री भाव नहीं रहेगा। इससे आपसी कलह और युद्ध की सम्भावनाएँ बढ़ जाती हैं। अतः पारस्परिक सहयोग के लिए समानता का भाव आवश्यक हो जाता है। नैतिक दृष्टिकोण से सभी राष्ट्र बराबर हैं। उनके अधिकार और उनके नैतिक दायित्व बराबर हैं। इसलिए राष्ट्रों को समानता का आदर करना चाहिए।

(5) सभी राज्य शान्तिपूर्वक एक-दूसरे के साथ रहें। परमाणु बम के आविष्कार के बाद युद्ध का परिणाम इतना विनाशकारी हो जाने की सम्भावना है जिसकी कल्पना भी नहीं की जा सकती और सम्पूर्ण मानवजाति का अस्तित्व खतरे में पड़ जा सकता है। अतः मानव जाति के अस्तित्व के लिए ही सभी राज्यों को शान्ति का मार्ग अपनाना आवश्यक है।

नेहरू के द्वारा प्रतिपादित पंचशील अन्तर्राष्ट्रीय व्यवहार का आदर्श है।

अशोक कुमार वर्मा

जयप्रकाश नारायण

आने वाली पीढ़ियों के लिए जयप्रकाश नारायण या जे० पी० का नाम सम्पूर्ण क्रान्ति की अवधारणा से जुड़ गया है। जे० पी० क्रान्ति-शोधक थे और सम्पूर्ण क्रान्ति का विचार उनके शोध का अन्तिम परिणाम है, जिसे गहराई से समझने के लिए उनकी वैचारिक पृष्ठभूमि, या दूसरे शब्दों में, स्वतन्त्रता आन्दोलन से मार्क्सवाद, मार्क्सवाद से लोकतांत्रिक समाजवाद और लोकतांत्रिक समाजवाद से सर्वोदय-सम्पूर्ण क्रान्ति तक की उनकी विचार-यात्रा को समझना जरूरी है।

जे० पी० बीसवीं शताब्दी के प्रमुख भारतीय सामाजिक और राजनीतिक विचारक तो थे ही, इसके अलावा वे एक लोकप्रिय जननेता भी थे। इसलिए उन्हें "लोकनायक" की उपाधि भी दी गयी। उन्होंने अपने सामाजिक और राजनीतिक चिंतन को कार्यरूप देने का भी हर सम्भव प्रयास किया। ऐसे में उनकी जीवन यात्रा और विचार-यात्रा के बीच घनिष्ठ सम्बन्ध का होना स्वाभाविक ही है।

प्रारम्भिक जीवन

जे० पी० का जन्म 11 अक्तूबर, 1902, को बिहार के छपरा जिले के सिताबदियारा गाँव में हुआ। उनकी प्रारम्भिक शिक्षा गाँव में ही हुई। नौ वर्ष की उम्र में उन्होंने पटना कॉलेजियेट स्कूल में सातवीं कक्षा में दाखिला लिया। पटना में अपने स्कूली जीवन के दौरान ही जे० पी० को सरस्वती भवन नाम के छात्रावास में रहने का अवसर मिला। इस छात्रावास में सामयिक राजनीतिक विषयों पर गम्भीर चर्चा-बहस हुआ करती थी, जिसका उन पर गहरा असर हुआ।

1919 में स्कूल की परीक्षा पास करने के बाद जे० पी० पटना कॉलेज में अध्ययन करने लगे। उस वक्त तक गाँधी भारत के स्वतंत्रता आन्दोलन के नेता के रूप में सामने आ चुके थे। 1921 में गाँधीजी द्वारा असहयोग का आह्वान किए जाने पर जे० पी० ने पटना कॉलेज छोड़ दिया, क्योंकि उस वक्त पटना कॉलेज पूरी तरह सरकारी कॉलेज था। जैसाकि जे० पी० ने स्वयं 'कारावास की कहानी' में लिखा है, "जब मैं उच्च विद्यालय में था, तब ही क्रान्ति का विचार मेरे मन में अंकुरित हो गया। उस समय वह राष्ट्रीय क्रान्ति, राष्ट्रीय स्वतंत्रता का विचार था। इसी विचार से जब गाँधीजी ने असहयोग का आह्वान किया, तो मैंने इस विचार से प्रभावित होने के कारण उसका प्रत्युत्तर दिया।"[1]

इस घटना और अपने ऊपर इसके प्रभाव का जे० पी० ने 'समाजवाद से सर्वोदय की ओर' में बड़े आकर्षक ढंग से वर्णन किया है :

"अपने युवाकाल में, तत्कालीन अधिकांश युवकों के समान, मैं एक उग्र राष्ट्रवादी था और मेरा झुकाव क्रान्तिकारी पथ की ओर था, जिसकी शानदार अगुआई उन दिनों बंगाल कर रहा था। परन्तु उस समय भी दक्षिण अफ्रीका के सत्याग्रह ने मेरे युवक-हृदय को आकृष्ट किया था। मेरी क्रान्तिकारी प्रवृत्तियों के प्रौढ़ होने के पूर्व गांधीजी का प्रथम असहयोग आन्दोलन एक अजीब, ऊपर उठाने वाली झंझा की तरह इस देश में छा गया था। मैं भी उस समय के उन हजारों नवयुवकों में था, जो उस झंझावात में पत्तों की तरह, क्षण भर के लिए आसमान तक उठ गए थे। एक महान विचार की आँधी के साथ ऊपर उठने की अल्पकालिक अनुभूति ने उस समय मेरे जीवन पर जो छाप छोड़ी, उसे काल तथा वस्तु स्थिति की कुरूपता का अति-परिचय भी मिटा नहीं पाया।"

"यही वह समय था, जब स्वतंत्रता मेरे जीवन का संकेत-दीप बनी, और तब से उसी रूप में रही है। कालान्तर में उस स्वतंत्रता ने मात्र स्वदेश की स्वतंत्रता से आगे बढ़ कर, प्रत्येक देश में प्रत्येक बन्धन से मानव-मुक्ति की भावना को आत्मसात् किया—और सर्वोपरि मानव-व्यक्तित्व की स्वतंत्रता, मन की तथा आत्मा की स्वतंत्रता का अर्थ-ग्रहण कर लिया। यह स्वतंत्रता मेरे जीवन की वासना बन गयी है, और मैं कभी भी उसका सौदा रोटी के लिए, सत्ता के लिए, सुरक्षा के लिए, समृद्धि के लिए, राज्य के गौरव के लिए या किसी अन्य वस्तु के लिए नहीं होने दूंगा।"[2]

एक बार असहयोग करने के बाद जे० पी० ब्रिटिश या उससे सहायता-प्राप्त विश्वविद्यालयों में लौटने, यहाँ तक कि बनारस हिन्दू विश्वविद्यालय में जा कर पढ़ने के लिए भी तैयार नहीं थे। बिहार विद्यापीठ सहित जिन विद्यापीठों की स्थापना उस समय हुई थी, वहाँ विज्ञान के अध्ययन की सुविधाएँ नहीं थीं, जबकि जे० पी० विज्ञान के विद्यार्थी थे। दूसरी ओर, उनमें आगे अध्ययन करने की तीव्र इच्छा भी थी। ऐसे में उन्होंने आगे अध्ययन के लिए संयुक्त राज्य अमेरिका जाने का निर्णय लिया, क्योंकि उन्होंने सुन रखा था कि अमेरिका में गरीब घरों के विद्यार्थी एक साथ कमाई और पढ़ाई दोनों कर सकते हैं।

इस तरह, 1922 में आगे अध्ययन के लिए अमेरिका जाने के पहले जे० पी० पटना में अपने छात्र-जीवन के दौरान ही एक पक्के राष्ट्रवादी बन चुके थे। स्वतंत्रता उनके जीवन का आदर्श बन चुकी थी, और वे क्रान्ति के विचार की ओर भी आकर्षित थे।

मार्क्सवाद की ओर

अमेरिका में जे० पी० ने क्रमशः कैलिफोर्निया, आयोवा, विस्कौंसिन और ओहायो विश्वविद्यालय में अध्ययन किया। विस्कौंसिन विश्वविद्यालय में जे० पी० ने समाजशास्त्र का अध्ययन आरम्भ किया, क्योंकि उन्हें लगा कि प्राकृतिक-विज्ञानों की तुलना में सामाजिक-विज्ञानों का अध्ययन उनके लिए, भारत की राष्ट्रीय क्रान्ति में क्रान्तिकारी भूमिका निभाने की दृष्टि से, अधिक सहायक होगा। अन्ततः जे० पी० ने ओहायो विश्वविद्यालय से 1928 में बी० ए० की और 1929 में समाजशास्त्र में एम० ए० की उपाधि प्राप्त की।

मार्क्सवाद, या अधिक स्पष्ट शब्दों में, सोवियत साम्यवाद के तत्कालीन रूप की दिशा में जे० पी० की विचार-यात्रा की शुरुआत विस्कौंसिन विश्वविद्यालय में हुई। वहीं जे० पी० ने अपने सहपाठियों की सहायता से मार्क्सवादी साहित्य का विस्तृत अध्ययन किया। मानवेन्द्र नाथ रॉय की रचनाओं से भी उनका परिचय हुआ। मानवेन्द्र नाथ रॉय उन दिनों अन्तरराष्ट्रीय स्तर के प्रमुख साम्यवादी नेता थे। उनकी रचनाओं को पढ़ कर जे० पी० को लगा कि मार्क्सवाद भारत की समस्याओं का अधिक वैज्ञानिक विश्लेषण, और भविष्य की अधिक स्पष्ट तस्वीर प्रस्तुत करता है। जे० पी० विज्ञान के छात्र रहे थे, इसलिए सम्भव है मार्क्सवाद की वैज्ञानिक शब्दावली ने उन्हें आकर्षित किया हो।

जे० पी० द्वारा मार्क्सवाद की ओर आकर्षित होने का यह अर्थ नहीं था कि उन्होंने स्वतंत्रता के आदर्श को त्याग दिया, बल्कि उन्हें मार्क्सवाद इस आदर्श को प्राप्त करने का बेहतर तरीका प्रतीत होने लगा। जैसाकि उन्होंने 'समाजवाद से सर्वोदय की ओर' में बतलाया है, "स्वतंत्रता अब भी अपरिवर्तित लक्ष्य रही, परन्तु वहाँ तक पहुँचने के लिए गांधीजी की सविनय अवज्ञा तथा असहयोग की प्रक्रिया के मुकाबले मार्क्सवादी क्रान्ति के विज्ञान में मुझे अधिक सुनिश्चित एवं तीव्रतर मार्ग दिखायी दिया। महान लेनिन की रोमांचकारी सफलता जिसकी कहानी सुन-सुनकर हम अघाते नहीं थे, असंदिग्ध रूप से क्रान्ति के मार्क्सवादी मार्ग की श्रेष्ठता प्रमाणित करती थी।"[3]

साथ ही, मार्क्सवाद द्वारा जे० पी० को समता और बंधुता के रूप में दो नए आदर्श भी प्राप्त हो गए। स्वयं जे० पी० के शब्दों में: "उसी समय मार्क्सवाद ने समता एवं बंधुता के रूप में मुझे एक और संकेत-दीप दिया। केवल स्वतंत्रता पर्याप्त नहीं थी! स्वतंत्रता का अर्थ सबकी स्वतंत्रता, निम्नतम व्यक्ति की भी स्वतंत्रता होनी चाहिए, और इस स्वतंत्रता में शोषण से, भूख से, गरीबी से मुक्ति का भी समावेश होना चाहिए।""""स्वतंत्रता के समान ही समानता के आदर्श ने मुझे

अभिभूत कर लिया था पर उस समय मुझे इसका निश्चित पता नहीं था कि समानता के महत्त्वपूर्ण प्रश्न पर गांधीजी का क्या दृष्टिकोण है। वास्तव में, रॉय के उस समय के लेखों को पढ़ कर मैंने यह मान लिया था कि गांधीजी सामाजिक क्रान्ति के विरुद्ध हैं और किसी संकट की घड़ी में वे शोषण तथा विषमता की व्यवस्था का ही समर्थन कर देंगे। (यद्यपि आगे चल कर स्वयं रॉय अपने इन विचारों से दूर चले गए।)"[14]

बाद में जे० पी० ने स्वीकार किया कि उस समय वे यह नहीं समझ पाए थे कि सामाजिक क्रान्ति और उसके साधनों के बारे में गांधीजी की अपनी अलग कल्पना थी।

मार्क्सवाद से लोकतांत्रिक समाजवाद

1929 के अन्त में जब जे० पी० अमेरिका से भारत लौटे तो वे मार्क्सवादी-लेनिनवादी बन चुके थे। लेकिन भारत लौटने पर वे भारतीय कम्युनिस्ट पार्टी में शामिल होने की बजाय गांधी के नेतृत्व में भारतीय राष्ट्रीय कांग्रेस में शामिल हुए। इसका कारण यह था कि उस समय भारतीय कम्युनिस्ट सोवियत संघ के नेता स्टालिन के नेतृत्व में कम्युनिस्ट इंटरनेशनल द्वारा निर्धारित नीति के अनुसार, अपने-आप को न सिर्फ भारतीय स्वतन्त्रता आन्दोलन से अलग रख रहे थे, बल्कि "बुर्जुआ का एजेन्ट" कह कर गांधी की आलोचना कर रहे थे। जे० पी० जैसे राष्ट्रवादी के लिए इस नीति को स्वीकार कर पाना बहुत मुश्किल था। उन्हें लगा कि यह लेनिन द्वारा प्रतिपादित उस औपनिवेशिक नीति के विरुद्ध है, जिसके अनुसार औपनिवेशिक देशों में कम्युनिस्ट पार्टियों को स्वतंत्रता आन्दोलनों में शामिल होना चाहिए, चाहे भले उन आन्दोलनों का नेतृत्व "बुर्जुआ" हाथों में हो। इस तरह, इसी के साथ सोवियत संघ और अन्ततः मार्क्सवाद से जे० पी० के वैचारिक अलगाव की शुरुआत हुई।

इसके अलावा कुछ और प्रमुख कारण भी थे, जिन्होंने जे० पी० को मार्क्सवाद-लेनिनवाद के बुनियादी सिद्धान्तों पर नए सिरे से सोचने के लिए मजबूर किया। 1934 में जे० पी० ने अपने कुछ सहयोगियों के साथ मिल कर कांग्रेस सोशलिस्ट पार्टी की स्थापना की थी। इस पार्टी की शुरुआत एक मार्क्सवादी-लेनिनवादी समूह के रूप में हुई थी, और इसका उद्देश्य राष्ट्रीय स्वतन्त्रता को जनता की आर्थिक और सामाजिक मुक्ति के साथ जोड़ना था। स्वतन्त्रता आन्दोलन में हिस्सेदारी के प्रश्न पर भारतीय कम्युनिस्ट पार्टी से मतभेद के बावजूद उस समय जे० पी० मार्क्सवादी-लेनिनवादी ही थे। इसलिए, जब 1936 में सोवियत संघ के निर्देश पर भारतीय कम्युनिस्ट पार्टी की नीति में एक बार फिर परिवर्तन आया तो जे० पी० ने, अपने कुछ सहयोगियों की चेतावनी के बाद भी, भारतीय कम्युनिस्ट पार्टी और

कांग्रेस सोशलिस्ट पार्टी के बीच एकता स्थापित करने का प्रयत्न किया। लेकिन कम्युनिस्टों के साथ काम करने का उनका यह अनुभव बहुत कड़ुआ रहा। उन्होंने पाया कि जहाँ एक ओर कम्युनिस्ट कांग्रेस सोशलिस्ट पार्टी के साथ एकता की बात कर रहे थे, वहाँ दूसरी ओर एक सोची-समझी गुप्त रणनीति के जरिए कांग्रेस सोशलिस्ट पार्टी पर कब्जा जमाने का प्रयत्न कर रहे थे। इस घटना के बाद जे० पी० का भारतीय कम्युनिस्टों से मोहभंग हो गया, और भारतीय कम्युनिस्ट पार्टी एवं उसके नियन्त्रण-केन्द्र मॉस्को के तौर-तरीकों से उनकी वैचारिक दूरी और बढ़ गई।

कम्युनिस्ट पार्टी के साथ प्रत्यक्ष काम करने के अनुभव के अतिरिक्त जे० पी० पर 1936 में सोवियत संघ में प्रसिद्ध कम्युनिस्ट नेताओं पर चलाए गए मुकदमों का भी असर हुआ। जे० पी० लेनिन के प्रशंसक जरूर थे, लेकिन स्टालिन और उसके अपरिष्कृत तरीकों के लिए उनके मन में कोई सम्मान नहीं था। उनके लिए यह विश्वास करना बहुत कठिन था कि त्रात्स्की सहित लेनिन के अन्य निकटतम सहयोगी, जिन्होंने सोवियत क्रान्ति में महत्त्वपूर्ण भूमिका निभाई थी, अचानक— स्टालिन के कहे अनुसार— फासिस्ट हो गए! जे० पी० को लगा कि स्टालिन ने झूठे आरोप लगा कर लेनिन के उन निकटतम सहयोगियों की हत्या करवा दी, जो उन्हें सत्ता की होड़ में अपने प्रतिद्वन्द्वी नजर आए।

इन बातों के अलावा 1942 के भारत छोड़ो आन्दोलन के दौरान कम्युनिस्ट पार्टी द्वारा ब्रिटिश सरकार से सहयोग की भूमिका से भी जे० पी० को गहरा सदमा पहुँचा। इन सारे कारणों से जे० पी० मार्क्सवाद-लेनिनवाद के बुनियादी सिद्धान्तों का पुनर्मूल्यांकन करने के लिए बाध्य हो गए। जैसा कि उन्होंने 'समाजवाद से सर्वोदय की ओर' में बतलाया है: 'कांग्रेस समाजवादी दल की शुरुआत एक मार्क्सवादी-लेनिनवादी समूह के रूप में हुई थी और प्रारम्भिक वर्षों के दौरान हम सदैव दावा करते थे कि भारतीय साम्यवादी दल और क्रेमलिन दोनों मार्क्सवाद-लेनिनवाद को, विशेषत: भारत, और सामान्यत: विश्व की परिस्थिति में, गलत ढंग से लागू कर रहे हैं। लेकिन अब मेरे ही मन में यह गम्भीर शंका उत्पन्न हुई कि क्या मार्क्सवाद-लेनिनवाद चाहे इसकी जो भी व्याख्या की जाए, सामाजिक क्रान्ति एवं समाजवाद का निरापद मार्गदर्शक हो सकता है?'[5]

अपने पुनर्चिन्तन के क्रम में जे० पी० ने यह महसूस किया कि भारतीय समाजवादी आन्दोलन को मार्क्स की मृत्यु के बाद के विश्व इतिहास, भारतीय परिस्थितियों और भारत की ऐतिहासिक पृष्ठभूमि को ध्यान में रखते हुए समाजवाद की अपनी अलग तस्वीर विकसित करनी चाहिए। उन्हें लगा कि एक ओर

मार्क्सवाद को 'वैज्ञानिक" बतलाना और दूसरी ओर उसमें रूढ़िवादिता का समावेश करना उचित नहीं है।

अपने चिंतन के इस दौर में जे० पी० स्पष्टतः यह अनुभव करने लगे कि लोकतांत्रिक स्वतन्त्रताओं के अभाव में न तो समाजवाद का अस्तित्व रह सकता है, और न उसका निर्माण किया जा सकता है। इसलिए, उन्होंने 'सर्वहारा की तानाशाही" के मार्क्सवादी सिद्धान्त को अस्वीकार कर दिया।

दूसरे, हालांकि उन्होंने अब भी क्रान्ति में हिंसा की भूमिका को पूरी तरह अस्वीकार नहीं किया था, लेकिन वे इसे निष्कर्ष तक पहुँच चुके थे कि जिस समाज में लोकतांत्रिक तरीकों से सामाजिक परिवर्तन लाना सम्भव हो उस समाज में हिंसा का सहारा लेना प्रतिक्रान्तिकारी है।

इस तरह, जे० पी० ने अब तक मार्क्सवाद को औपचारिक रूप में तो नहीं छोड़ा था, लेकिन वे मार्क्सवादी-लेनिनवादी भी नहीं रह गए थे। दूसरे शब्दों में, अब वे सोवियत संघ को एक आदर्श समाजवादी राज्य नहीं मानते थे। बल्कि वे सोवियत संघ में क्रान्ति की असफलता से भारत के लिए समुचित पाठ ग्रहण करना चाहते थे। इसके अलावा, अब वे इस बात को भी स्वीकार नहीं करते थे कि सोवियत संघ में क्रान्ति और समाजवाद की जो विकृति हुई उसकी पूरी जिम्मेवारी सिर्फ स्टालिन की ही थी।

जे० पी० के अनुसार सोवियत क्रान्ति की शुरुआत एक जनक्रान्ति के रूप में हुई थी, और उसे सोवियत जनता का सक्रिय समर्थन प्राप्त था, लेकिन लेनिन ने उसे उस वक्त अल्पमत क्रान्ति में बदल दिया, जब अल्पमत में होने के कारण उसने संविधान-सभा को जबरदस्ती भंग कर दिया, और विद्रोही सैनिकों एवं शहरी मजदूर वर्ग की सहायता से सत्ता हथिया ली। बाद में सोवियत संघ में जो क्रान्ति की असफलता और समाजवाद की विकृति हुई वह जे० पी० की दृष्टि में अल्पमत द्वारा जबरदस्ती सत्ता हथियाने का परिणाम थी। इसलिए, जे० पी० इस निष्कर्ष पर पहुँचे थे कि जहाँ लोकतांत्रिक स्वतन्त्रताएँ नहीं हैं, वहाँ भी हिंसक क्रान्ति के लिए बहुसंख्यक जनता का समर्थन आवश्यक है; और समाजवाद की मंजिल तक पहुँचने के लिए तानाशाही का रास्ता नहीं अपनाया जा सकता है।

सोवियत अनुभव से जे० पी० को यह भी स्पष्ट हो गया कि समाजवाद पूँजीवाद का निषेध-मात्र नहीं है। जे० पी० के शब्दों में, "हम पूँजीवाद को नष्ट कर दे सकते हैं और उद्योग, व्यापार, बैंक, कृषि—सबका राष्ट्रीयकरण और सामूहिकीकरण भी कर ले सकते हैं; इतना करने के बाद भी संभव है, समाजवाद हमसे दूर ही रह जाए। दूर ही नहीं, संभव तो यह है कि हम उसकी विपरीत दिशा में चले जाएँ।

सोवियत रूस में केवल 'औपचारिक' स्वतन्त्रता की अस्वीकृति नहीं, बल्कि सामाजिक न्याय की, समानता की भी अस्वीकृति हम पाते हैं। हमने वहाँ अधिकारीतन्त्री (ब्यूरोक्रेटिक) शासकों का एक नया वर्ग तथा शोषण के नए रूप विकसित होते देखा। यह सारा केवल समाजवाद का अभाव नहीं, उसका निषेध भी है।"[6]

जे० पी० को लगा कि सोवियत संघ में जो क्रान्ति की दुर्गति हुई उसके मूल में राजनीतिक और आर्थिक सत्ता का अतिकेन्द्रीकरण और सर्वसत्ता-सम्पन्न राज्यवाद था।

सोवियत अनुभव के फलस्वरूप जे० पी० नैतिकता के प्रति मार्क्सवादी रवैए के बारे में भी सोचने के लिए मजबूर हुए। मार्क्सवादी दृष्टिकोण के अनुसार सामाजिक क्रान्ति के लक्ष्य को प्राप्त करने के लिए किसी भी साधन को अपनाया जा सकता है। क्रान्ति के लिए हिंसा, झूठ, छल और कपट का सहारा भी लिया जा सकता है। दूसरे शब्दों में, अगर साध्य अच्छा है, तो फिर उसे प्राप्त करने के लिए कोई भी साधन अपनाया जा सकता है। जे० पी० ने देखा कि सोवियत संघ में नैतिकता के प्रति इस प्रकार का दृष्टिकोण अपनाने के फलस्वरूप कितने भयंकर परिणाम सामने आए। एक बार जब क्रान्ति के लक्ष्य को पाने के क्रम में हिंसा और झूठ की आदत लग गयी तो फिर व्यक्तिगत स्वार्थ और पार्टी के अन्दर प्रतिद्वन्द्विता के मामलों में भी इन साधनों को अपनाया जाने लगा। स्टालिन के निर्मम तौर-तरीकों को देख कर जे० पी० का मन इस "क्रान्तिकारी नीतिशास्त्र" के प्रति विद्रोह कर उठा, और वे यह सोचने के लिए बाध्य हो गए कि क्या बुरे साधनों द्वारा अच्छे लक्ष्यों को प्राप्त किया जा सकता है।

संक्षेप में, जे० पी० के लिए समाजवाद का अर्थ था 'समान और स्वतन्त्र लोगों का भाईचारा"। दरअसल, स्वतन्त्रता, समता और बन्धुता के मूल्यों से प्रेरित हो कर ही उन्होंने मार्क्सवाद-लेनिनवाद को अपनाया था, क्योंकि उन्हें लगा था कि इस रास्ते से इन मूल्यों पर आधारित समाज तक जल्दी पहुँचा जा सकता है। लेकिन जब उन्होंने देखा कि सोवियत संघ में "क्रान्ति" के बाद जिस केन्द्रीकृत और सर्वाधिकारवादी राज्य की स्थापना हुई उसमें न स्वतंन्त्रता है और न समानता, बल्कि कम्युनिस्ट नौकरशाहों का एक नया वर्ग विकसित हो गया है, तो वे इस लक्ष्य तक पहुँचने के बेहतर रास्ते की तलाश करने लगे। यह तलाश उन्हें लोकतांत्रिक समाजवाद की ओर ले गयी। अपने चिन्तन के इस दौर में उन्होंने एक ओर लोकतन्त्र और विकेन्द्रीकरण पर बल दिया और दूसरी ओर साध्य और साधन की एकरूपता की ओर ध्यान दिलाया।

लोकतांत्रिक समाजवाद से सर्वोदय

जे० पी० भारतीय स्वतन्त्रता की पूर्वसंध्या पर लोकतांत्रिक समाजवादी बन चुके थे, लेकिन उन्होंने मार्क्सवाद को औपचारिक रूप से 1952 में छोड़ा। अन्ततः

1954 में उन्होंने पार्टी और सत्ता की राजनीति को त्याग कर, अपना बाकी जीवन भूदान और सर्वोदय आन्दोलन में लगाने का निर्णय लिया। इस बीच, अपने चिन्तन के लोकतान्त्रिक समाजवादी दौर में भी, गांधी के सामाजिक और राजनीतिक दर्शन की ओर जे० पी० की विचार-यात्रा जारी रही।

स्वतन्त्रता के समय के साम्प्रदायिक दंगों और गांधी की हत्या का जे० पी० पर गहरा असर हुआ, और वे राजनीति में नैतिकता के स्थान के बारे में और भी गम्भीरता से सोचने लगे। उन्हें लगा की आज के युग में राजनीति का दायरा इतना विस्तृत हो गया है कि अगर राजनीति में नैतिकता को स्थान नहीं दिया जाता है, तो उसके फलस्वरूप सामाजिक जीवन के हर क्षेत्र में नैतिकता का पतन हो जाता है। इसलिए राजनीति को नैतिक मूल्यों से जोड़ना अति आवश्यक है।

1948 में कांग्रेस सोशलिस्ट पार्टी ने अपने को कांग्रेस से अलग कर लिया और सोशलिस्ट पार्टी के नाम से एक विपक्षी दल के रूप में काम करने का निर्णय लिया। उस समय जे० पी० सोशलिस्ट पार्टी के महासचिव थे। सोशलिस्ट पार्टी के 1948 ऐतिहासिक सम्मेलन में अपनी रिपोर्ट पेश करते हुए जे० पी० ने स्पष्ट रूप में अपने इस विचार को सामने रखा कि समाजवाद के लक्ष्य को प्राप्त करने के लिए उचित साधनों को सर्वोच्च महत्त्व दिया जाना चाहिए। जे० पी० के अनुसार गांधीजी ने हमें बहुत सारी बातें सिखलाईं, लेकिन जो सबसे बड़ी बात उन्होंने सिखलाई वह यह है कि अच्छे लक्ष्यों को प्राप्त करने के लिए अच्छे साधनों का अपनाया जाना जरूरी है, और बुरे साधनों को अपनाकर हम कभी भी अच्छे लक्ष्यों तक नही पहुँच सकते हैं। जे० पी० को यह बात बहुत असंगत मालूम देने लगी की समाजवादी चिंतन में मनुष्य के आर्थिक विकास पर तो बल दिया जाए, लेकिन उसके नैतिक विकास की ओर बिल्कुल ही ध्यान नहीं दिया जाए।

इसी रिपोर्ट में जे० पी० यह विचार भी व्यक्त करते हैं कि राज्य को सामाजिक परिवर्तन का एकमात्र साधन नहीं माना जाना चाहिए : जे० पी० के अनुसार सर्वाधिकारवादी देशों के अनुभव से यह पता चलता है कि अगर राज्य को सामाजिक शुभ का एकमात्र औजार माना जाए तो इसके परिणामस्वरूप एक ऐसे समाज की रचना होती है, जिसमें सारी सत्ता राज्य के हाथों में केन्द्रित हो जाती है, और व्यक्ति पहल करने की अपनी क्षमता को खो कर, राज्यरूपी मशीन का एक असहाय पुर्जा भर बन कर रह जाता है। जे० पी० इस तथ्य की ओर ध्यान दिलाते है कि गांधी और मार्क्स दोनों के अनुसार लोकतन्त्र का सर्वश्रेष्ठ और सबसे विकसित रूप वही है जिसमें राज्य का विसर्जन हो गया हो। इसी तरह, 1951 में प्रकाशित अपने एक लेख "समाजवाद और सर्वोदय" में जे० पी० समाजवाद और सर्वोदय के लक्ष्यों की

समानता की ओर ध्यान आकर्षित करते हैं। जे० पी० यह स्वीकार करते हैं कि गांधी का दर्शन धर्मनिरपेक्ष नहीं है और उसका आधार धार्मिक और अतिप्राकृतिक है; जबकि समाजवाद पूरी तौर से धर्मनिरपेक्ष, प्राकृतिक और भौतिकवादी दर्शन है। लेकिन, जे० पी० के अनुसार, व्यावहारिक जीवन की दृष्टि से दोनों के आदर्श एक जैसे हैं---सामाजिक-आर्थिक समानता (वर्गविहीन और जातिविहीन समाज), शोषण से मुक्ति, व्यक्ति के विकास के लिए अधिकतम स्वतन्त्रता, मानव व्यक्तित्व की गरिमा, सहयोग, समाज का व्यक्ति के कल्याण के प्रति और व्यक्ति का समाज के प्रति उत्तरदायित्व।

इसलिए, जे० पी० यह राय व्यक्त करते हैं कि समाजवादी अगर गांधीवाद की उपेक्षा करते हैं तो इससे उनका नुकसान ही होगा। जे० पी० के अनुसार ऐसे समाजवादियों को, जो रूढ़िवादिता के शिकार नहीं हैं, और जो वास्तव में वैज्ञानिक दृष्टिकोण से सम्पन्न हैं, गांधीवाद को समझने का प्रयत्न करना चाहिए, और समाजवाद की स्थापना के लिए जहाँ तक आवश्यक हो उसे अपनाना चाहिए। जे० पी० की राय में समाजवादियों को विशेष तौर से गांधीवाद के तीन पहलुओं की ओर ध्यान देना चाहिए : पहला, उसका नैतिक आधार और मूल्यों के प्रति उसका लगाव; दूसरे, सामाजिक परिवर्त्तन लाने के लिए सविनय अवज्ञा या सत्याग्रह की क्रान्तिकारी प्रक्रिया; और तीसरे, राजनीतिक एवं आर्थिक विकेन्द्रीकरण का उसका आग्रह।

जैसा कि पहले उल्लेख किया गया है, 1952 में पूना में तीन सप्ताह के उपवास के बाद जे० पी० ने औपचारिक रूप से मार्क्सवाद को छोड़ने की घोषणा की थी क्योंकि उन्हें लगा कि "भौतिकवाद एक दार्शनिक दृष्टिकोण के रूप में, नैतिक आचरण का कोई आधार तथा अच्छाई के लिए कोई प्रेरणा प्रदान नहीं कर सकता है।"[7]

उपवास के बाद प्रकाशित अपने एक लेख "भौतिकवाद और मनुष्य की अच्छाई" में जे० पी० कहते हैं : "अनेक वर्षों तक मैंने द्वन्द्वात्मक भौतिकवाद की देवी मन्दिर में उपासना की है; यह दर्शन मुझे अन्य किसी भी दर्शन की अपेक्षा बौद्धिक रूप से अधिक तुष्टिकारक प्रतीत होता था। परन्तु जहाँ दर्शन की मेरी मुख्य जिज्ञासा अतृप्त ही रही है, वहाँ यह मेरे सामने प्रत्यक्ष हो गया है कि भौतिकवाद, चाहे वह किसी प्रकार का हो, मनुष्य को सच्चे अर्थ में मानवीय बनने के साधनों से वंचित कर देता है। भौतिकवादी सभ्यता में मनुष्य को अच्छा बनने के लिए कोई युक्तिसंगत प्रेरणा नहीं मिलती।"[8]

जे० पी० के अनुसार, "दर्शनशास्त्र में एक महान विवाद इस प्रश्न को लेकर चलता रहा है कि जड़ पहले आया या चेतन ? बात यह है कि पहले चाहे कोई आया हो, आज सृष्टि में ऐसे रूप विद्यमान हैं जिन्हें जड़ और चेतन की संज्ञा दी जा सकती

हैं। मार्क्सवाद ने यह मान कर गलती की कि चेतन को (चाहे वह जहाँ से भी आया हो) उसी ढंग से समझा जा सकता है, जैसे जड़ को। उसे यह नहीं सूझा कि जड़ के नियमों को चेतन जगत पर लागू नहीं किया जा सकता। जड़ का अध्ययन वस्तुनिष्ठ अन्वेषण है, जबकि चेतन का वैयक्तिक अनुभूति है। जड़ द्रव्य का अन्वेषण या जिसे संक्षेप में विज्ञान कहेंगे, आवश्यक रूप से निर्नैतिक है। मार्क्सवादियों ने (और सामान्यतः भौतिकवादियों ने) चेतना को द्रव्य का आचरण बताकर स्वाभाविक रूप से नीतिशास्त्र का आधार ही नष्ट कर दिया।"[9]

जे० पी० यह भी अनुभव करने लगे कि सामाजिक पुनर्निर्माण का कार्यक्रम भौतिकवादी दर्शन की प्रेरणा के अन्तर्गत कभी सफल नहीं हो सकता है। जे० पी० के अनुसार सामाजिक और आर्थिक पुनर्निमाण के क्रम में समाजवादियों और साम्यवादियों ने सिर्फ भौतिक आवश्यकताओं की पूर्ति पर अत्यधिक बल दिया है। जे० पी० यह स्वीकार करते हैं कि मनुष्य की भौतिक आवश्यकताओं को समुचित रूप में पूरा किया जाना जरूरी है, लेकिन उनके अनुसार, सिर्फ भौतिक सुख को ही आराध्य मान लेना, या जीवन में निरन्तर भौतिक वस्तुओं के पीछे भागते रहने की प्रवृत्ति को बढ़ावा देना उचित नहीं है। क्योंकि इससे व्यक्तियों, समूहों और राष्ट्रों के बीच ऐसी अनियन्त्रित प्रतिस्पर्धा का जन्म होगा, जो समाज में असंतोष, हिंसा और युद्ध को बल प्रदान करेगी। अधिक से अधिक भौतिक वस्तुओं का संग्रह करने की सर्वव्यापी भौतिकवादी बाढ़ में समता, स्वतन्त्रता और बन्धुता के मूल्यों के डूब जाने का खतरा पैदा हो जाएगा। इसलिए जे० पी के अनुसार जब तक जीवन के प्रति एक सन्तुलित रवैया अपनाते हुए मनुष्य स्वेच्छा से अपनी शारीरिक आवश्यकताओं को नियन्त्रित नहीं करेगा, तब तक नैतिक जीवन, मानव व्यक्तित्व और मानवीय मूल्यों का विकास सम्भव नहीं हो सकेगा। विशेषकर समाजवाद की दृष्टि से अन्य मानव-बन्धुओं के साथ मिल-बाँट कर साझेदारी का जीवन जीना बहुत जरूरी है, और यह तभी सम्भव है जब समाज के सदस्य अपनी आवश्यकताओं को नियन्त्रण में रखना सीखे।

इस तरह, यह नैतिकता की ही समस्या थी जिसके कारण जे० पी० ने मार्क्सवाद को औपचारिक रूप में अस्वीकार कर दिया। अन्ततः जे० पी० ने 1954 में बोध गया में आयोजित सर्वोदय सम्मेलन में अपने "जीवन दान" की घोषणा की। दूसरे शब्दों में, उन्होंने "दल एवं सत्ता की राजनीति से अलग होने तथा अपना शेष जीवन भूदान एवं सर्वोदय आन्दोलन में लगाने"[10] का निर्णय लिया। अपने इस महत्त्वपूर्ण निर्णय के कारणों पर जे० पी० ने 'समाजवाद से सर्वोदय की ओर' में विस्तार से प्रकाश डाला है। जे० पी० के अनुसार समाजवाद के परम्परागत रूपों द्वारा स्वतन्त्रता, समता और बन्धुता के आदर्शों को प्राप्त नहीं किया जा सकता है हालांकि समाजवाद

अन्य किसी भी प्रतियोगी समाज-दर्शन की अपेक्षा इन आदर्शों के अधिक निकट ले जाने का आश्वासन जरूर देता है। जे० पी० विश्वासपूर्वक यह विचार व्यक्त करते हैं कि जब तक समाजवाद को सर्वोदय में परिवर्तित नहीं किया जाएगा, तब तक ये मूल्य उसकी पहुँच से बाहर ही रहेंगे। जे० पी० यह दावा नहीं करते हैं कि सर्वोदय सामाजिक दर्शन का अन्तिम शब्द है। वे मानते हैं कि भविष्य में सर्वोदय दर्शन और व्यवहार में कई दोष सामने आएँगे और उन्हें दूर भी किया जाएगा, और इस तरह मानव मस्तिष्क सत्य की दिशा में आगे बढ़ता जाएगा। लेकिन वे दृढ़तापूर्वक अपनी यह राय व्यक्त करते हैं कि अन्य सामाजिक दर्शनों की तुलना में सर्वोदय निश्चित रूप से अगला कदम है।

'समाजवाद से सर्वोदय की ओर' में जे० पी० यह राय व्यक्त करते हैं कि समता, स्वतन्त्रता, बन्धुता और शान्ति के लक्ष्यों को पार्टी और सत्ता की राजनीति से नहीं, बल्कि गैर-पार्टी और सत्ताविहीन राजनीति—या विनोबा के शब्दों में "लोक-नीति"—के माध्यम से प्राप्त किया का सकता है। दलीय-व्यवस्था से सत्ता-संघर्ष, और सत्ता-संघर्ष से भ्रष्टाचार को बढ़ावा मिलता है। जिस पार्टी के पास धन, संगठन और प्रचार के माध्यम हों, वह अपने को जनता के ऊपर लाद सकती है। परिणामस्वरूप जनता का शासन व्यवहार में पार्टी का शासन, और पार्टी का शासन पार्टी के एक गुट के शासन में बदल जाता है। इस तरह, लोकतन्त्र में जनता की भूमिका मात्र वोट डालने की ही रह जाती है। यह अधिकार भी अत्यधिक सीमित हो जाता है, क्योंकि मतदाताओं को पार्टियों द्वारा खड़े किए गए उम्मीदवारों में से ही किसी एक को चुनना पड़ता है। इसलिए, जे० पी० को यह महसूस हुआ कि पार्टी-व्यवस्था जनता को शक्तिहीन बना देती है। यह न तो जनता की शक्ति और अभिक्रम को विकसित होने देती है, और न ही स्वशासन स्थापित करने और अपना काम-काज स्वयं संभालने में उनकी मदद करती है। सभी पार्टियाँ जनता पर शासन करने के लिए सत्ता पर नियन्त्रण स्थापित करना चाहती हैं। जे० पी० को ऐसा अनुभव हुआ कि पार्टी-व्यवस्था जनता को भेड़ जैसी स्थिति में पहुँचा देना चाहती है, जिसका एकमात्र सम्प्रभुतापूर्ण कार्य समय-समय पर अपने गड़ेरिए का चुनाव करना होता है, जो उसके कल्याण का ध्यान रखे।

जे० पी० के अनुसार लोकतान्त्रिक समाजवादियों ने सत्ता के विकेन्द्रीकरण की बात जरूर की, लेकिन व्यवहार में उनकी सारी चिन्ता का विषय भी सत्ता पर अधिकार करना ही रहा। शायद उनकी समझ से सत्ता के विकेन्द्रीकरण के लिए भी पहले सत्ता पर अधिकार करना जरूरी था। लेकिन जे० पी० की राय में यह प्रक्रिया असंगत थी, क्योंकि किसी समुदाय में स्वशासन और स्व-नियमन की क्षमता ऊपर से सत्ता

प्रदान कर विकसित नहीं की जा सकती है, बल्कि इस प्रक्रिया को नीचे से शुरू किया जाना चाहिए। स्वशासन का एक कार्यक्रम जनता के समक्ष प्रस्तुत किया जाना चाहिए, और एक रचनात्मक, गैरदलीय दृष्टिकोण द्वारा उसे व्यवहार में परिवर्त्तित करने में जनता की मदद की जानी चाहिए। जे० पी० यह अनुभव करने लगे कि ऐसे ही कार्यक्रम को राष्ट्रव्यापी स्तर पर चलाने के लिए गाँधी कांग्रेस पार्टी को सत्ता की राजनीति से अलग खींच कर लोक सेवक संघ में बदल देना चाहते थे; और विनोबा भी इस कार्यक्रम को ही आगे बढ़ा रहे थे।

'समाजवाद से सर्वोदय की ओर' में ही जे० पी० ने मानव समाज में राज्य की भूमिका के बारे में बुनियादी प्रश्न उठाए हैं: क्या समाज का परिवर्त्तन और पुर्नर्निर्माण केवल राज्य के ही माध्यम से सम्भव है? क्या राज्य के माध्यम से स्वतन्त्रता, समता और बन्धुता के लक्ष्य को प्राप्त किया जा सकता है?

जे० पी० अपने चिंतन के मार्क्सवादी दौर से ही राज्यविहीन समाज के आदर्श को स्वीकार करते थे। इसलिए ये प्रश्न उन्हें और अधिक परेशान करने लगे। जैसा कि जे० पी० ने स्वयं लिखा है: "यद्यपि मार्क्सवाद के बुनियादी सिद्धान्तों को मैंने छोड़ दिया था, क्योंकि उनके द्वारा अपने लक्ष्यों पर पहुँचने की आशा मुझे नहीं रह गयी थी; तथापि मैं जोरदार ढंग से यह महसूस करता रहा कि केवल एक राज्यहीन समाज में ही मानवीय स्वतन्त्रता पूर्ण एवं समग्र रूप से साकार हो सकेगी। राज्य का पूर्ण लोप कभी हो जायगा, इस सम्बन्ध में मैं विश्वस्त न था और न हूँ। परन्तु मेरा दृढ़ विश्वास है कि सामाजिक प्रयास के श्रेष्ठतम लक्ष्यों में से एक यह है कि राज्य के अधिकारों और कृत्यों तथा उसके क्षेत्रों को यथासम्भव कम किया ही जाना चाहिए। गाँधीजी के समान अब मैं भी इस सूत्र का ज्वलंत विश्वासी हो गया और आज भी हूँ, कि वही शासन सर्वोत्तम है जो कम-से-कम शासन करता है। मेरे लिए मानवीय विकास की कसौटी यह हो गयी कि मनुष्य कहाँ तक अपने मानव-बन्धुओं के साथ मैत्री, न्याय एवं सहयोगपूर्वक, बिना किसी बाह्य नियन्त्रण के, रह सकता है, यही कारण है कि मैंने मानवीय एवं सामाजिक समस्या को मूलतः एक नैतिक समस्या मान लिया है।"[11]

जे० पी० के अनुसार लोकतांत्रिक समाजवादी, साम्यवादी और जनकल्याणवादी—सभी राज्यवादी होते हैं। वे राज्य पर अधिकार स्थापित कर, और राज्य की शक्ति और कार्यों में वृद्धि द्वारा ही अपनी कल्पना के समाज की स्थापना की आशा रखते हैं। लेकिन अगर राजनीतिक सत्ता के साथ-साथ आर्थिक सत्ता भी राज्य के हाथों में केन्द्रित हो जाएगी, तो नागरिकों की स्वतन्त्रताएँ और अधिकार, यहाँ तक कि उनकी रोटी भी राजकीय नौकरशाही पर निर्भर करने लगेगी। लोकतांत्रिक

समाजवादी इन खतरों के प्रति सावधान जरूर हैं, और वे सत्ता पर नियन्त्रण और सत्ता के विकेन्द्रीकरण की बात भी करते हैं लेकिन फिर भी लोकतांत्रिक समाजवाद में भी राज्य नागरिकों की स्वतन्त्रताओं के लिए एक खतरा ही बना रहता है। जे० पी० की राय में इस समस्या का एकमात्र निदान वही है जो सर्वोदय द्वारा सुझाया गया है : जनता में राज्य के बिना काम चलाने और स्वयं अपना काम-काज सम्भालने की क्षमता विकसित करना। दूसरे शब्दों में राज्यशक्ति के उपयोग द्वारा समाजवाद स्थापित करने की कोशिश की बजाय जनता के अपने प्रयास से समाजवादी जीवन के रूप तैयार और विकसित करना; राजकीय समाजवाद की बजाय जनता का समाजवाद स्थापित करना। जे० पी० के अनुसार सर्वोदय जनता का समाजवाद है; और जनता के समाजवाद की स्थापना के लिए राजनीतिक दल के रूप में कार्य करने की या सत्ता के संघर्ष में शामिल होने की कोई आवश्यकता नहीं है। इसके लिए जरूरत है निस्वार्थ लोगों के ऐसे समूह की जो सीधे जनता के बीच काम करे और आत्मनिर्भर रूप में स्वशासन स्थापित करने में उनकी मदद करे। यही कारण था कि गांधी कांग्रेस पार्टी को लोक सेवक संघ में बदलना चाहते थे।

इसके अलावा, जे० पी० के अनुसार स्वशासन, सहयोग, आत्मानुशासन, समता, स्वतन्त्रता और बन्धुता जैसे मूल्यों का सही विकास और व्यवहार छोटे समुदायों में ही हो सकता है। इसलिए, गांधी ने ग्रामराज को अपनी कल्पना के समाज का आधार बनाया था। जे० पी० यह राय व्यक्त करते हैं कि विज्ञान को बड़ी मशीनों, बड़े उद्योगों और बड़े शहरों से जोड़ कर नहीं देखा जाना चाहिए, बल्कि छोटे समुदायों की आवश्यकताओं को ध्यान में रखते हुए विज्ञान की सहायता से समुचित तकनीक का विकास किया जाना चाहिए। जे० पी० के अनुसार इस सम्बन्ध में गांधी के विचार हमें दिशा प्रदान करते हैं, लेकिन काफी चिंतन और व्यवहार के बाद ही ऐसे समाज की स्पष्ट तस्वीर हमारे सामने उभर पाएगी।

जैसा कि हम पहले ही चर्चा कर चुके हैं, अपने चिंतन के लोकतांत्रिक समाजवादी दौर में ही जे० पी० ने लोकतांत्रिक परिस्थितिओं में हिंसा को प्रतिक्रान्तिकारी मान कर अस्वीकार कर दिया था। दूसरी ओर, समाजवाद की स्थापना के परम्परागत लोकतांत्रिक समाजवादी तरीकों से भी वे संतुष्ट नहीं थे। सोवियत अनुभव ने उन्हें राज्यवाद के खतरों के प्रति सचेत कर दिया था। ऐसे में यह प्रश्न उनके दिमाग में बार-बार उठ रहा था कि क्या गांधी का दर्शन सामाजिक क्रान्ति की कोई व्यावहारिक प्रक्रिया प्रस्तुत कर सकता है? विचार-परिवर्तन द्वारा क्रान्ति के बारे में गांधी के विचारों को उन्होंने पढ़ा था, लेकिन प्रत्यक्ष उदाहरण के अभाव में ये विचार उन्हें बहुत ही अव्यावहारिक मालूम देते थे। विनोबा द्वारा चलाए

गए भूदान आन्दोलन की आशातीत सफलता को देख कर जे० पी० को लगा कि गाँधी द्वारा बतलाई गयी अहिंसक प्रक्रिया द्वारा, जिसमें विचार और मूल्य परिवर्तन का मुख्य स्थान है, सामाजिक क्रान्ति सम्भव है ! यह प्रक्रिया राज्यवाद के खतरों से मुक्त है, और इसमें साध्य और साधन के बीच संगति भी है, क्योंकि राज्यविहीन समाज के आदर्श की ओर बढ़ने के लिए राज्य के माध्यम से नहीं, बल्कि सीधे जनता के बीच कार्य किया जाता है ।

संक्षेप में, हालांकि जे० पी० ने साम्यवाद, मार्क्सवाद और यहाँ तक कि लोकतांत्रिक समाजवाद को भी अस्वीकार कर दिया, लेकिन उन्होंने स्वतन्त्रता, समता और बन्धुता के मूल्यों को, या राज्यविहीन और वर्गविहीन समाज के आदर्श को नहीं छोड़ा । बल्कि उन्होंने पाया कि समाजवाद और सर्वोदय के आदर्श एक जैसे हैं । सर्वोदय सामाजिक-दर्शन के जिन मुख्य तत्वों को उन्होंने अपनाया, वे हैं : एक, उसका नैतिक आधार और मूल्यों से लगाव; दूसरे, सत्याग्रह और सविनय अवज्ञा द्वारा सामाजिक क्रान्ति की तकनीक; तीसरे, राजनीतिक और आर्थिक सत्ता के विकेन्द्रीकरण का उसका आग्रह; चौथे, छोटे समुदाय और समुचित तकनीक पर बल, और सबसे बढ़ कर राज्य के माध्यम से परिवर्तन लाने की बजाय सीधे जनता के बीच काम करने की प्रक्रिया ।

सम्पूर्ण क्रान्ति : आदर्श और विधि

जे० पी० क्रान्तिशोधक थे । उन्हें सारे जीवन क्रान्ति की ऐसी प्रक्रिया की तलाश रही जिससे स्वतंत्रता, समता और बन्धुता के मूल्यों पर आधारित समाज की रचना की जा सके । यही तलाश उन्हें विभिन्न मतवादों से गुजरते हुए सम्पूर्ण क्रान्ति तक ले आयी । पूर्णतः राज्यविहीन और वर्गविहीन समाज की स्थापना कहाँ तक सम्भव है, इस बारे में जे० पी० को कुछ सन्देह था, लेकिन वे राज्यविहीन और वर्गविहीन समाज के आदर्श को स्वीकार करते थे ।

सम्पूर्ण क्रान्ति का आह्वान जे० पी० ने पहले-पहल बिहार आन्दोलन के दौरान 5 जून, 1974, को पटना के गाँधी मैदान में दिए गए अपने ऐतिहासिक भाषण में किया था । उसके बाद से अक्तूबर, 1979, में अपनी मृत्यु तक जे० पी० ने सम्पूर्ण क्रान्ति के बारे में काफी कुछ लिखा और कहा । कुछ आलोचकों की यह राय कि जे० पी० ने सम्पूर्ण क्रान्ति का नारा तो दिया, पर उसकी कोई स्पष्ट अवधारणा नहीं दी, सरासर अमान्य है । अगर हम 1974 से लेकर 1979 तक के जे० पी० के लेखों, भाषणों, भेंट-वार्त्ताओं और पुस्तक-पुस्तिकाओं का, विशेषकर 1975 की इमरजेन्सी के दौरान जेल में लिखी गयी डायरी—'कारावास की कहानी'—का सिलसिलेवार अध्ययन करें तो सम्पूर्ण क्रान्ति की उनकी अवधारणा की एक स्पष्ट तस्वीर उभरकर सामने आती है।

सम्पूर्ण क्रान्ति, जैसा कि जे० पी० ने स्वयं उसे परिभाषित किया है, एक आदर्श है, और एक विधि है। सम्पूर्ण क्रान्ति का अर्थ है लोकशक्ति के जागरण, संगठन और शान्तिमय संघर्ष व रचना की दोहरी प्रक्रिया द्वारा समाज के हर क्षेत्र—वैचारिक, नैतिक, राजनीतिक, आर्थिक, शैक्षणिक आदि—में ऐसा बुनियादी परिवर्त्तन, जिससे हम स्वतंत्रता, समता और बन्धुता के मानवीय, लोकतांत्रिक और क्रान्तिकारी मूल्यों पर आधारित विकेन्द्रित, लोकतांत्रिक समाज की दिशा में बढ़ सकें। इस तरह, सम्पूर्ण क्रान्ति का आदर्श है: **स्वतंत्रता, समता और बन्धुता के मूल्यों पर आधारित क्रान्तिकारी समाज;** और सम्पूर्ण क्रान्ति की विधि है: **लोकशक्ति का जागरण, संगठन एवं शान्तिमय संघर्ष और रचना की दोहरी प्रक्रिया।**

साम्यवादी क्रान्ति की प्रचलित अवधारणा के अन्तर्गत हिंसक वर्ग संघर्ष द्वारा राज्य-शक्ति पर कब्जा कर संक्रमण काल में "सर्वहारा की तानाशाही" स्थापित करने की बात कही गयी है। जबकि (1) सम्पूर्ण क्रान्ति शान्तिमय क्रान्ति है। (2) इसके अन्तर्गत क्रान्तिकारियों द्वारा राज्य-शक्ति पर कब्जा करने की बात नहीं की गयी है, बल्कि लोकशक्ति को जागृत और संगठित कर राज्य-शक्ति पर अंकुश स्थापित करने की; और सामाजिक, राजनीतिक व आर्थिक सत्ता के अधिकतम विकेन्द्रीकरण की बात कही गयी है। (3) इसी तरह, सम्पूर्ण क्रान्ति के तहत संक्रमण काल में या किसी भी काल में सर्वहारा की या किसी भी अन्य किस्म की तानाशाही को मान्यता नहीं प्रदान की गयी है। **सम्पूर्ण क्रान्ति सही अर्थ में एक लोकतांत्रिक क्रान्ति है—लोकतांत्रिक तरीकों से लोकतंत्र को और अधिक मजबूत एवं वास्तविक बनाने वाली क्रान्ति, जिससे स्वतंत्रता, समता और बन्धुता जैसे लोकतांत्रिक मूल्य सिर्फ संविधान के पन्नों तक सीमित न रहें, बल्कि उन्हें जीवन के हर क्षेत्र में उतार कर वास्तविक रूप दिया जा सके।**

जे० पी० के अनुसार वैसे तो विश्व में हर समय परिवर्तन होता ही रहता है, लेकिन क्रान्तिकारी परिवर्तन की विशेषता यह होती है कि वह औसत से काफी तेज रफ्तार से होता है, बुनियादी होता है, और बेहतर दिशा में होता है। दरअसल, सामाजिक परिवर्तन के प्रति जे० पी० का दृष्टिकोण मूल्य-निष्ठ और वैज्ञानिक था। उन्होंने स्पष्ट तौर से कहा है कि सम्पूर्ण क्रान्ति की उनकी कल्पना किसी बने-बनाए ढाँचे में नहीं समा सकती है। अपनी पुस्तक 'मेरी विचार-यात्रा' में जे० पी० कहते हैं: 'मेरी यह राय थी कि मेरे सामने और बिहार आन्दोलन के सामने जो सवाल हैं, उनका जवाब किसी भी एक मतवाद के साँचे के भीतर प्राप्त नहीं किया जा सकता, चाहे उस सिद्धान्त का स्वर कितना ही क्रान्तिकारी क्यों न लगता हो।"[12]

जे० पी० यह मानते थे कि कुछ निश्चित मूल्यों से प्रतिबद्ध होने और कुछ लक्ष्यों

को निर्धारित कर लेने के बाद समस्याओं का हल करना और सामाजिक पुनर्निर्माण करना एक गम्भीर वैज्ञानिक कार्य बन जाता है। मूल्य-निष्ठा और वाद-निष्ठा के बीच अत्यन्त महत्त्वपूर्ण और बुनियादी अन्तर करते हुए 'मेरी विचार-यात्रा' में ही जे० पी० आगे कहते हैं—"यहाँ मूल्य-निष्ठा और सिद्धान्त या वाद-निष्ठा का भेद समझ लेना चाहिए। 'वाद' में सबसे बड़ा दोष यह होता है कि अमुक मूल्य उसके अमुक साँचे के भीतर ही सध सकते हैं, दूसरे किसी तरीके से नहीं, ऐसा उसका आग्रह होता है। जबकि मेरा कहना है कि एक बार लक्ष्यों को निर्धारित और मूल्यों को परिभाषित कर लेने के बाद यह विज्ञान का काम रह जाता है कि वह तय करे कि उक्त लक्ष्यों को उन मूल्यों की रूपरेखा के भीतर कैसे प्राप्त किया जाए। इसमें फिर मार्ग क्या हो, इस विषय पर किसी तरह की कट्टरता नहीं बरती जा सकती। अगर लक्ष्य और मूल्य को हमेशा स्पष्ट रूप से सामने रखा जाए तो अनुभव के आधार पर वहाँ पहुँचने के मार्ग बदले जा सकते हैं।"[13]

सम्पूर्ण क्रान्ति के आयाम

सम्पूर्ण क्रान्ति के सन्दर्भ में जे० पी० ने 'सम्पूर्ण" शब्द का इस्तेमाल व्यक्तिगत जीवन सहित सामाजिक जीवन के हर पहलू को प्रभावित करने वाले व्यापक क्रान्ति के अर्थ में किया है। जे० पी० के अनुसार सम्पूर्ण क्रान्ति के फलस्वरूप जाति-व्यवस्था, प्रचलन, रीति-रिवाज, विवाह, शिक्षा आदि सभी क्षेत्रों में परिवर्तन आना चाहिए: सम्पूर्ण क्रान्ति का अर्थ है सभी सामाजिक सम्बन्धों, संस्थाओं और प्रक्रियाओं में परिवर्तन।

जे० पी० का यह भी मानना था कि जब कोई क्रान्तिकारी आन्दोलन चल रहा हो, तो उस आन्दोलन के उद्देश्यों को सीमित नहीं रखना चाहिए, बल्कि क्रान्तिकारी माहौल का लाभ उठाकर उसके क्षेत्र को अधिक-से-अधिक व्यापक बनाने का प्रयत्न करना चाहिए। उदाहरण के तौर पर, 1974 के बिहार आन्दोलन की शुरुआत एक छात्र आन्दोलन के रूप में हुई थी। आरम्भ में भ्रष्टाचार, मँहगाई, बेरोजगारी और अशिक्षा का निवारण उसकी मुख्य माँगें थीं। जे० पी० ने उस समय के क्रान्तिकारी माहौल का लाभ उठाकर उस आन्दोलन को सम्पूर्ण क्रान्ति की दिशा में मोड़ने का प्रयास किया।

इस तरह, सम्पूर्ण क्रान्ति का अर्थ सिर्फ राजनीतिक या आर्थिक क्रान्ति नहीं है। सम्पूर्ण क्रान्ति के विभिन्न आयाम हैं, और इसके अन्तर्गत वैचारिक, नैतिक, सांस्कृतिक क्रान्ति भी शामिल है। सम्पूर्ण क्रान्ति तब तक पूरी नहीं होगी, अधूरी ही रहेगी, जब तक हमारे विचारों और मूल्यों मे क्रान्ति न हो। जैसाकि जे० पी० ने 'कारावास की कहानी' में लिखा है: "सात प्रकार की क्रान्तियाँ मिलकर सम्पूर्ण

क्रान्ति होती है, ऐसा कहता रहा हूँ। वे हैं—सामाजिक क्रान्ति, आर्थिक क्रान्ति, राजनीतिक क्रान्ति, सांस्कृतिक क्रान्ति, वैचारिक अथवा बौद्धिक क्रान्ति, शैक्षणिक क्रान्ति एवं आध्यात्मिक क्रान्ति।"[14]

जे० पी० के अनुसार सात की इस संख्या को घटाया या बढ़ाया भी जा सकता है। उदाहरण के तौर पर, वैचारिक और शैक्षणिक क्रान्ति को सांस्कृतिक क्रान्ति के अन्तर्गत शामिल माना जा सकता है। दूसरी ओर, वैचारिक या बौद्धिक क्रान्ति को वैज्ञानिक क्रान्ति और दार्शनिक क्रान्ति में, और आध्यात्मिक क्रान्ति को नैतिक क्रान्ति एवं आध्यात्मिक क्रान्ति में बांटा जा सकता है। जैसा कि जे० पी० कहते हैं, "मुख्य बात है कि जिन पारिभाषिक शब्दों का प्रयोग किया जाए, उनकी परिभाषा स्पष्ट कर दी जाए।"[15]

प्रश्न यह उठता है कि अगर सम्पूर्ण क्रान्ति सामाजिक, आर्थिक, राजनीतिक, शैक्षणिक, सांस्कृतिक, वैचारिक और आध्यात्मिक क्रान्ति को मिला कर बनती है, तो फिर सम्पूर्ण क्रान्ति के लिए इन विभिन्न क्षेत्रों में कौन से परिवर्तन होने चाहिए। इतना तो स्पष्ट है कि समाज के इन सभी क्षेत्रों में ऐसे परिवर्तन होने चाहिए जिससे हम सम्पूर्ण क्रान्ति के आदर्श-स्वतन्त्रता, समता और बन्धुता के मूल्यों पर आधारित एक विकेन्द्रित और लोकतान्त्रिक समाज—की ओर बढ़ सकें। लेकिन यह तो सम्पूर्ण क्रान्ति का बुनियादी और दूरगामी लक्ष्य हुआ। जिस किसी समाज में भी हम सम्पूर्ण क्रान्ति लाना चाहते हैं, वहाँ हमें सम्पूर्ण क्रान्ति की प्रक्रिया को अपना कर इस आदर्श की ओर बढ़ने का प्रयत्न करना होगा। लेकिन, प्रश्न यह है कि भारतीय सन्दर्भ में अभी तत्काल सम्पूर्ण क्रान्ति लाने के लिए इन सारे क्षेत्रों में किन महत्त्वपूर्ण मुद्दों को उठाना चाहिए और कौन से परिवर्तन लाने का प्रयास करना चाहिए।

सामाजिक क्रान्ति :

जे० पी० के अनुसार "हमारे देश में क्रान्ति के मार्ग में जन-विरोधी सरकार तो एक बहुत बड़ी रुकावट है ही, स्वयं समाज कम रुकावट नहीं है। वर्णों, सम्प्रदायों, जातियों में बटे हुए समाज के कारण हमारे अन्दर ऐसे गलत मूल्य, संस्कार और अंधविश्वास हो गए हैं कि उनका न्याय और समता की जीवन-पद्धति से मेल नहीं बैठता।"[16] इसलिए जे० पी० यह मानते थे कि "समाज की बुराई, छुआछूत, जात-पात के झगड़े, साम्प्रदायिक झगड़े, सब समाप्त होने चाहिए। हम सब हिन्दुस्तानी हैं, हम इन्सान हैं, यह विचार फैलना चाहिए।"[17]

बिहार अन्दोलन के दौरान जे० पी० ने युवाओं से सामाजिक कुरीतियों—छुआछूत, तिलक, दहेज, जातिभेद आदि के विरुद्ध संघर्ष करने का आह्वान किया था। जाति-व्यवस्था को मिटाने के लिए जे० पी० ने अन्तर्जातीय विवाहों को प्रोत्साहन देने

की बात कही थी। उन्होंने अविवाहित युवाओं से अपील की थी कि वे अपने माता-पिता को समझा कर अन्तर्जातीय विवाह के लिए राजी करें, और अगर वे "राजी नहीं होते हैं तो उनकी नाराजगी भी उठा कर, उनका सामना करके, दूसरी जातियों में अपना विवाह करें।"[18] यहाँ तक कि जनेऊ को उच्च जाति का प्रतीक मान कर जे० पी० ने जनेऊ तोड़ने का आह्वान भी किया था।

इमरजेन्सी में जेल से रिहा होने के बाद लिखे गए 'बिहारवासियों के नाम चिट्ठी' में जे० पी० कहते हैं: "आज भी हरिजनों के साथ सवर्णों का दुर्व्यवहार होता है और उन्हें अस्पृश्य समझ कर अलग रखा जाता है। इतना ही नहीं उसके प्रति सवर्णों का आक्रोश कभी-कभी भयानक रूप ले लेता है। हरिजनों को जीवित जला देने की अनेक घटनाएँ हुई हैं और होती रहती हैं। सम्पूर्ण क्रान्ति के सिपाहियों को इस विस्फोटक परिस्थिति का रचनात्मक हल ढूढ़ना होगा। इसके लिए उन्हें हरिजन और आदिवासी जनता के जीवन में प्रवेश करना होगा। यह एक रचनात्मक सेवा है जिसके बिना सम्पूर्ण क्रान्ति अधूरी रह जाएगी।"[19]

इसी तरह, जे० पी० ने युवाओं से दहेज की व्यवस्था के विरुद्ध विद्रोह करने का भी आह्वान किया था। इसके अलावा, जे० पी० ने स्त्री-पुरुष समता को भी सम्पूर्ण क्रान्ति का एक महत्त्वपूर्ण हिस्सा माना था। उनके अनुसार, "शिक्षा और रोजगार के क्षेत्र में पुरुषों और महिलाओं में कोई फर्क नहीं होना चाहिए। हर तरह से महिलाओं को समानता का व्यवहार मिलना चाहिए। सम्पूर्ण क्रान्ति का यह अभिन्न हिस्सा है।"[20]

राजनीतिक क्रान्ति :

राजनीतिक व्यवस्था में क्रान्तिकारी परिवर्तन को जे० पी० सम्पूर्ण क्रान्ति का अभिन्न अंग मानते थे। राजनीतिक क्रान्ति के अन्तर्गत जे० पी० ने लोकतन्त्र को अत्यधिक महत्व दिया है। तानाशाही का विरोध करते हुए वे कहते हैं: "तानाशाही में पहली बात तो यह होती है कि मानव की मानवता खत्म हो जाती है, मानव पशु हो जाता है। उसको यह भी अधिकार नहीं होता तानाशाही में, कि वह अपनी बात आजादी के साथ से कह सके। पशु में और मनुष्य में एक बड़ा अन्तर यह है कि पशु की भाषा नहीं होती, मनुष्य की बोली है। यह हमारा जन्म-सिद्ध अधिकार है कि जो हम ठीक समझें, बोलें, करें, हिम्मत के साथ कहें। लेकिन तानाशाही में यह अधिकार हमसे छिन जाता है। इस माने में हम पशु के बराबर हो जाते हैं।"[21]

जे० पी० लोकतन्त्र और मौलिक नागरिक स्वतन्त्रताओं के पक्षधर तो थे ही, लेकिन वे वर्त्तमान औपचारिक लोकतन्त्र से संतुष्ट नहीं थे, जिसमें नागरिकों की

भूमिका पाँच वर्ष में एक बार वोट डालने तक ही सीमित रहती है। वे जनता की व्यापकतम हिस्सेदारी वाले विकेन्द्रित लोकतन्त्र के समर्थक थे।

जे० पी० के अनुसार आज के भारतीय लोकतंत्र में सबसे बड़ा दोष यह है कि न तो अपने प्रतिनिधि के लिए उम्मीदवारों के चयन में जनता का हाथ रहता है, और न चुनाव के बाद अपने प्रतिनिधियों पर उनका कोई अंकुश रहता है। विकसित लोकतान्त्रिक देशों में जनमत का, स्वतन्त्र एवं साहसी प्रेस का और शिक्षित समुदाय का जो वैचारिक और नैतिक असर होता है, उसका भी हमारे देश में अभाव है। इसलिए, जे० पी० असंगठित लोकशक्ति को जागृत और संगठित करने पर बल देते थे ताकि राज्यशक्ति पर लोकशक्ति का अंकुश स्थापित हो। 'कारावास की कहानी' में जे० पी० कहते हैं : मैं लोकतन्त्र के क्षितिज को विस्तृत करने की कोशिश कर रहा था, और यह मुख्यतः जनता को लोकतन्त्र की प्रक्रियाओं में अधिक गहनता एवं सातत्यपूर्वक शामिल करने की कोशिश थी। इसके दो रूप थे। एक तो यह कि ऐसे संगठन का निर्माण किया जाए जिसके जरिए उम्मीदवारों के चयन में जनता की राय किसी हद तक ली जा सके। दूसरा यह कि एक ऐसा संगठन खड़ा हो—यद्यपि ऊपर बताए गए संगठन से भी यह काम हो सकता है—जिसके सहारे जनता अपने प्रतिनिधियों पर नजर रख सके और उनसे उत्तम एवं स्वच्छ आचरण की माँग कर सके। ये ही दो तत्त्व थे जो मैं बिहार आन्दोलन के सारे शोर-शराबे से निकालना चाहता था।"[23]

इसके अलावा, लोकतन्त्र को वास्तविक बनाने की दृष्टि से जे० पी० चुनाव पद्धति में ऐसा बुनियादी परिवर्तन लाना चाहते थे, जिससे चुनाव को स्वतन्त्र, निष्पक्ष, अधिक प्रातिनिधिक और कम खर्चीला बनाया जा सके, ताकि गरीब उम्मीदवार भी चुनाव में खड़ा हो सके। जे० पी० यह मानते थे कि सार्वजनिक जीवन में भ्रष्टाचार के मूल में राजनीतिक भ्रष्टाचार, और राजनीतिक भ्रष्टाचार के मूल में चुनावी भ्रष्टाचार है। इसलिए भी वे धनशक्ति के प्रभाव को समाप्त करने के लिए चुनाव-प्रणाली में सुधार के पक्षधर थे।

इसी तरह, राज्यशक्ति पर लोक-शक्ति का अंकुश स्थापित करने के लिए जे० पी० प्रतिनिधि-वापसी के अधिकार का भी समर्थन करते थे। उनकी यह मान्यता थी कि अगर कोई निर्वाचित प्रतिनिधि भ्रष्ट हो गया हो, निकम्मा साबित हुआ हो या चुनाव के समय किए गए वायदों को पूरा करने में असमर्थ रहा हो, तो पाँच वर्ष के कार्यकाल के पूरा होने से पहले ही जनता को उसे वापस बुलाने का अधिकार भी है।

गाँधीनिष्ठ सामुदायिक लोकतंत्र को एक दूरगामी लक्ष्य मानते हुए जे० पी० ने राजनीतिक क्षेत्र में क्रान्ति के लिए तत्काल इन्हीं ऊपर दिए गए परिवर्तनों की हिमायत की थी। 1959 में प्रकाशित अपने निबन्ध "भारतीय राज्य व्यवस्था का

पुनर्निर्माण" (A Plea for Reconstruction of Indian Polity) और 1961 में प्रकाशित "लोक-स्वराज" (Swaraj for the People) में जे० पी० ने जनता की व्यापकतम हिस्सेदारी वाले सामुदायिक, दलविहीन लोकतंत्र की वकालत की थी। लेकिन '74 के बिहार आन्दोलन के दौरान जे० पी० ने स्पष्ट रूप से कहा था कि दलविहीन लोकतंत्र की स्थापना आन्दोलन का तात्कालिक उद्देश्य हरगिज नहीं है—यह एक अतिदूरगामी उद्देश्य है, जिसे एक वर्गविहीन और जातिविहीन समाज में ही प्राप्त किया जा सकता है।

आर्थिक क्रान्ति :

जे० पी० के अनुसार आर्थिक क्रान्ति का अर्थ है समाज की आर्थिक संरचना और आर्थिक संस्थाओं में परिवर्तन, और उसके स्थान पर उसके नए क्रान्तिकारी रूपों की स्थापना। आर्थिक क्रान्ति के अन्तर्गत जे० पी० तकनीकी, औद्योगिक और कृषि क्रान्ति के साथ-साथ स्वामित्व, प्रबन्ध और क्रय-विक्रय के रूपों में क्रान्तिकारी परिवर्तन को भी शामिल मानते थे।

आर्थिक रूपरेखा की चर्चा करते हुए 'कारावास की कहानी' में जे० पी० कहते हैं 'आर्थिक विकास का लक्ष्य होना चाहिए मनुष्य।"[3] जे० पी० के अनुसार प्रतिरक्षा की आवश्यकता को छोड़ कर बड़ी मशीनों और पूंजी-प्रधान उद्योगों की वृद्धि पर समझ-बूझ कर रोक लगायी जानी चाहिए। प्रसिद्ध जर्मन अर्थशास्त्री डॉ० फ्रिज शुमाखर द्वारा वैज्ञानिक शोध एवं विकास और प्रौद्योगिकी में विज्ञान के उपयोग के बीच किए गए अन्तर को जे० पी० स्वीकार करते थे, और भारत की वर्त्तमान स्थिति तथा जनता की आवश्यकता की दृष्टि से विज्ञान के उचित उपयोग का समर्थन करते थे। उनके अनुसार औद्योगिक विकास की दिशा मध्यम उद्योग, लघु उद्योग और ग्रामीण उद्योग की ओर होनी चाहिए। जे० पी० समुचित तकनीक (अप्रोप्रिएट टेक्नलॉजी) के विकास की दिशा में जोरदार ढंग से शोध-कार्य चलाए जाने के पक्षधर थे। इसके अलावा, वे यह भी मानते थे कि कृषि सहित सभी उत्पादक इकाइयों को, विशेषकर बड़े प्रतिष्ठानों को पर्यावरण के साथ-साथ सौन्दर्य एवं स्वच्छता के प्रति अधिक संवेदनशील होना चाहिए।

स्वामित्व और प्रबन्ध के बारे में जे० पी० के विचार रूढ़िवादी नहीं होकर काफी लचीले हैं। स्वयं उन्ही के शब्दों में: "स्वामित्व और प्रबन्ध के माने हर हालत में राज्य-स्वामित्व तथा राज्य-प्रबन्ध ही हो, यह आवश्यक नहीं है। स्वामित्व राज्य का हो सकता है, व्यक्ति या व्यक्तियों की कम्पनी या रजिस्टर्ड सोसायटी, सहयोग समिति आदि का भी हो सकता है। इनके मिश्रित रूपों का स्वामित्व हो सकता है। स्थानीय समुदायों—ग्राम-सभा, ग्राम-समूह-सभा, प्रखण्ड सभा, जिला

परिषद्—आदि का स्वामित्व हो सकता है, और इनके कई मिश्रित रूप हो सकते हैं.....उपभोक्ताओं का स्वामित्व, उत्पादकों का स्वामित्व आदि तथा इनके और पहले के स्वामित्वों के मिश्रित रूप हो सकते हैं।

"इसी प्रकार प्रबन्ध के भेद किए जा सकते हैं। व्यक्ति द्वारा प्रबन्ध, व्यक्तियों के भिन्न-भिन्न प्रकार के समूहों द्वारा प्रबन्ध, राज्य द्वारा प्रबन्ध, सहयोग समिति, स्वायत्त शासनाधिकारी संस्थानों, उत्पादकों अथवा उपभोक्ताओं द्वारा प्रबन्ध आदि।"[24]

स्वामित्व और प्रबन्ध के बारे में 'कारावास की कहानी' में ही जे० पी० कहते हैं : "बड़े-बड़े उद्योग कतिपय सीमाओं के अन्दर पूँजीवादी ढाँचे के हो सकते हैं। परन्तु सार्वजनिक निगम के ढाँचे का उद्योग अधिक प्रचलित होना चाहिए। सार्वजनिक निगम की कार्य-पद्धति, निर्देशक और प्रबन्धक के लिए प्रोत्साहन की व्यवस्था, लोकतांत्रिक नियमन, सक्षमता, अपव्यय आदि बातों का गहराई से अध्ययन किया जाना चाहिए और मार्ग-दर्शक सिद्धान्त निरूपित किए जाने चाहिए। प्रश्न है कि वर्तमान समय में श्रमिकों का स्वामित्व और प्रबन्ध सफल हो सकता है क्या ? बड़े बड़े प्रतिष्ठानों में श्रमिकों का स्वामित्व लागू नहीं हो सकता। वहाँ सामाजिक स्वामित्व के विचार को लागू करना होगा। परन्तु अगर उद्योग में लगे हुए श्रमिक ट्रस्टी के रूप में—केवल अपने हितों के ट्रस्टी नहीं बल्कि उपभोक्ताओं, समुदाय और समाज या राष्ट्र के वृहत्तर हितों के भी ट्रस्टी के रूप में—उक्त उद्योग का प्रबन्ध कर सकते हैं, तो मेरी दृष्टि से यह सर्वोत्तम है।"[25]

जे० पी० के अनुसार बड़े उद्योगों के क्षेत्र में सार्वजनिक और निजी स्वामित्व चलने दिया जा सकता है। उनका यह मानना था कि निजी क्षेत्र में उत्पादन, विकास और वृद्धि के लिए काफी प्रोत्साहन देने की आवश्यकता है। अनावश्यक प्रतिबन्ध (कन्ट्रोल, लाइसेंस आदि) समाप्त किए जाने चाहिए, बशर्ते कानून द्वारा निर्धारित आचरण के मानदंडों का पालन होता हो।

इस तरह, जे० पी० अनियंत्रित व्यक्तिगत पूँजीवाद और राजकीय पूँजीवाद दोनों के विरुद्ध थे। वे मिश्रित अर्थव्यवस्था और गांधी के ट्रस्टीशिप के नए रूपों—जैसे श्रमिकों की ट्रस्टीशिप—के समर्थक थे। उनके अनुसार राजकीय पूँजीवाद समाजवाद नहीं, बल्कि सरकारवाद या राज्यवाद है। वैसे, अर्थव्यवस्था के बारे में जे० पी० के विचार काफी लचीले हैं। जैसाकि हमने पहले देखा, जे० पी० के अनुसार एक बार मूल्यों और लक्ष्यों को निर्धारित कर लेने के बाद समस्याओं को हल करना और समाज का पुनर्निर्माण एक गम्भीर वैज्ञानिक कार्य बन जाता है, जिसमें उन मूल्यों तक पहुँचने के मार्ग के बारे में कट्टरता नहीं बरती जा सकती है।

आर्थिक क्षेत्र में जे० पी० आर्थिक समता और स्वतंत्रता के मूल्यों को महत्त्व देते थे। सोवियत संघ के अनुभव के आधार पर जे० पी० ने महसूस किया कि राजकीय पूँजीवाद के जरिए इन मूल्यों तक नहीं पहुँचा जा सकता है, बल्कि इससे मात्र राजकीय नौकरशाही की सत्ता में वृद्धि होती है। इसलिए, इस रास्ते को अस्वीकार करने के बाद उन्हें इन मूल्यों तक पहुँचने के वैकल्पिक रास्तों, और सामाजिक स्वामित्व के वैकल्पिक रूपों की तलाश थी।

शैक्षणिक क्रान्ति :

शिक्षा में क्रान्ति को जे० पी० बहुत महत्त्व देते थे। उनके अनुसार प्राथमिक से ले कर विश्वविद्यालय तक की शिक्षा में आमूल परिवर्तन होना चाहिए। जे० पी० यह मानते थे कि सभी बच्चों के लिए प्राथमिक शिक्षा की व्यवस्था होनी चाहिए। इस बात की गारण्टी होनी चाहिए कि कोई भी ऐसा बच्चा न हो जो अभाव के कारण पढ़ न सके। लेकिन साथ ही वे पाठ्यक्रम में इस किस्म के परिवर्तन की हिमायत करते थे, जिससे बच्चों को अपने परिवेश का—ग्रामीण बच्चों को ग्रामीण और शहरी बच्चों को शहरी परिवेश का—अधिक ज्ञान मिल सके, और जिससे शिक्षा छुआछूत और ऊँच-नीच जैसी बुराइयों के विरुद्ध सामाजिक चेतना जागृत कर वांछनीय दिशा में सामाजिक परिवर्तन का माध्यम बन सके।

उच्च शिक्षा के बारे में जे० पी० का यह मानना था कि आज की उच्च शिक्षा, शिक्षा नहीं बल्कि सिर्फ डिग्री प्राप्त करने का माध्यम बन कर रह गयी है। विश्वविद्यालयों में जाने वाले अधिकांश युवक और युवतियों में ज्ञान हासिल करने की सच्ची आकांक्षा नहीं होती है, जो अच्छी और सार्थक शिक्षा की पहली आवश्यक शर्त है। वे मात्र डिग्री पाना चाहते हैं क्योंकि डिग्री रोजगार प्राप्त करने का साधन है। जे० पी० के अनुसार उच्च शिक्षा को मात्र नौकरी प्राप्त करने का साधन मान कर हम शिक्षा के महत्त्व और मूल्य को गिराते हैं। विश्वविद्यालयों में सिर्फ ऐसे ही लोगों को जाना चाहिए जो आगे कुछ अध्ययन, शोध करना चाहते हों, और अपना जीवन शिक्षा के क्षेत्र में ही लगाना चाहते हों। बाकी लोगों के लिए, जो उद्योग-धन्धे में, व्यवसाय में, व्यापार आदि में जाना चाहते हों, उनके लिए शिक्षा की दूसरी धारा होनी चाहिए।

जे० पी० के अनुसार उच्च शिक्षा के क्षेत्र में मौलिक परिवर्तन के लिए यह जरूरी है कि डिग्री या उपाधि के प्रति छात्रों और अभिभावकों के दृष्टिकोण में बुनियादी परिवर्तन आए। स्वयं जे० पी० के शब्दों में, "शिक्षा में कोई मौलिक परिवर्तन तब तक सम्भव नहीं है, जब तक कि या तो (क) उपाधियाँ समाप्त कर दी जाएँ या (ख) उपाधियों का रोजगार से कोई सम्बन्ध न रहे। नौकरियाँ देने वाले

सरकारी क्षेत्र हों या निजी, जिस प्रकार का काम हो उसके अनुरूप स्वयं अपनी ओर से परीक्षाएँ ले सकते हैं। भरती के बाद आवश्यकता हो तो वे सेवा काल में अतिरिक्त शिक्षण और प्रशिक्षण की व्यवस्था कर सकते हैं।"[26]

प्रश्न यह उठता है कि डिग्री को अगर समाप्त कर दिया जाए, तो उसके स्थान पर क्या होगा? जे० पी० के अनुसार, "केवल एक प्रमाण-पत्र, कि विद्यार्थी कितने वर्ष महाविद्यालय में रहा, कितने घण्टे कक्षाओं में रहा और दूकानों, कारखानों, दफ्तरों और खेतों आदि में काम किया। और किन विषयों में उसकी रुचि है। उसकी योग्यता और कार्यकुशलता को परखना उसे रोजगार देने वाले का काम होगा।"[27]

नैतिक-अध्यात्मिक क्रान्ति :

लोकतांत्रिक समाजवाद से सर्वोदय तक की जे० पी० की विचार-यात्रा का अन्वेषण करते समय हमने देखा कि 1952 में जे० पी० ने भौतिकवादी दर्शन को इसलिए त्याग दिया था, क्योंकि उन्हें लगा था कि भौतिकवाद के अन्तर्गत नैतिक आचरण का कोई आधार, या अच्छाई के लिए कोई प्रेरणा नहीं मिलती है। जे० पी० के अनुसार चाहे पहले जड़ आया हो या चेतन, वास्तविकता यह है कि आज सृष्टि में ऐसे रूप विद्यमान हैं, जिन्हें जड़ और चेतन की संज्ञा दी जा सकती है। जड़-द्रव्य के नियमों को चेतन जगत पर लागू नहीं किया जा सकता है। इसके अलावा, जे० पी० यह भी महसूस करने लगे थे कि भौतिकवादी दर्शन की प्रेरणा के अन्तर्गत सामाजिक पुनर्निर्माण का कार्यक्रम सफल नहीं हो सकता है, क्योंकि जब तक मनुष्य जीवन के प्रति एक सन्तुलित रवैया अपनाते हुए स्वेच्छा से अपनी शारीरिक आवश्यकताओं को नियन्त्रित नहीं करेगा, तब तक नैतिक जीवन, मानवीय मूल्यों और मानव व्यक्तित्व का विकास सम्भव नहीं हो सकेगा, और न ही मानव अपने अन्य मानव बन्धुओं के साथ मिल कर साझेदारी का जीवन जी सकेगा। अधिक-से-अधिक भौतिक वस्तुओं का संग्रह करने की सर्वव्यापी बाढ़ में समता, स्वतन्त्रता और बन्धुता के मूल्य डूब जाएँगे।

1975 में लिखी गयी 'कारावास की कहानी' में जब जे० पी० नैतिक-आध्यात्मिक रूपरेखा की चर्चा करते हैं, तो वहाँ पर उनके इन पहले व्यक्त किए गए विचारों की छाप स्पष्ट दिखाई देती है। 'कारावास की कहानी' में जे० पी० कहते हैं : "मनुष्य द्रव्य और आत्मा (spirit) दोनों है। उसके जीवन की भौतिक और आध्यात्मिक दोनों तरह की आवश्यकताएँ अवश्य पूरी होनी चाहिए।"[28] जे० पी० के अनुसार जिन भौतिक आवश्यकताओं की पूर्ति अवश्य ही होनी चाहिए वे हैं : भोजन, वस्त्र, घर आदि। ये सभी वस्तुएँ लोगों को पर्याप्त मात्रा में मिलनी चाहिए। भोजन

के सन्दर्भ में पौष्टिकता और स्वाद का, और वस्त्र और घर के सन्दर्भ में स्वच्छता और सौन्दर्य का भी ध्यान रखा जाना चाहिए, लेकिन अनावश्यक तड़क-भड़क, विलासिता और फिजूलखर्ची नहीं होनी चाहिए। जे० पी० की राय में विलास एक सापेक्ष शब्द है। इसलिए, इसका सम्बन्ध सामाजिक आवश्यकताओं से और सामान्य जीवन स्तर से होना चाहिए।

इसी तरह, जे० पी० के अनुसार, "दूसरी भौतिक आवश्यकताओं के बारे में भी हमारी यही दृष्टि होनी चाहिए। इसका अर्थ उपभोग को स्वेच्छा से सीमित करना है जो एक नैतिक विचार है।"[29] जैसाकि जे० पी० स्वयं कहते हैं: "मेरे मन में संन्यास की कोई बात नहीं है। वह तो आध्यात्मिक साधकों के लिए ही उपयुक्त है। औसत मनुष्य के लिए, अर्थात् हम जैसों के लिए, सिवा उनके जो संन्यास को आध्यात्मिक पूर्णता या लक्ष्य के रूप में स्वीकार करते हैं, पूर्ण भौतिक संतुष्टि स्वतः आध्यात्मिक जीवन है। तृष्णा, बाहुल्य, सम्पत्ति-संग्रह के दूषित साधन ये सारे अध्यात्म-विरोधी तत्त्व हैं।"[30]

ऐसा लगता है कि जे० पी० "अध्यात्म" को नैतिकता से जोड़कर देखते थे। 'मेरी-विचार-यात्रा' में एक स्थान पर जे० पी० ने कहा है: 'अध्यात्म के विषय में कुछ कहने का अधिकार मुझे तो नहीं है, फिर भी इतना कहूँगा कि यदि इसका अर्थ यह हो कि देश और जनता की वर्तमान समस्याओं के प्रति उदासीन रहा जाए, तो कम-से-कम मुझे अध्यात्म की यह परिभाषा मान्य नहीं है। मुझे तो ऐसा लगता है कि जनता की वर्तमान स्थिति को सुधारना, उनकी गरीबी और गुलामी को दूर करना ही हमारा प्राथमिक आध्यात्मिक कर्तव्य है।'[31] इसी तरह, एक अन्य स्थान पर अपने और विनोबा के दृष्टिकोण में अन्तर को बतलाते हुए जे० पी० कहते हैं: "विनोबाजी एक सन्त पुरुष हैं और किसी भी प्रश्न पर आध्यात्मिक दृष्टिकोण से विचार करते हैं। लेकिन मैं तो सामाजिक दृष्टिकोण से विचार करता हूँ। इसलिए हम दोनों के काम करने के तरीकों में भी फर्क पड़ जाता है।"[32]

"अध्यात्म" और नैतिकता के बारे में जे० पी० के विचारों की चर्चा करते समय हमें ध्यान रखना चाहिए कि जे० पी० तत्त्वमीमांसा, नीतिशास्त्र या धर्म-दर्शन के विशेषज्ञ नहीं थे। वे मुख्यतः एक सामाजिक और राजनीतिक विचारक थे। उनकी पृष्ठभूमि सामाजशास्त्रीय थी, और उन्हें सारा जीवन सामाजिक परिवर्तन और क्रान्ति के ऐसे तरीके की तलाश थी, जिससे स्वतन्त्रता, समता और बन्धुता के मूल्यों पर आधारित समाज की रचना हो सके। यह बात जरूर है कि अपने सामाजिक और राजनीतिक चिंतन में उन्होंने नैतिक मूल्यों और नैतिकता को प्रमुख स्थान दिया है। दरअसल, जे० पी० का दृष्टिकोण एक मूल्य-निष्ठ समाज-वैज्ञानिक का था।

सम्पूर्ण क्रान्ति की विधि

सम्पूर्ण क्रान्ति की विधि है : लोकशक्ति का जागरण, संगठन एवं संघर्ष और रचना की दोहरी प्रक्रिया। जे० पी० यह मानते थे कि जन-संघर्ष के बिना क्रान्ति नहीं हो सकती है, लेकिन साथ ही वे इस बात पर बल देते थे कि इस संघर्ष को शान्तिमय होना चाहिए। 'कारावास की कहानी' में जे० पी० कहते हैं : "जिसे मैं ने सम्पूर्ण क्रान्ति का नाम दिया है वह कैसे हो? समाज के हर क्षेत्र में, हर पहलू में क्रान्ति कैसे हो? यह प्रश्न और कठिन हो जाता है, जब हम यह भी कहते है कि सम्पूर्ण क्रान्ति शान्तिपूर्ण तरीके से, समाज के लोकतांत्रिक ढांचे को क्षतिग्रस्त किये बिना और जनता की लोकतांत्रिक जीवन-पद्धति को प्रभावित किए बिना करनी है। इस रूप में देखा जाए तो सर्वाधिक विधि-निष्ठ एवं संविधान-निष्ठ लोकतंत्रवादी भी यह स्वीकार करेगा कि यदि लोकतन्त्र को निर्वाचन, विधायन, नियोजन तथा प्रशासनिक क्रियान्वयन तक ही सीमित रखना है तो यह सारा कुछ कभी नहीं होगा। इसलिए आवश्यक है जनता की सीधी कार्रवाई, इस प्रकार की कार्रवाई में, और बातों के अलावा सविनय अवज्ञा, शांतिमय प्रतिकार तथा असहयोग—संक्षेप में कहें तो व्यापकतम अर्थ में सत्याग्रह का समावेश होगा ही। ऐसे सत्याग्रह का एक अव्यक्त गूढ़ार्थ होगा आत्म परिवर्तन—अर्थात् परिवर्तन चाहने वाले ऐसी कोई कार्रवाई शुरू करने के पूर्व अपने-आपको परिवर्तित कर लें।"[33]

सम्पूर्ण क्रान्ति के कार्यक्रमों को जे० पी० ने चार भागों में बाँटा था—(1) प्रत्यक्ष-संघर्ष के कार्यक्रम, (2) जन-जागरण और लोक-शिक्षण, (3) रचनात्मक कार्य और (4) संगठन। जे० पी० का यह मानना था कि इनमें से प्रत्यक्ष-संघर्ष को छोड़ कर, जो विशेष अवसरों से जुड़े रहते हैं, बाकी सभी कार्यों को स्थायी रूप से चलना चाहिए। 'बिहारवासियों के नाम चिट्ठी' में जे० पी० कहते हैं : "सम्पूर्ण क्रान्ति सतत क्रान्ति है। वह निरन्तर चलेगी और हमारे व्यक्तिगत एवं सामाजिक जीवन को बदलती चलेगी। इस क्रान्ति में ठहराव नहीं है, विराम नहीं है, पूर्ण विराम तो हरगिज नहीं है। परिस्थित के अनुसार उसके रूप बदलेंगे, कार्यक्रम बदलेंगे, प्रक्रियाएँ बदलेंगी और वक्त आने पर नयी शक्तियों का ऐसा उभार होगा जो परिवर्तन के रथ को धक्का मार कर आगे बढ़ा देगा। सम्पूर्ण क्रान्ति के सिपाही उस क्षण की प्रतीक्षा करें—सतत् कार्यरत रह कर।"[34]

जे० पी० के अनुसार यह जरूरी नहीं है कि सम्पूर्ण क्रान्ति के क्रम में हमेशा सरकार के विरुद्ध संघर्ष हो ही। हालांकि क्रान्ति में मुख्य भूमिका जनता की या लोकशक्ति की होगी, लेकिन सरकार या राज्यशक्ति की भी इसमें सहयोगी और

पूरक भूमिका हो सकती है। यह सरकार के चरित्र पर निर्भर करेगा कि क्रान्ति के लिए संघर्ष सरकार के सहयोग से आगे बढ़ता है, या सरकार का विरोध करते हुए। अगर कोई सरकार अपनी सही भूमिका नहीं निभाती है और क्रान्ति के विरोध में खड़ा होने की कोशिश करती है, तो जनता को पहले उस सरकार को लोकतांत्रिक तरीके से हटाना होगा।

शान्तिमयता

जे० पी० शान्तिमयता को सम्पूर्ण क्रान्ति की अनिवार्य शर्त मानते थे। जे० पी० के अनुसार सम्पूर्ण क्रान्ति का लक्ष्य है एक वास्तविक लोकतंत्र की स्थापना, और इस लक्ष्य को हिंसा के माध्यम से प्राप्त नहीं किया जा सकता है। शान्ति और लोकतंत्र एक ही सिक्के के दो पहलू हैं। एक के बिना दूसरे का अस्तित्व सम्भव नहीं है।

जे० पी० की राय में "हिंसा का रास्ता वे ही अपनाते हैं, जिन्हें जनता पर विश्वास नहीं होता या उस पर आस्था नहीं होती या जिन्हें जनता का विश्वास प्राप्त नहीं होता। जनशक्ति हो तो हिंसा अनावश्यक है एवं जनशक्ति के अभाव में हिंसा बांझ और क्रूर होती है।"[35]

1942 के भारत छोड़ो आन्दोलन के दौरान जे० पी० को हिंसा का रास्ता अपनाने में भी कोई हिचकिचाहट नहीं थी। लेकिन अपने चिन्तन के लोकतांत्रिक समाजवादी दौर में ही वे मानने लगे थे कि लोकतांत्रिक परिस्थितियों में हिंसा का रास्ता प्रतिक्रान्तिकारी रास्ता है। 1974 में जब जे० पी० ने बिहार आन्दोलन का नेतृत्व संभाला और सम्पूर्ण क्रान्ति को उसका दूरगामी लक्ष्य घोषित किया तो उन्होंने शान्तिमयता को सम्पूर्ण क्रान्ति के लिए एक आवश्यक शर्त बतलाया। दरअसल, हिंसा-अहिंसा के प्रश्न पर विचार करते करते, 1974 के आन्दोलन की शुरुआत के पहले ही जे० पी० निम्नलिखित निष्कर्षों पर पहुँच चुके थे : (1) हिंसक तरीकों से क्रान्ति सम्भव नहीं है। (2) सिर्फ संवैधानिक तरीकों से भी क्रान्ति सम्भव नहीं है, और (3) अहिंसक तरीके से क्रान्ति सम्भव है, हालांकि इस सम्भावना की ओर पर्याप्त ध्यान नहीं दिया गया है।

हिंसक क्रान्ति के विरुद्ध जे० पी० की मुख्य युक्ति यही थी कि हिंसक क्रान्ति में साध्य और साधन के बीच मेल नहीं होता है, इसलिए क्रान्तिकारियों के तमाम नेक इरादों के बावजूद हिंसक क्रान्ति के बाद भी सत्ता जनता के हाथों में नहीं आती है, और जनता के नाम पर एक नयी तानाशाही का ही जन्म होता है। जे० पी० के शब्दों में, "यद्यपि सभी क्रान्तियों में केन्द्रीय प्रश्न सत्ता का ही होता है और सभी क्रान्तियों का आयोजन जनता के लिए सत्ता प्राप्त करने के नाम पर किया जाता है,

तथापि सत्ता हमेशा ही क्रान्ति करने वालों में से ऐसे मुट्ठी भर लोगों द्वारा हड़प ली जाती है, जो सबसे ज्यादा निर्मम होते हैं। ऐसा होना अनिवार्य ही है क्योंकि सत्ता बन्दूक की नली से निकलती है और बन्दूक सामान्य जनता के हाथ में नहीं बल्कि हिंसा के उन संगठित तंत्रों के हाथ में रहती है जो हर सफल क्रान्ति में से 'क्रान्तिकारी' सेना तथा उसकी सहायक जमातों के रूप में पैदा होते हैं। इन तन्त्रों पर जिनका नियंत्रण होता है, उनके ही नियंत्रण में सत्ता रहती है। यही कारण है कि हिंसक क्रान्ति हमेशा किसी-न-किसी प्रकार की तानाशाही को जन्म देती है। और फिर यही कारण है कि क्रान्ति के बाद शासकों एवं शोषकों का एक नया विशेषाधिकार प्राप्त वर्ग कालान्तर में पैदा हो जाता है, जिसके अधीन बहुसंख्यक जनता फिर एक बार गुलाम हो जाती है।"[36]

इसलिए, जे० पी० जनता की अहिंसक शक्ति—मुख्यतः विचार-परिवर्तन और जहाँ आवश्यक हो सत्याग्रह द्वारा क्रान्ति लाए जाने के पक्ष में थे। जे० पी० के अनुसार क्रान्ति का अर्थ सिर्फ यह नहीं है कि पुरानी व्यवस्था को नष्ट कर दिया जाए, क्रान्ति का लक्ष्य क्रान्ति के मूल्यों के अनुरूप नयी समाज-व्यवस्था का निर्माण होता है। शान्तिमय क्रान्ति में यह विशेषता होती है कि पुराने समाज को बदलने और नए समाज के निर्माण का काम साथ-साथ होता रहता है। इसे ही जे० पी० ने संघर्ष और रचना की दोहरी प्रक्रिया कहा है।

निर्दलीयता

सम्पूर्ण क्रान्ति की प्रक्रिया के अन्तर्गत जे० पी० लोकशक्ति के जागरण और निर्दलीय या गैरदलीय (non-party) दृष्टिकोण को बहुत महत्त्व देते थे। वर्तमान संसदीय लोकतंत्र के सन्दर्भ में जे० पी० राजनीतिक दलों के महत्त्व और आवश्यकता को भी स्वीकार करते थे। 1977 में जनता पार्टी के गठन में, और केन्द्र में तीस वर्षों से लगातार चले आ रहे कांग्रेसी शासन का अन्त करने में उनकी महत्त्वपूर्ण भूमिका थी। जैसा कि हमने पहले देखा एक समय जे० पी० ने जनता की व्यापकतम हिस्सेदारी वाले सामुदायिक और दलविहीन लोकतंत्र की वकालत की थी। लेकिन 1974 के बिहार आन्दोलन के दौरान उन्होंने स्पष्ट रूप से कहा था कि यह एक अतिदूरगामी उद्देश्य है जिसे एक वर्गविहीन और जातिविहीन समाज में ही प्राप्त किया जा सकता है।

जे० पी० यह भी मानते थे कि "भारत में आज जैसा लोकतंत्र है उससे भिन्न प्रकार का लोकतंत्र निकट भविष्य में स्थापित होगा, इसकी कोई सम्भावना नहीं दीखती।"[37] इसलिए दलीय शासन के सन्दर्भ में ही क्रान्ति के कार्यक्रमों को आगे बढ़ाने के लिए जनान्दोलन चलाया जाना चाहिए। यही कारण था कि बिहार

आन्दोलन के दौरान जे० पी० ने वर्त्तमान संसदीय लोकतंत्र के सन्दर्भ में ही चुनाव को कम खर्चीला और अधिक प्रातिनिधिक बनाने के लिए चुनाव प्रणाली में सुधार पर, और लोक समितियों के माध्यम से निर्वाचित प्रतिनिधियों पर अंकुश रखने पर बल दिया था।

इस तरह, जहाँ एक ओर जे० पी० आज के लोकतंत्र के सन्दर्भ में राजनीतिक दलों की आवश्यकता को स्वीकार करते थे, वहाँ दूसरी ओर वे सत्तारूढ़ दल पर अंकुश रखने और सम्पूर्ण क्रान्ति के आन्दोलन को आगे बढ़ाने के लिए निर्दलीय लोकमंच और युवा-मंच को हर हाल में जरूरी मानते थे। जे० पी० के शब्दों में, "यह मंच एक तरफ तो लोकतंत्र के प्रहरी का काम करेगा और जनता के प्रतिनिधियों को सही मार्ग पर रखने का प्रयत्न करेगा, दूसरी तरफ वह सम्पूर्ण क्रान्ति का वाहक होगा और परिवर्तन की शक्तियों को संगठित कर उसकी प्रक्रिया को सतत् आगे बढ़ाने में सहायक होगा।"[38]

स्वयं जे० पी० का सम्बन्ध निर्दलीय मंचों से ही था, क्योंकि उन्होंने "हमेशा राज्य-सत्ता के बजाय जन-सत्ता पर भरोसा किया और इस जनशक्ति द्वारा ही सामाजिक परिवर्त्तन एवं निर्माण की समस्याओं को हल करने का सपना देखा।"[39] बिहार आन्दोलन के दौरान भी जे० पी० शान्तिमय सम्पूर्ण क्रान्ति के उद्देश्य के प्रति समर्पित ऐसे युवा संगठन की आवश्यकता महसूस करते थे "जो दलों के या उनके युवा संगठनों के दायरे में बँधा न हो, सत्ता में जाकर अपनी जगह बनाने की जिसकी लालसा न हो, और जो लोकशक्ति के जागरण और संगठन में अपनी पूरी ताकत लगाना चाहता हो।"[40] जे० पी० यह मानते थे कि "निर्दलीय शक्ति ही क्रान्ति का वाहक हो सकती है"[41] और इसलिए उन्होंने जनतंत्र समाज और छात्र-युवा संघर्ष वाहिनी जैसे गैरदलीय संगठनों की स्थापना की और लोक समिति का विचार हमारे सामने रखा।

अगर क्रान्तिकारियों का मुख्य लक्ष्य राज्य-शक्ति पर कब्जा कर राज्य के माध्यम से समाज में परिवर्तन लाना हो, तब तो क्रान्ति की प्रक्रिया में राजनीतिक दल को मुख्य स्थान दिया जा सकता है; लेकिन अगर क्रान्तिकारियों का मुख्य राजनीतिक लक्ष्य लोकशक्ति का विकास कर, राज्य-शक्ति पर अंकुश स्थापित करना, और राजनीतिक सत्ता के अधिक-से-अधिक विकेन्द्रीकरण के लिए दबाव पैदा करना हो, तो ऐसे में निर्दलीय मंच का महत्त्व स्पष्ट ही है।

क्रान्ति और युवा-शक्ति

क्रान्ति के सन्दर्भ में जे० पी० को युवाओं से बहुत आशाएँ थीं। वे युवाओं को सम्पूर्ण क्रान्ति की गाड़ी का इंजन कहा करते थे। जे० पी० के अनुसार युवाओं में

आदर्श के प्रति कुर्बान होने का साहस होता है और अपने भविष्य पर खतरा उठाने की उमंग भी होती है। इसलिए वे उन्हें नए मूल्यों के वाहक प्रतीत होते थे। उन्हें लगता था कि छुआछूत, तिलक-दहेज और जाति-भेद जैसी कुरीतियों के विरुद्ध युवाओं ने अतीत में संघर्ष किया है और आगे भी कर सकते हैं। जे० पी० यह मानते थे कि युवाओं को हर जगह निहित स्वार्थों से लोहा लेना पड़ेगा ताकि उनका फौलादी ढांचा टूटे और समाज मुक्ति की सांस ले। यहाँ तक कि युवाओं को अपने अभिभावकों के विरुद्ध सत्याग्रह के लिए भी तैयार रहना होगा। जे० पी० के अनुसार, "क्रान्ति की यह कठोर मांग है जिसे पूरा करना होगा। इस संकल्प और त्याग के बिना भावी इतिहास हमारा नहीं होगा और सम्पूर्ण क्रान्ति भी मात्र नारा बन कर रह जायगी।"[42] इसलिए, जे० पी० का युवाओं से आग्रह था कि वे "प्रचलित-व्यवस्था के सही चरित्र को समझें और क्रान्ति के बुनियादी कार्यों की ओर अधिक ध्यान दें।"[43]

युवाओं के अलावा, जे० पी० क्रान्ति में क्रान्तिकारी विचारकों और बुद्धिजीवियों की भूमिका को भी स्वीकार करते थे। जे० पी० के अनुसार क्रान्ति के लिए प्रेरणा-शक्ति मुख्यतः समाज के दबे-कुचले वर्गों से प्राप्त होती है। यह क्रान्तिकारी नेतृत्व का काम होता है कि वह जनता की क्रान्तिकारी आकांक्षाओं को संगठित कर उसे एक दिशा, लक्ष्य और आदर्श प्रदान करे। जैसाकि जे० पी० 'कारावास की कहानी' में कहते हैं, "एक क्रान्तिकारी आन्दोलन पैदा करने के लिए नेतृत्व एवं संगठन की आवश्यकता होगी। नेतृत्व एवं संगठन के अभाव में, क्रान्तिकारी परिस्थिति का अंत अराजकता या तानाशाही की स्थापना में हो जा सकता है।"[44]

शान्तिमय वर्ग-संघर्ष

जे० पी० की सम्पूर्ण क्रान्ति की चर्चा शान्तिमय वर्ग-संघर्ष के बारे में उनके विचारों के उल्लेख के बिना अधूरी ही रहेगी। वर्ग संघर्ष का विचार जे० पी० ने 1977 में केन्द्र में जनता पार्टी की सरकार के गठन के बाद अपने जीवन के अन्तिम दिनों में हमारे सामने रखा था।

जे० पी० के अनुसार समाज में दो शक्तियाँ हैं : एक कमजोर वर्ग और दूसरा शक्तिशाली वर्ग। सर्वोदय आन्दोलन में शक्तिशाली वर्गों को ही ध्यान में रखा गया और समझा-बुझा कर उन्हें बदलने की कोशिश की गयी। कमजोर और पिछड़े वर्गों की सर्वोदय आन्दोलन में बहुत कम भूमिका रही। इस प्रक्रिया से व्यक्तिगत रूप से कुछ लोगों का विचार बदला, लेकिन पूरे उच्च वर्ग में परिवर्तन नहीं आया, और न ही आने की आशा दिखती है।

जे० पी० की राय में भारत के गाँवों में वर्ग और जाति लगभग मिली-जुली हैं।

जो ऊँची जाति के हैं, वे ही प्रायः आर्थिक दृष्टि से भी सम्पन्न हैं। जे० पी० यह स्वीकार करते थे कि कुछ ऊँची जाति के लोग भी गरीब हैं, लेकिन उनका यह अनुभव था कि गाँवों में जाने पर उच्च जाति के लोग अपने-आप तख्त पर बैठ जाते हैं और पिछड़ी जाति के लोग नीचे तथा दलित जातियों के लोग (हरिजन) सबसे पीछे बैठते हैं। उच्च जाति के लोगों के साथ समानता से बैठने के लिए उन्हें बहुत समझाना पड़ता है।

इन परिस्थितियों को देखते हुए जे० पी० इस निष्कर्ष तक पहुँचे थे कि उच्च वर्ण और वर्ग के लोगों को जो विशेष सुविधाएँ मिली हैं, उन्हें समझा-बुझा कर छुड़ाना और विभिन्न जातियों के बीच एकता का वातावरण बनाना काफी कठिन काम है। जो नीचे दबे हैं वे जब तक अपनी ताकत को प्रतिपादित (एसर्ट) नहीं करते हैं और उनमें आत्म-सम्मान की भावना पैदा नहीं होती, तब तक ऊपरवालों में परिवर्तन कराना कठिन है।"[45] जे० पी० के अनुसार सिर्फ ऊपर के वर्गों के विचार परिवर्तन पर निर्भर रहने पर समाज को वांछनीय दिशा में परिवर्तित करने में काफी समय लग जाएगा। जब नीचे दबे लोग अपनी ताकत को प्रकट करेंगे तभी ऊपरवाले वर्ग परिवर्त्तन के लिए तैयार होंगे।

जे० पी० के शब्दों में, "जब तब नीचे के वर्गों में आत्म-सम्मान पैदा नहीं होगा, उनके आत्म-विश्वास का दबाव नहीं होगा तब तक ऊपर के वर्गों को बदलना संभव नहीं लगता है। इस प्रकार मैं दुहरे दबाव की कल्पना करता हूँ—ईमानदार और निःस्वार्थ युवकों, कार्यकर्त्ताओं द्वारा व्यापक लोक-शिक्षण का दबाव और पिछड़े, दबे लोगों के व्यापक वर्ग संगठन का दबाव। दबाव की यह दुहरी ताकत सामन्ती परम्पराओं और शोषण की व्यवस्था को तोड़ेगी।"[46]

इस तरह, जे० पी० ने क्रान्ति को गति देने के लिए वर्ग-संघर्ष की वकालत की, लेकिन उनका पक्का विश्वास था कि सामाजिक और आर्थिक समानता का संघर्ष शांतिमय होना चाहिए। ऊपर के वर्गों को दुश्मन मानने या उनको मिटाने की बात नहीं की जानी चाहिए, बल्कि स्नेहपूर्वक उन्हें परिवर्तित करने का प्रयत्न करना चाहिए, और उन्हें परिवर्त्तित होने का अवसर प्रदान करना चाहिए। क्रान्तिकारी नेतृत्व को इस बात की पूरी सावधानी बरतनी चाहिए कि वर्ग-संघर्ष के कारण हिंसा फूट पड़ने की कोई गुंजाइश न रह जाए। सावधानी के बावजूद अगर ऐसा हो जाए तो धैर्य के साथ हिंसा पर काबू करने की, और अपनी कार्य-पद्धति बदलने की सोचनी चाहिए। संक्षेप में, जे० पी० के वर्ग-संघर्ष का अर्थ है पिछड़े और दलित वर्गों का व्यापक शान्तिमय सत्याग्रह। जे० पी० की वर्ग-संघर्ष की अवधारणा को गांधीवादी शब्दावली में भी व्यक्त किया जा सकता था। अपनी मार्क्सवादी पृष्ठभूमि के कारण

जे० पी० ने "वर्ग-संघर्ष" शब्द का प्रयोग किया, लेकिन जे० पी० की वर्ग-संघर्ष की अवधारणा मार्क्सवादी वर्ग-संघर्ष की अवधारणा से अलग है। इसकी चर्चा हम आगे करेंगे।

सम्पूर्ण क्रान्ति और मार्क्सवाद

"मार्क्सवाद" शब्द का प्रयोग विभिन्न अर्थों में किया गया है। वैसे तो मार्क्सवाद के कई रूप हैं, लेकिन इनमें से दो प्रमुख हैं। पहला, मार्क्सवाद का मौलिक रूप जो मार्क्स और उनके सहयोगी एंगेलस के 'कम्युनिस्ट घोषणा-पत्र' और अन्य ऐसी रचनाओं पर आधारित है जो उनके जीवन-काल में प्रकाशित हुई थीं। और दूसरा, मार्क्सवाद का मुख्यतः लेनिन द्वारा संशोधित सोवियत रूपान्तर जिसे मार्क्सवाद-लेनिनवाद भी कहा जाता है।

अपने मौलिक रूप में मार्क्सवाद मुख्यतः इतिहास दर्शन या सामाजिक परिवर्तन की व्याख्या का दावा करने वाला एक सिद्धान्त है, जिसके अनुसार प्रत्येक समाज अनिवार्य रूप से परिवर्तन की विभिन्न स्थितियों से गुजरता हुआ एक वर्गविहीन और राज्यविहीन समाज की दिशा में बढ़ रहा है। अपने संशोधित रूप में मार्क्सवाद-लेनिनवाद क्रान्ति करने की एक तकनीक है, जिसके द्वारा वर्गविहीन और राज्यविहीन समाज की स्थापना की आशा रखी जाती है। द्वन्द्वात्मक भौतिकवाद और ऐतिहासिक भौतिकवाद मार्क्सवाद के मौलिक रूप के दो प्रमुख सिद्धान्त हैं। जबकि मार्क्सवाद-लेनिनवाद के अन्तर्गत हिंसक वर्ग-संघर्ष और सर्वहारा की तानाशाही के सिद्धान्तों को महत्त्वपूर्ण स्थान दिया गया है। इसके अलावा, मार्क्सवाद-लेनिनवाद को तथाकथित क्रान्तिकारी नीतिशास्त्र से जोड़ कर भी देखा जाता है।

जे० पी० जब मार्क्सवाद की ओर आकर्षित हुए थे तब वे मुख्यतः क्रान्ति के तकनीक के रूप में उसकी ओर आकर्षित हुए थे। दूसरे शब्दों में, उनका आकर्षण मार्क्सवाद-लेनिनवाद की ओर था। प्रश्न यह है कि जिस समय जे० पी० ने सम्पूर्ण क्रान्ति का विचार हमारे सामने रखा क्या उस समय भी मार्क्सवाद का कुछ प्रभाव उनके सामाजिक राजनीतिक चिंतन पर बाकी था? क्या मार्क्सवाद और सम्पूर्ण क्रान्ति के आदर्श और विधि में कुछ समानताएँ भी हैं?

जैसाकि हम पहले चर्चा कर चुके हैं, मार्क्सवाद के बुनियादी सिद्धान्त द्वन्द्वात्मक भौतिकवाद को जे० पी० ने 1952 में ही छोड़ दिया था, क्योंकि उनके अनुसार भौतिकवादी दर्शन से नैतिक आचरण के लिए कोई आधार या अच्छाई के लिए कोई प्रेरणा नहीं मिलती है। इसी तरह, जे० पी० ने ऐतिहासिक भौतिकवाद को भी त्याग दिया था।

मार्क्सवादी इतिहास की व्याख्या या ऐतिहासिक भौतिकवाद के अनुसार किसी

भी समाज के ढांचे में मुख्य बात होती है उसकी आर्थिक संरचना। यह आर्थिक संरचना उत्पादन के सम्बन्धों से यानी उन सम्बन्धों से बनती हैं जिनमें व्यक्ति उत्पादन के क्रम में, अपनी इच्छा से स्वतन्त्र अनिवार्य रूप से, जुड़ने के लिए बाध्य होते हैं। दूसरी ओर, ये उत्पादन सम्बन्ध इस पर निर्भर करते हैं कि समाज में उत्पादन की शक्तियों का—उत्पादन की तकनीक और इस तकनीक का उपयोग करने की क्षमता से सम्पन्न व्यक्तियों का—कितना विकास हुआ है। समाज की इस आर्थिक संरचना पर ही उसकी कानूनी, राजनीतिक और सांस्कृतिक अधिरचना आधारित होती है।

जब किसी समाज में उत्पादन की शक्तियों का अधिक विकास हो जाता है, तब उत्पादन की शक्तियों और उत्पादन के सम्बन्धों के बीच अन्तर्विरोध पैदा हो जाता है, और इस अन्तर्विरोध के कारण समाज की आर्थिक संरचना में परिवर्तन आ जाता हैं। इसके बाद, नए उत्पादन के सम्बन्धों के अनुरूप समाज की कानूनी, राजनीतिक और सांस्कृतिक अधिरचना में भी तेज़ी से परिवर्तन आ जाता है। इस प्रकार प्रत्येक समाज आदिम साम्यवाद, दास-प्रथा पर आधारित प्राचीन समाज, सामन्तवाद और पूँजीवाद की स्थितियों से गुजरता हुआ साम्यवाद की दिशा में बढ़ता है।

जे० पी० ने 1953 में लिखे गए "समाजवाद की सैद्धान्तिक समस्याएँ" में ही ऐतिहासिक भौतिकवाद की सत्यता पर सन्देह व्यक्त किया था। जे० पी० के अनुसार सोवियत संघ में आर्थिक संरचना में परिवर्तन के बाद भी समाजवादी अधिरचना का विकास नहीं हुआ। इसके अलावा, एक ही जैसे तकनीक के इस्तेमाल के बावजूद सोवियत संघ और संयुक्त राज्य अमेरिका में बिल्कुल अलग-अलग किस्म के समाजों के अस्तित्व से भी ऐतिहासिक भौतिकवाद की अपर्याप्तता का पता चलता है।

इस तरह, 1974 में जब जे० पी० ने सम्पूर्ण क्रान्ति का आह्वान किया उस समय वे इतिहासपरतावादी (historicist) नहीं थे। दूसरे शब्दों में, वे यह नहीं मानते थे कि समाज में इतिहास के किसी नियम या सामाजिक परिवर्तन के किसी नियम के अनुसार अनिवार्य रूप से एक निश्चित दिशा में परिवर्तन होता है। वे क्रान्ति के लिए मानव-प्रयत्नों या पुरुषार्थ को आवश्यक मानते थे। उन्होंने यह कभी भी नहीं कहा कि सम्पूर्ण क्रान्ति इतिहास के नियम के अनुसार अपने-आप हो जाएगी, बल्कि उन्होंने बार-बार यही कहा कि इसके लिए लम्बे समय तक संघर्ष करना होगा, नहीं तो क्रान्ति की गाड़ी आगे नहीं बढ़ सकेगी।

जे० पी० के अनुसार हर समाज में निरन्तर परिवर्तन होता ही रहता है। एक पीढ़ी जब दूसरी पीढ़ी को अपनी संस्कृति हस्तांतरित करती है, तो इससे स्वाभाविक रूप से अपने-आप ही कुछ परिवर्तन आ जाता है। इसे मानव समाज में परिवर्तन की अचेतन प्रक्रिया कहा जा सकता है। इसके अलावा, मनुष्य द्वारा

बेहतर स्थिति की ओर बढ़ने के लिए किए गए चेतन प्रयत्नों से भी समाज में परिवर्तन आता है। जे० पी० यह मानते थे कि उत्पादन के साधनों और तकनीक में मनुष्य चेतन रूप से निरन्तर परिवर्तन लाने का प्रयत्न करता है। दूसरी तरफ, प्रचलन, रीति-रिवाजों और विश्वासों में परिवर्तन की रफ्तार अपेक्षाकृत धीमी होती है। लेकिन दोनों ही क्षेत्रों में मनुष्य के चेतन प्रयत्नों से और अचेतन प्रक्रिया से भी परिवर्तन होते रहते हैं।

मार्क्सवादी "क्रान्तिकारी" नीतिशास्त्र के अनुसार क्रान्ति के लक्ष्य को प्राप्त करने के लिए किसी भी साधन को अपनाया जा सकता है। यहाँ तक कि हिंसा, छल, कपट और झूठ का सहारा भी लिया जा सकता है। यानी अगर साध्य अच्छा है तो उसे प्राप्त करने के लिए बुरे साधन भी अपनाए जा सकते हैं। जे० पी० ने अपने चिंतन के लोकतांत्रिक समाजवादी दौर में ही नैतिकता के प्रति इस प्रकार के रवैए को त्याग दिया था। जे० पी० के अनुसार अच्छे लक्ष्यों को प्राप्त करने के लिए अच्छे साधनों को अपनाना जरूरी है, क्योंकि बुरे साधनों को अपना कर हम कभी भी अच्छे लक्ष्यों तक नहीं पहुँच सकते हैं। दरअसल, यह नैतिक मूल्यों और नैतिकता के प्रति लगाव ही था जिसके कारण जे० पी० ने अन्ततः मार्क्सवाद को औपचारिक रूप से त्याग दिया था। जे० पी० ने अपने सामाजिक और राजनीतिक चिन्तन में नैतिक मूल्यों और नैतिकता को प्रमुख स्थान दिया है। यह जे० पी० के सामाजिक-राजनीतिक चिन्तन और मार्क्सवाद के बीच एक महत्त्वपूर्ण अन्तर है।

जहाँ तक सर्वहारा की तानाशाही का प्रश्न है, तो जे० पी० ने अपने चिन्तन के लोकतांत्रिक समाजवादी दौर में ही इस सिद्धान्त को भी अस्वीकार कर दिया था। जे० पी० के अनुसार लोकतांत्रिक स्वतंत्रताओं के अभाव में न तो समाजवादी समाज की रचना की जा सकती है, और न ही उसके अस्तित्व को बनाए रखा जा सकता है। सम्पूर्ण क्रान्ति के अपने चिन्तन के अन्तर्गत जे० पी० ने लोकतंत्र को केन्द्रीय महत्त्व दिया है। सम्पूर्ण क्रान्ति एक लोकतांत्रिक क्रान्ति है—लोकतांत्रिक तरीकों से लोकतत्र को और अधिक मजबूत बनाने वाली क्रान्ति। सम्पूर्ण क्रान्ति के अन्तर्गत जे० पी० ने सर्वहारा की या किसी भी किस्म की तानाशाही को कोई स्थान नहीं दिया है।

जे० पी० ने सम्पूर्ण क्रान्ति के अपने चिन्तन के अन्तर्गत शान्तिमय वर्ग-संघर्ष की भी वकालत की है। जे० पी० के वर्ग-संघर्ष की अवधारणा को गाँधीवादी शब्दावली में भी व्यक्त किया जा सकता है। अपनी मार्क्सवादी पृष्ठभूमि के कारण ही जे० पी० ने "वर्ग-संघर्ष" शब्द का प्रयोग किया। लेकिन जे० पी० के वर्ग-संघर्ष की अवधारणा और मार्क्सवादी वर्ग-संघर्ष की अवधारणा में निम्नलिखित महत्त्वपूर्ण अन्तर हैं।

(i) मार्क्सवादी वर्ग-संघर्ष की अवधारणा का सम्बन्ध ऐतिहासिक भौतिकवाद से है। 'कम्युनिस्ट घोषणा-पत्र' के अनुसार सभी समाजों का अब तक का इतिहास वर्ग-संघर्ष का इतिहास है। दूसरी ओर, जे० पी० का वर्ग-संघर्ष वांछनीय दिशा में तेजी से सामाजिक परिवर्तन लाने की एक तकनीक है। जैसाकि जे० पी० ने स्वयं कहा है, इसके लिए "स्थायी संघर्ष चलते रहने की साम्यवादी कल्पना की कोई आवश्यकता नहीं है"।[47]

(ii) मार्क्सवादी वर्ग-संघर्ष को अगर हम क्रान्ति की एक तकनीक के रूप में भी लें, जैसाकि मार्क्सवाद-लेनिनवाद के अन्तर्गत लिया गया है, तो भी जहाँ मार्क्सवादी वर्ग-संघर्ष के अन्तर्गत हिंसा को स्थान दिया गया है, वहाँ जे० पी० का वर्ग-संघर्ष पूर्णतः शान्तिमय वर्ग-संघर्ष है। इसमें ऊपर के वर्गों को नष्ट करने की बात नहीं की गयी है, बल्कि उन्हें परिवर्तित करने के लिए यथासम्भव प्रयत्न करने और उन्हें परिवर्तित होने के लिए हर सम्भव अवसर प्रदान करने की बात कही गयी है।

(iii) मार्क्सवादी हिंसक वर्ग-संघर्ष का उद्देश्य होता है सर्वहारा की तानाशाही की स्थापना। जे० पी० का वर्ग-संघर्ष सम्पूर्ण क्रान्ति के उनके चिन्तन का अंग है, और इसका उद्देश्य समाज को समता, स्वतंत्रता और बन्धुता के लोकतांत्रिक मूल्यों की ओर ले जाना है। जे० पी० के अनुसार क्रान्तिकारियों का मुख्य कार्य राज्य-शक्ति पर कब्जा करना नहीं है, चाहे वह लोकतांत्रिक तरीके से ही क्यों न हो, बल्कि उनका मुख्य कार्य लोकशक्ति के जागरण और संगठन द्वारा राज्य-शक्ति पर अंकुश स्थापित करना और राजनीतिक-आर्थिक विकेन्द्रीकरण के लिए दबाव पैदा करना है।

(iv) मार्क्सवाद के मौलिक रूप के अन्तर्गत सर्वहारा वर्ग को ही एकमात्र क्रान्तिकारी वर्ग माना गया है। पूंजीवादी व्यवस्था में सर्वहारा और बुर्जुआ वर्ग के बीच ही संघर्ष की कल्पना की गयी है। जे० पी० के अनुसार यह वर्ग-विश्लेषण औद्योगिक देशों पर ही लागू किया जा सकता है, भारत जैसे कृषि-प्रधान देश पर नहीं। भारतीय परिस्थितियों में क्रान्ति के सन्दर्भ में जे० पी० औद्योगिक मजदूर वर्ग से बहुत आशाएँ नहीं रखते थे। उसे वे छोटा (पेटी) बुर्जुआ वर्ग कहा करते थे। उनकी क्रान्तिकारी आशाएं मुख्यतः युवा-शक्ति और खेतिहर मजदूर वर्ग के इर्द-गिर्द केन्द्रित थीं।

इस तरह, जे० पी० ने सम्पूर्ण क्रान्ति के विचार को प्रतिपादित करने के पहले सभी महत्त्वपूर्ण मार्क्सवादी सिद्धान्तों को त्याग दिया था। "वर्ग-संघर्ष" शब्द का प्रयोग उन्होंने जरूर किया, लेकिन मार्क्सवाद से कुछ भिन्न अर्थ में।

हालांकि परम्परागत तौर से रूढ़िवादी मार्क्सवादी अपनी विचारधारा के मूल्य-आधारित व्याख्या को अस्वीकार करते हैं, फिर भी अगर हम आदर्शों और मूल्यों की दृष्टि से देखें तो हम पाँएगे कि जे० पी० अन्त तक समता और बन्धुता के मूल्यों और वर्गविहीन एवं राज्यविहीन समाज के आदर्शों से, जिन्हें उन्होंने मार्क्सवाद से ग्रहण किया था, प्रेरणा प्राप्त करते रहे। इन मूल्यों और आदर्शों का मार्क्सवाद से कोई अनिवार्य सम्बन्ध नहीं है; समता और बन्धुता के मूल्य लोकतांत्रिक मूल्य भी हैं। इसी तरह, मार्क्स के पहले और मार्क्स के बाद के कई गैरमार्क्सवादी विचारकों ने भी वर्गविहीन और राज्यविहीन समाज के आदर्श को स्वीकार किया है। लेकिन यह एक तथ्य है कि जे० पी० ने इन मूल्यों को मार्क्सवाद से प्राप्त किया था।

संक्षेप में, स्वतन्त्रता आन्दोलन, मार्क्सवाद और सर्वोदय, सम्पूर्ण क्रान्ति तक कि विचार-यात्रा में जे० पी० ने स्वतंत्रता, समता और बन्धुता के मूल्यों से अपना जुड़ाव बनाए रखा। इसी तरह, उन्होंने मार्क्सवाद को एक 'वाद' के रूप में जरूर अस्वीकार कर दिया, लेकिन वर्गविहीन और राज्यविहीन समाज के आदर्श को नहीं छोड़ा। दरअसल इन आदर्शों को प्राप्त करने के बेहतर तरीके की तलाश ही उन्हें मार्क्सवाद से सम्पूर्ण क्रान्ति तक ले आई।

सम्पूर्ण क्रान्ति और सर्वोदय

गाँधी के सामाजिक-राजनीतिक विचारों या सर्वोदय का सम्पूर्ण क्रान्ति से क्या सम्बन्ध है? जैसाकि हम पहले चर्चा कर चुके हैं, मार्क्सवाद से मोहभंग होने के बाद जे० पी० गाँधी के विचारों की ओर आकर्षित हुए थे। सर्वोदय सामाजिक दर्शन के जिन मुख्य तत्त्वों को उन्होंने ग्रहण किया था, वे हैं: एक, उसका नैतिक आधार और मूल्यों से लगाव; दूसरे, सत्याग्रह और सविनय अवज्ञा द्वारा सामाजिक क्रान्ति की तकनीक; तीसरे, राजनीतिक और आर्थिक सत्ता के विकेन्द्रीकरण का उनका आग्रह; चौथे, छोटे समुदाय और समुचित तकनीक पर बल; और सबसे बढ़ कर राज्य के माध्यम से परिवर्तन लाने की बजाय सीधे जनता के बीच काम करने की प्रक्रिया।

जे० पी० के अनुसार समाजवाद और सर्वोदय दोनों के सामाजिक-राजनीतिक आदर्श लगभग एक जैसे हैं। मार्क्सवाद और सर्वोदय दोनों ही वर्गविहीन और राज्य-विहीन समाज के आदर्श को स्वीकार करते हैं। जे० पी० की राय में सर्वोदय दर्शन हमें इन आदर्शों तक पहुँचने का बेहतर रास्ता दिखलाता है, क्योंकि इसके द्वारा बताए गए मार्ग में साध्य और साधन के बीच संगति है। फिर भी जे० पी० सर्वोदय को सामाजिक दर्शन का अन्तिम शब्द नहीं मानते थे। वे स्वीकार करते थे की भविष्य

में सर्वोदय दर्शन और व्यवहार में कई दोष सामने आएँगे और उन्हें दूर किया जाएगा, और इस तरह मानव मस्तिष्क सत्य की दिशा में आगे बढ़ता जाएगा।

सम्पूर्ण क्रान्ति के सन्दर्भ में जे० पी० ने स्पष्ट रूप से कहा है कि सम्पूर्ण क्रान्ति की उनकी कल्पना मार्क्सवाद या गांधीवाद जैसे किसी बने-बनाए ढाँचे में नहीं समा सकती है। जे० पी० के अनुसार, "वादों-सिद्धान्तों के कठमुल्लेपन से ऊपर उठना सम्पूर्ण क्रान्ति के वैचारिक पहलू का हिस्सा है। किसी एक सिद्धान्त के पास, किसी एक व्यक्ति के पास सारी समस्याओं का हल नहीं हो सकता है।" जे० पी० की राय में 'वाद' में सबसे बड़ा दोष यह होता है कि प्रत्येक 'वाद' का यह आग्रह होता है कि अमुक मूल्य उसके अमुक साँचे के भीतर सध-सकते हैं, दूसरे किसी तरीके से नहीं। जबकि जे० पी० यह मानते थे कि "एक बार लक्ष्यों को निर्धारित और मूल्यों को परिभाषित कर लेने के बाद यह विज्ञान का काम रह जाता है कि वह तय करे कि उक्त लक्ष्यों को उन मूल्यों की रूपरेखा के भीतर कैसे प्राप्त किया जाए।"[48]

दरअसल, जे० पी० गांधी के विचारों के क्रान्तिकारी, गतिशील और आधुनिक रूपान्तर के पक्षधर थे। जैसाकि उन्होंने स्वयं कहा है : "मुझ पर अक्सर अपने विचारों और कार्यक्रमों को बदलने का आरोप लगाया गया है, मेरा दावा है कि इन बाहरी परिवर्तनों के बीच मैं एक निश्चित लक्ष्य की ओर बढ़ता रहा हूँ, एक निश्चित प्रश्न का उत्तर ढूढ़ता रहा हूँ : भारत को कैसे स्वतन्त्र किया जाए और एक सामाजिक, आर्थिक और राजनीतिक लोकतन्त्र की स्थापना में कैसे सहायता की जाए। यह तलाश मुझे कई मतवादों एवं राजनीतिक दलों में ले गई, जब तक मैं इस निष्कर्ष पर नहीं पहुँचा कि इसका उत्तर गांधीजी के पास है, गांधीजी के विचारों का बुद्धि-हीन उपयोग नहीं, बल्कि उसका गतिशील एवं क्रान्तिकारी रूपान्तर।"[49]

जे० पी० के अनुसार चाहे ग्रामराज पर आधारित राजनीतिक ढाँचा हो या छोटे उद्योगों और समुचित तकनीक पर आधारित आर्थिक संरचना, या चाहे ग्रामीण शहरी, कृषि-औद्योगिक सभ्यता के विकास की बात, इन सभी मुद्दों पर हमें गांधी के विचारों से प्रेरणा ग्रहण करनी चाहिए, और उसे आधुनिकतम चिन्तन और पश्चिम के अनुभव के आधार पर और पुष्ट करना चाहिए।

गांधी ने अपने सामाजिक-राजनीतिक चिन्तन में मूल्यों और नैतिकता को मुख्य स्थान दिया है। साध्य और साधन की एकता पर उन्होंने बल दिया। जे० पी० ने अन्य बातों के अलावा सर्वोदय दर्शन की इस विशेषता को अपनाया। लेकिन गांधी जहाँ एक ओर राजनीति को नैतिकता से जोड़ते थे, वहाँ दूसरी ओर वे स्पष्ट तौर से नैतिकता को संगठित धर्मों से जोड़ते थे। अपने सामाजिक चिंतन को व्यक्त करने के

लिए उन्होंने "राम-राज्य" शब्द का प्रयोग किया, जिसका सम्बन्ध हिन्दू धर्म से है। गाँधी अपने को "सनातनी हिन्दू" कहते थे। छुआछूत और जाति-व्यवस्था का विरोध करने के बावजूद, वे जन्म पर आधारित वर्ण-व्यवस्था के समर्थक थे। वे गोहत्याबन्दी के भी समर्थक थे। इस तरह गाँधी के सामाजिक चिन्तन को पूर्णतः धर्मनिरपेक्ष नहीं कहा जा सकता है।

जे० पी० ने भी राजनीति को नैतिकता से जोड़ने पर बल दिया, लेकिन उन्होंने गाँधी की तरह नैतिकता को स्पष्टतः संगठित धर्मों के साथ नहीं जोड़ा। गाँधी ने ईश्वर और संगठित धर्मों के बारे में भी बहुत कुछ लिखा और उसे अपने सामाजिक-राजनीतिक चिन्तन से जोड़ा भी। दूसरी ओर, जे० पी० की इन विषयों में बहुत अधिक रुचि नहीं थी। उनका दृष्टिकोण मूलतः धार्मिक या आध्यात्मिक नहीं, बल्कि सामाजिक था। वे मूल्य-निष्ठ समाज-वैज्ञानिक दृष्टिकोण रखते थे, और अपने सामाजिक-राजनीतिक चिन्तन में उन्होंने ईश्वर और सगठित धर्मों को कोई प्रमुख स्थान नहीं दिया है। अपने सामाजिक-राजनीतिक चिन्तन को व्यक्त करने के लिए उन्होंने "सम्पूर्ण क्रान्ति" और "वर्ग-संघर्ष" जैसे शब्दों को इस्तेमाल किया, जिनका प्रयोग गाँधी नहीं किया करते थे। गाँधी गोहत्याबन्दी के अलावे, ब्रह्मचर्य और पूर्णनशाबन्दी का भी समर्थन किया करते थे। आज भी कुछ गाँधीवादी इन मुद्दों को बहुत अधिक महत्त्व देते हैं, लेकिन जे० पी० ने सम्पूर्ण क्रान्ति के सन्दर्भ में कभी भी ब्रह्मचर्य, गोहत्याबन्दी या पूर्णनशाबन्दी की वकालत नहीं की है। इस तरह, जे० पी० का सामाजिक-राजनीतिक चिन्तन धर्मनिरपेक्ष और उनकी शब्दावली आधुनिक और क्रान्तिकारी है। शायद यही कारण है कि जे० पी० के सम्पूर्ण क्रान्ति के विचार ने बड़ी तेजी से युवाओं को अपनी ओर आकर्षित किया था।

"सर्वोदय" शब्द का प्रयोग विनोबा द्वारा चलाए गए भूदान और ग्रामदान आन्दोलन के लिए भी किया जाता है। जे० पी० विनोबा के नेतृत्व में चलाए जा रहे आन्दोलन की ओर तीव्रता से आकर्षित हुए थे। यहाँ तक कि 1954 में उन्होंने दल एवं सत्ता की राजनीति से अलग होने और अपना बाकी जीवन भूदान और सर्वोदय आन्दोलन में लगाने का निर्णय लिया था।

सर्वोदय आन्दोलन में शामिल होने से पहले जे० पी० ने विनोबा के साथ चर्चाएँ कर अपने को आश्वस्त कर लिया था कि उनका आन्दोलन सिर्फ जमीन के बँटवारे के लिए नहीं था, बल्कि उसका लक्ष्य व्यक्ति और समाज का सम्पूर्ण परिवर्तन था। इस बारे में अपने विचारों को जे० पी० ने 'कारावास की कहानी' में इस प्रकार व्यक्त किया है:

"क्रान्ति करने की जो तीव्रता मेरे मन में थी, वह मुझे मार्क्सवाद की ओर तथा

राष्ट्रीय आजादी के आन्दोलन से गुजर कर लोकतान्त्रिक समाजवाद की ओर और फिर विनोबाजी की 'प्रेम से क्रान्ति' की ओर खींच ले गई। विनोबा जी के आन्दोलन में शामिल होने के पूर्व उनके साथ चर्चाएँ कर मैं आश्वस्त हो गया था कि उनका लक्ष्य मात्र जमीन बाँटना नहीं बल्कि मनुष्य एवं समाज का सम्पूर्ण परिवर्तन करना है, जिसे मैंने दोहरी क्रान्ति, मानवीय क्रान्ति के द्वारा सामाजिक क्रान्ति की संज्ञा दी थी।

"क्रान्ति (राष्ट्रीय क्रान्ति के बाद सामाजिक क्रान्ति) के साथ मेरा ऐसा पुराना लगाव होने के कारण जब मुझे लगा कि ग्राम-स्वराज्य आन्दोलन से वह अहिंसक क्रान्ति (जिसकी चर्चा हम पूरे बीस साल तक यानी 1954 में जब मैं विनोबाजी के साथ हुआ तब से 1974 तक करते रहे) होने वाली नहीं है तो मैं दूसरे रास्ते की तलाश करने लगा।""इस प्रकार जब बिहार में छात्रों के आन्दोलन ने जोर पकड़ा"" तब मैंने सोचा कि आन्दोलन को सम्पूर्ण क्रान्ति की दिशा में मोड़ने का समय आ गया है।"[50]

सम्पूर्ण क्रान्ति के दौर में जे० पी० और विनोबा के दृष्टिकोण में मुख्य अन्तर संघर्ष के प्रश्न पर था। शायद विनोबा यह सोचते थे कि शान्तिमय संघर्ष के बिना ही राजनीतिक व्यवस्था में संरचनात्मक परिवर्तन लाया जा सकता है। वे हर हाल में संघर्ष को टालने के लिए उत्सुक मालूम देते थे, जबकि जे० पी० की यह निश्चित मान्यता थी कि शान्तिमय जन-संघर्ष के बिना सम्पूर्ण क्रान्ति सम्भव नहीं है। जे० पी० की सम्पूर्ण क्रान्ति और विनोबा द्वारा चलाए जा रहे सर्वोदय आन्दोलन के बीच का अन्तर जे० पी० के वर्ग संघर्ष के विचार द्वारा भी स्पष्ट होता है।

जे० पी० के अनुसार सर्वोदय आन्दोलन में मुख्य रूप से समाज के शक्तिशाली वर्गों को समझा-बुझा कर परिवर्तन लाने की कोशिश की गयी। कमजोर और पिछड़े वर्गों की सर्वोदय आन्दोलन में बहुत कम भूमिका रही। जे० पी० की राय में इस प्रक्रिया से व्यक्तिगत रूप से कुछ लोगों का विचार बदला, लेकिन पूरे उच्च वर्ग में परिवर्तन नहीं आया। जे० पी० के अनुसार सिर्फ ऊपर के वर्गों के विचार-परिवर्तन पर निर्भर रहने से समाज को वांछनीय दिशा में परिवर्तित करने में काफी समय लग जाएगा। इसलिए, इस प्रक्रिया की सीमा को देखते हुए जे० पी० क्रान्ति की दिशा में बढ़ने के लिए पिछड़े, दबे लोगों के व्यापक वर्ग-संगठन और शान्तिमय वर्ग-संघर्ष को जरूरी मानते थे। उनके अनुसार इस दुहरे दबाव द्वारा ही समाज को समता की दिशा में ले जाया जा सकता है।

जे० पी० की सम्पूर्ण क्रान्ति और विनोबा द्वारा चलाए गए सर्वोदय आन्दोलन के बीच दूसरा महत्त्वपूर्ण अन्तर राज्य के प्रति दृष्टिकोण को ले कर है। सर्वोदय

आन्दोलन के अन्तर्गत एक तरह से राज्य और सत्ता की राजनीति की पूर्ण अवहेलना की गयी थी, या उसके प्रति तटस्थता बरती गयी थी। ऐसा मान लिया गया था कि एक लोकतांत्रिक देश में बड़े पैमाने पर जनता के बीच सीधे कार्य करने पर उसका स्वभावतः ही राज्य पर असर पड़ेगा। इसलिए उसकी ओर विशेष ध्यान देने की जरूरत नहीं है। जे० पी० के अनुसार यह मान्यता गलत थी, क्योंकि समाज और राजनीति में जड़ जमाए हुए निहित स्वार्थ राज्य को अपने नियंत्रण में बनाए रखने के लिए तत्पर रहते हैं। इसलिए, जे० पी० स्वयं राज्य-शक्ति नहीं प्राप्त करना चाहते हुए भी, राज्य-शक्ति को लोकशक्ति के प्रति उत्तरदायी बनाने की आवश्यकता और इस दृष्टि से सत्ता की राजनीति में हस्तक्षेप करने की वांछनीयता के प्रति पूरी तरह सचेत थे। राज्य-शक्ति पर लोकशक्ति का अंकुश स्थापित करना सम्पूर्ण क्रान्ति का एक मुख्य राजनीतिक उद्देश्य है।

जे० पी० की राय में क्रान्ति में मुख्य भूमिका जनता की या लोकशक्ति की होगी, लेकिन सरकार या राज्य-शक्ति की भी इसमें सहयोगी या पूरक भूमिका हो सकती है और होनी चाहिए। यह सरकार के चरित्र पर निर्भर करेगा कि क्रान्ति के लिए संघर्ष सरकार के सहयोग से आगे बढ़ता है, या सरकार का विरोध करते हुए। अगर कोई सरकार अपनी सही भूमिका नहीं निभाती है और क्रान्ति के विरोध में खड़ा होने की कोशिश करती है, तो जनता को पहले उस सरकार को लोकतांत्रिक तरीके से हटाना पड़ सकता है। इस तरह, जे० पी० के सम्पूर्ण क्रान्ति के चिन्तन के अनुसार क्रान्ति के क्रम में स्थापित सरकार से संघर्ष भी सम्भव है।

अगर देखा जाए तो इन दो मुद्दों पर जे० पी० का दृष्टिकोण विनोबा के दृष्टिकोण की तुलना में गाँधी के दृष्टिकोण के अधिक करीब है। गाँधी को संघर्ष से कोई परहेज नहीं था। दरअसल, सत्याग्रह की प्रक्रिया राजनीति को गाँधी का एक मुख्य योगदान है। इसी तरह, स्वयं सत्ता की राजनीति से अलग रहते हुए भी गाँधी राज्य-शक्ति या सत्ता की राजनीति के प्रति तटस्थ नहीं थे; न ही आवश्यकता पड़ने पर स्थापित सरकार के विरुद्ध संघर्ष का आह्वान करने में उन्हें कोई हिचकिचाहट थी। यहाँ पर सम्पूर्ण क्रान्ति और सर्वोदय के बीच जो अन्तर है, वह गाँधी के विचारों से नहीं, बल्कि गाँधी के विचारों की विनोबा द्वारा की गयी व्याख्या या संशोधनों से है।

रमेन्द्र

सन्दर्भ

1. जयप्रकाश नारायण, कारावास की कहानी (पटना : बिहार सर्वोदय मंडल, 1977), पृष्ठ 28-29.
2. जयप्रकाश नारायण (सं०—विमल प्रसाद), समाजवाद, सर्वोदय और लोकतंत्र (पटना : बिहार हिन्दी ग्रन्थ अकादमी, 1981), पृष्ठ 157-58.
3. वही, पृष्ठ—158.
4. वही, पृष्ठ—159.
5. वही, पृष्ठ—164-65.
6. वही, पृष्ठ—166.
7. वही, पृष्ठ—172.
8. वही, पृष्ठ—110-11.
9. वही, पृष्ठ—173.
10. वही, पृष्ठ—171.
11. वही, पृष्ठ—181.
12. जयप्रकाश नारायण (सं०—कान्तिभाई शाह), मेरी विचार-यात्रा, भाग-2 (वाराणसी : सर्व-सेवा-संघ प्रकाशन, 1986), पृष्ठ—119.
13. वही, पृष्ठ—120.
14. जयप्रकाश नारायण, कारावास की कहानी, पृष्ठ—93.
15. वही, पृष्ठ—94.
16. जयप्रकाश नारायण (सं०—रमेन्द्र), जयप्रकाश विचार-संकलन, (पटना : राजेन्द्र प्रकाशन, 1986), पृष्ठ—9.
17. वही.
18. जयप्रकाश नारायण, मेरी विचार-यात्रा, भाग—2, पृष्ठ—98.
19. जयप्रकाश नारायण, जयप्रकाश विचार-संकलन, पृष्ठ—10.
20. वही, पृष्ठ—14.
21. वही, पृष्ठ—24.
22. जयप्रकाश नारायण, कारावास की कहानी, पृष्ठ—1.
23. वही, पृष्ठ—66.
24. वही, पृष्ठ—94.
25. वही, पृष्ठ—66-67.
26 जयप्रकाश नारायण, जयप्रकाश विचार-संकलन, पृष्ठ—42.
27. वही, पृष्ठ—42-43.

28. जयप्रकाश नारायण, कारावास की कहानी, पृष्ठ—64.
29 वही, पृष्ठ—65.
30. वही.
31. जयप्रकाश नारायण, मेरी विचार यात्रा, भाग-II, पृष्ठ—124.
32. वही, पृष्ठ—122.
33, जयप्रकाश नारायण, कारावास की कहानी, पृष्ठ—37.
34. जयप्रकाश नारायण, जयप्रकाश विचार-संकलन, पृष्ठ—58-59.
35. वही, पृष्ठ—67.
36. वही, पृष्ठ—71.
37. जयप्रकाश नारायण, कारावास की कहानी, पृष्ठ—62.
38. जयप्रकाश नारायण, जयप्रकाश विचार-संकलन, पृष्ठ—80.
39. वही.
40. वही, पृष्ठ—81.
41. वही.
42. वही, पृष्ठ—85.
43. वही.
44. जयप्रकाश नारायण, कारावास की कहानी, पृष्ठ—27.
45-46 जयप्रकाश नारायण (सं०—राममूर्ति), जे० पी० का वर्ग-संघर्ष, पृष्ठ—9-18.
47. वही, पृष्ठ—10.
48. जयप्रकाश नारायण, मेरी विचार-यात्रा, भाग-II, पृष्ठ—120.
49. जयप्रकाश नारायण, जयप्रकाश विचार-संकलन, पृष्ठ—1.
50. जयप्रकाश नारायण, कारावास की कहानी, पृष्ठ—29.

देवीप्रसाद चट्टोपाध्याय

जीवनी—देवीप्रसाद चट्टोपाध्याय एक मार्क्सवादी विचारक हैं। देवीप्रसाद का जन्म 1918 में हुआ। उन्होंने कलकत्ता विश्वविद्यालय से एम०ए० और डी० लिट् की उपाधि प्राप्त की। बाद में कलकत्ता और बम्बई के विभिन्न कॉलेजों में दर्शनशास्त्र के अध्यापन का कार्य किया। वे विभिन्न शोध संस्थानों से भी सम्बद्ध रहे। देवीप्रसाद की प्रसिद्ध पुस्तक 'लोकायत' 1959 में अंग्रेजी में प्रकाशित हुई। इसके अतिरिक्त 'भारतीय दर्शन : सरल परिचय', 'भारतीय दर्शन में क्या जीवंत है और क्या मृत' और Indian Atheism उनकी अन्य प्रमुख पुस्तकें हैं। देवीप्रसाद की मृत्यु 8 मई, 1993 को हुई।

अपनी पुस्तक Lokayat : A Study of Ancient Indian Materialism में देवीप्रसाद ने प्राचीन भारतीय भौतिकवाद : लोकायत का एक अध्ययन प्रस्तुत किया है। उनकी पुस्तक की एक विशेषता यह है कि उन्होंने लोकायत का अध्ययन भौतिकवादी दृष्टि से—या और अधिक स्पष्ट कहें तो मार्क्सवादी दृष्टि से—किया है। देवीप्रसाद की पुस्तक की दूसरी विशेषता यह है कि उन्होंने अपने निष्कर्षों को सन्दर्भों, उद्धरणों और युक्तियों के जरिए पुष्ट करने का भरपूर प्रयास किया है। देवीप्रसाद की पुस्तक की तीसरी विशेषता यह है कि उन्होंने लोकायत का अध्ययन सिर्फ वैचारिक स्तर पर नहीं, बल्कि सामाजिक सन्दर्भों से जोड़ कर प्रस्तुत किया है। भारतीय दर्शन के अधिकांश आधुनिक भारतीय विद्वानों ने भारतीय दर्शन का इतिहास प्रत्ययवादी या रूढ़िवादी हिन्दू दृष्टिकोण से लिखा है। इस मायने में देवीप्रसाद की पुस्तक लकीर से हट कर है।

"लोकायत" का अर्थ

"लोकायत" के अर्थ की व्याख्या करते हुए देवीप्रसाद ने इस रोचक तथ्य की ओर ध्यान दिलाया है कि प्राचीन भारत में "आम लोगों के दर्शन" और "भौतिकवाद" के लिए दो अलग-अलग शब्दों का नहीं, बल्कि एक ही शब्द—लोकायत—का प्रयोग किया गया है। अक्सर यह दावा किया जाता है कि भारतीय दार्शनिक परम्परा प्रत्ययवाद और अध्यात्मवाद से ओत-प्रोत है। देवीप्रसाद ध्यान दिलाते हैं कि इस कथन को तभी सत्य माना जा सकता है, जबकि हम उस दार्शनिक धारा की अनदेखी करें, जिसे परम्परा से सामान्य भारतीय जनों का दर्शन बतलाया गया है। "लोकायत" का एक अर्थ हुआ "लोगों का दर्शन" (लोकेषु आयतः लोकायत) और दूसरा अर्थ हुआ "इहलोकवादी या भौतिकवादी दर्शन"। लोकायत दर्शन को ही चार्वाक या बार्हस्पत्य दर्शन भी कहा जाता है।[1]

भारतीय भौतिकवाद की समस्या

देवीप्रसाद के अनुसार भारतीय भौतिकवाद को एक ऐसी दार्शनिक विचारधारा के रूप में नहीं देखा जा सकता है, जिसका वैचारिक स्तर पर अपना स्वतंत्र अस्तित्व रहा हो। प्राचीन भारतीय भौतिकवाद का इतिहास भारतीय जनता के इतिहास के साथ अभिन्न रूप से जुड़ा हुआ है।

'जनता'' का क्या अर्थ है ? क्या उनका कोई दर्शन था ? अगर हाँ, तो किस अर्थ में वह दर्शन भौतिकवादी था ? ये कुछ ऐसे प्रश्न हैं जिनका उत्तर दिए बिना लोकायत का अध्ययन सम्भव नहीं है। लेकिन इन प्रश्नों का उत्तर ढूंढ़ने में सबसे बड़ी कठिनाई यह है कि लोकायत के बारे में प्रामाणिक और प्रासंगिक जानकारी की बहुत कमी है। लोकायत दर्शन का कोई भी मूल ग्रन्थ उपलब्ध नहीं है, और न ही उनके दुबारा मिलने की कोई सम्भावना दिखती है। लोकायत के प्रति जो तीव्र शत्रुता की भावना कई स्थानों पर देखने को मिलती है, उसके आधार पर कभी कभी यह अटकल भी लगाई जाती है कि शायद लोकायत दर्शन के मूल-ग्रन्थों को जानबूझ कर नष्ट कर दिया गया हो। जो भी हो, मूल-ग्रन्थों के अभाव में लोकायत दर्शन और उसके समर्थक लोकायतिकों के बारे में जो भी जानकारी और सन्दर्भ उपलब्ध हैं, वे उन्हीं लेखकों की रचनाओं में उपलब्ध हैं, जो लोकायत दर्शन का खण्डन करना चाहते थे या फिर उसका मजाक उड़ाना चाहते थे। इस तरह, हम लोकायत दर्शन को उसके विरोधियों के माध्यम से ही जानने के लिए बाध्य हैं।

देवीप्रसाद के अनुसार लोकायत के विरोधियों से यह अपेक्षा नहीं रखी जा सकती है कि उन्होंने लोकायत का निष्पक्ष वर्णन प्रस्तुत करने के लिए पर्याप्त सावधानी बरती होगी। इसलिए, इन स्त्रोतों से लोकायत की पूर्वाग्रहमुक्त जानकारी मिलने की सम्भावना नहीं है। दूसरे, भारतीय दर्शन की विभिन्न शाखाओं ने अलग-अलग दार्शनिक विवादों के सन्दर्भ में लोकायत के खण्डन का प्रयास किया है। ऐसे में इन स्त्रोतों से लोकायत की अधूरी और आंशिक जानकारी ही मिलती है। इसका एक प्रमुख अपवाद 14वीं शताब्दी में माधवाचार्य द्वारा लिखित 'सर्व-दर्शन-संग्रह' है। लेकिन देवीप्रसाद की राय में इसे भी प्रामाणिक स्वीकार कर पाना मुश्किल है।[2]

लोकायत के व्याख्या को परम्परागत पद्धति

आमतौर से प्राचीन भारतीय दर्शन के आधुनिक विद्वानों ने लोकायत दर्शन के पुनर्निर्माण के लिए माधव के 'सर्व-दर्शन-संग्रह' का सहारा लिया है। इस पुस्तक के प्रथम अध्याय को मूल-स्त्रोत मानते हुए, उसके प्रकाश में अन्य स्त्रोतों द्वारा प्राप्त जानकारी की व्याख्या की गयी है। देवीप्रसाद के अनुसार इस परम्परागत पद्धति के दो मुख्य आकर्षण हैं। पहली बात तो यह है कि माधव द्वारा लोकायत के बारे

में दी गयी जानकारी स्पष्ट और सामंजस्यपूर्ण है। माधव ने लोकायत के ज्ञान-मीमांसा, तत्त्वमीमांसा और नीतिशास्त्र की अपनी व्याख्या तार्किक और व्यवस्थित तरीके से प्रस्तुत की है। उनके अनुसार लोकायतिकों ने इन्द्रिय-प्रत्यक्ष के अतिरिक्त ज्ञान के किसी भी अन्य साधन की वैधता को अस्वीकार किया है। इसलिए उन्होंने ऐसी सभी सत्ताओं के अस्तित्व को नकारा है जिनका इन्द्रिय-प्रत्यक्ष से ज्ञान नहीं होता है। लोकायतिकों के अनुसार ईश्वर, आत्मा या मृत्यु के बाद जीवन का अस्तित्व नहीं है। इसलिए, उन्होंने धार्मिक और नैतिक मूल्यों को भी नकारा है, और सिर्फ इन्द्रिय-सुख को महत्त्व दिया है। माधव द्वारा प्रस्तुत किए गए लोकायत दर्शन का सार-तत्त्व यही है।

देवीप्रसाद के अनुसार लोकायत की यह व्याख्या चाहे माधव की कल्पना की उपज हो या न हो, लेकिन यह अस्पष्टता से मुक्त है, और इसमें अदभुत आन्तरिक सामंजस्य है। लोकायत की व्याख्या के लिए इसे आधार बना कर आगे बढ़ने पर ऐसा महसूस होता है कि हम ठोस जमीन पर चल रहें हैं।

दूसरे, भौतिकवाद के प्रति माधव के दृष्टिकोण और प्राचीन भारतीय दर्शन के आधुनिक विद्वानों के दृष्टिकोण में समानता है, या यूं कहें कि वे भौतिकवाद के प्रति एक जैसे ही पूर्वाग्रहों से ग्रस्त हैं। माधव के अनुसार भौतिकवाद उन अपरिष्कृत लोगों की विचारधारा थी जो मानव अस्तित्व के उच्चतर मूल्यों को नहीं समझते थे। आधुनिक विद्वानों ने भी यही दृष्टिकोण अपनाया है, उन्हें भी माधव की तरह ही भौतिकवाद से कोई सहानुभूति नहीं है।

उदाहरण के तौर पर देवीप्रसाद ने राधाकृष्णन द्वारा की गयी लोकायत की व्याख्या का उल्लेख किया है। राधाकृष्णन के अनुसार लोकायत दर्शन का सार-संक्षेपण 'प्रबोधचन्द्रोदय' नाटक के एक पात्र द्वारा व्यक्त किया गया है। देवीप्रसाद की राय में ऐसा यह कहने के बराबर है कि सुकरात के विचारों या व्यक्तित्व के मूल तत्व की जानकारी अरिस्टोफेन्स के माध्यम में मिल सकती है। कृष्ण मिश्र ने 'प्रबोधचन्द्रोदय' की रचना बौद्ध, जैन, चार्वाक और कापालिक मत का उपहास और खण्डन करने के लिए की थी; कोई भी विद्वान यह नहीं कहेगा कि बौद्ध या जैन विचारों के मूल तत्व की जानकारी 'प्रबोधचन्द्रोदय' से मिल सकती है, लेकिन भौतिकवाद के साथ बात कुछ और है। राधाकृष्णन जैसे आधुनिक विद्वानों की भौतिकवाद के मूल तत्त्व और उसके व्यंगचित्र के बीच अन्तर करने में कोई रुचि नहीं है। इसलिए उन्हें लोकायत की माधव द्वारा की गयी व्याख्या संतोषजनक लगती है। लेकिन देवीप्रसाद के अनुसार इन दो आकर्षणों के बावजूद हम लोकायत के व्याख्या की इस परम्परागत पद्धति पर संदेह करने के लिए बाध्य हो जाते हैं, क्योंकि इस पद्धति का अनुसरण कर आधुनिक लेखक लोकायत के बारे में परस्पर

विरोधी निष्कर्षों पर पहुँचे हैं। ऐसा इसलिए हुआ क्योंकि उन्होंने माधव द्वारा प्राप्त जानकारी और भिन्न अन्य स्रोतों द्वारा लोकायत के बारे मे प्राप्त जानकारी के बीच अलग-अलग तरीके से सामंजस्य स्थापित करने का प्रयास किया।

देवीप्रसाद के अनुसार राधाकृष्णन, दासगुप्त और दक्षिणरंजन शास्त्री सहित अधिकांश आधुनिक विद्वानों ने लोकायत की पुनर्रचना के लिए माधव के 'सर्व-दर्शन-संग्रह' को आधार बनाया। राधाकृष्णन ने माधव के अतिरिक्त 'प्रबोधचन्द्रोदय' और 'सर्वसिद्धान्तसंग्रह' की सहायता ली। ये सभी पुस्तकें वेदान्ती प्रत्ययवाद के दृष्टिकोण से लिखी गयी हैं।

रीज डेविड्स एकमात्र प्रमुख आधुनिक विद्वान हैं जिन्होंने माधव की प्रामाणिकता पर संदेह व्यक्त किया है। रीज डेविड्स ने यह पाया कि प्राचीन बौद्ध साहित्य में लोकायत के बारे में कई सन्दर्भ हैं, जिनका माधव द्वारा किए गए वर्णन से कोई मेल नहीं है। इस आधार पर उन्होंने यह निष्कर्ष निकाला कि लोकायत का दार्शनिक विचारधारा के रूप में कोई अस्तित्व ही नहीं था! देवीप्रसाद के अनुसार रीज डेविड्स का यह निष्कर्ष माधव के वर्णन को अत्यधिक महत्त्व देने का परिणाम था। रीज डेविड्स के अनुसार, क्योंकि माधव द्वारा वर्णित लोकायत के अस्तित्व का प्रमाण प्राचीन साहित्य में नहीं मिलता है, इसलिए लोकायत का कोई अस्तित्व नहीं था। देवीप्रसाद की राय में अगर रीज डेविड्स ने अपने को माधव के प्रभाव से मुक्त किया होता और बौद्ध स्रोतों द्वारा लोकायत के बारे में प्राप्त जानकारी को प्रर्याप्त महत्त्व देते हुए उसे जैन और अन्य स्रोतों से प्राप्त जानकारी के साथ जोड़ने का प्रयास किया होता, तो सम्भवतः उन्होंने प्राचीन लोकायत की पुनर्रचना का एक नया तरीका ढूंढ़ निकाला होता, लेकिन उन्होंने ऐसा नहीं किया। इस तरह, माधव पर संदेह व्यक्त करने के बाद भी रीज डेविड्स माधव पर ही निर्भर रहे।[3]

माधव की प्रामाणिकता

देवीप्रसाद ने माधव द्वारा लोकायत की व्याख्या की प्रामाणिकता पर दो युक्तियों के आधार पर संदेह व्यक्त किया है। लोकायत दर्शन का उल्लेख प्राचीन बौद्ध साहित्य में भी आता है, जिसके आधार पर हम कह सकते हैं कि लोकायत दर्शन का अस्तित्व बुद्ध के भी पहले से था; जबकि माधव 14वीं शताब्दी के लेखक हैं। इस तरह प्राचीन लोकायत दर्शन और माधव के बीच दो हजार वर्षों की दूरी है। दूसरे, माधव विजयनगर साम्राज्य के संस्थापक मन्त्रियों में एक थे। संभव है उनकी राजनीतिक गतिविधियों का उनके दार्शनिक विचारों पर भी प्रभाव पड़ा हो। ऐसे में कुलीनतंत्र के एक खुले समर्थक से यह आशा नहीं रखी जा सकती है कि

उन्होंने सामान्य लोगों के दर्शन—लोकायत—की बिल्कुल सही तस्वीर हमारे सामने रखी हो।[4]

लोकायत ज्ञानमीमांसा

आमतौर से यह मान लिया जाता है कि लोकायत ने अनुमान की वैधता को अस्वीकार किया है। इस मान्यता का स्रोत लोकायत दर्शन की माधव द्वारा दी गयी जानकारी है। अनुमान के लिए व्याप्ति-सम्बन्ध (universal relation) की स्थापना आवश्यक है; लेकिन व्याप्ति-सम्बन्ध की स्थापना न तो प्रत्यक्ष, न अनुमान और न शब्द के आधार पर की जा सकती है। इसलिए, अनुमान की वैधता को स्वीकार नहीं किया जा सकता है। जैसा कि माधव ने बतलाया है, लोकायत के अनुसार, प्रत्यक्ष ही ज्ञान का एकमात्र साधन है।

देवीप्रसाद के अनुसार लोकायत ज्ञानमीमांसा को इस तरह प्रस्तुत किए जाने पर उसका खण्डन बहुत आसान हो जाता है। सभी युक्तियों का आधार व्याप्ति-सम्बन्ध है। व्याप्ति को अस्वीकार करने का अर्थ है, सभी युक्तियों को अस्वीकार करना। लेकिन अपने विचारों का समर्थन करने के लिए स्वयं लोकायतिकों द्वारा भी युक्तियों का सहारा लेना आवश्यक था। इसलिए, यह कहा जा सकता है कि उनके विचारों में आत्म-विरोध है। इतना ही नहीं, एक बार अनुमान को अस्वीकार करने पर व्यावहारिक जीवन भी असम्भव हो जाएगा। देवीप्रसाद के अनुसार पारिस्थितिक साक्ष्य के आधार पर यह कहा जा सकता है कि लोकायत ज्ञान-मीमांसा के बारे में माधव द्वारा दी गयी जानकारी अधिकांश काल्पनिक है।

देवीप्रसाद की राय में लोकायतिकों का युक्तियों के प्रति पूर्णतः नकारात्मक दृष्टिकोण नहीं था, बल्कि सम्भवतः वे भारत के सबसे पुराने तर्कशास्त्री थे। इसके अलावा यह मान लेना भी गलत है कि लोकायतिकों ने युक्तियों का प्रयोग सिर्फ दूसरे मतों के खण्डन के लिए किया है। देवीप्रसाद के अनुसार ऐसा इसलिए मालूम होता है क्योंकि लोकायत की जानकारी उनके विरोधियों की रचनाओं से मिलती है जिनकी मुख्य रुचि लोकायतिकों द्वारा की गयी उनके सिद्धान्तों की आलोचनाओं का उत्तर देना होता था।

देवीप्रसाद ध्यान दिलाते हैं कि 'सुक्र नीति सार' के अनुसार नास्तिक तार्किक युक्तियों के मामले में बड़े तेज थे। आम तौर से यह समझा जाता है कि यहाँ पर जिन नास्तिकों का उल्लेख आया है, वे लोकायतिक ही हैं। 'सुक्र नीति सार' के अनुसार नास्तिकों के शास्त्र में ईश्वर के अस्तित्व और वेदों की प्रामाणिकता का खण्डन किया गया था। इसके अलावा, नास्तिक इस मत का भी समर्थन करते थे कि सभी घटनाएँ प्राकृतिक नियमों द्वारा नियंत्रित होती हैं (सर्वम् स्वाभाविकम् मम्)।

इसी तरह, कौटिल्य ने अपनी पुस्तक 'अर्थशास्त्र' में सांख्य, योग और लोकायत दर्शन का सम्बन्ध आन्वीक्षिकी से जोड़ा है। "आन्वीक्षिकी" तर्कशास्त्र के लिए प्रयुक्त प्राचीन भारतीय शब्द है। मनु ने भी हेतुशास्त्र और हैतुकों का उल्लेख किया है। दासगुप्त के अनुसार सम्भवतः ये हैतुक और कोई नहीं लोकायतिक ही हैं, क्योंकि इन्हें नास्तिक भी बतलाया गया है। मनु के अनुसार इन हैतुकों से बात भी नहीं करनी चाहिए, क्योंकि ये परलोक, यज्ञ और वेदों की प्रामाणिकता का खण्डन करते थे।

देवीप्रसाद की राय में दासगुप्त द्वारा किए गए शोधों के माध्यम से लोकायत दर्शन की काफी जानकारी मिलती है। दासगुप्त ने वैदिक, बौद्ध और जैन स्रोतों में उपलब्ध लोकायत दर्शन से सम्बद्ध लगभग सभी सन्दर्भों को एक स्थान पर इकट्ठा कर दिया है, जिससे लोकायत के अध्ययन में बहुत सुविधा हो गयी है। दासगुप्त ने पुरन्दर नाम के एक लोकायतिक का उल्लेख किया है जिन्हें उन्होने सातवीं शताब्दी का विचारक माना है। दासगुप्त ने पुरन्दर के विचारों की जानकारी देते हुए बतलाया है कि पुरन्दर के अनुसार चार्वाक दर्शन के समर्थकों ने इंद्रियानुभविक जगत के सन्दर्भ में अनुमान की उपयोगिता को स्वीकार किया है। उन्होंने सिर्फ तथाकथित अनुभवातीत जगत्, मृत्यु के बाद जीवन और कर्मवाद जैसे सिद्धान्तों के सन्दर्भ में, जिनका इंद्रिय-अनुभव नहीं होता, अनुमान की उपयोगिता को नकारा है। उन्होंने ऐसा इसलिए किया क्योंकि आगमन के जरिए सामान्य नियमों की स्थापना अन्वय और व्यतिरेक सम्बन्धों के प्रत्यक्ष के आधार पर की जाती है, जबकि "अनुभवातीत जगत" के बारे में अन्वय और व्यतिरेक सम्बन्धों का प्रत्यक्ष सम्भव ही नहीं है।

जैन लेखक वादिदेव सुरी ने भी पुरन्दर को उद्धृत करते हुए बतलाया है कि लोकायत ज्ञानमीमांसा में इंद्रिय-प्रत्यक्ष को मुख्य और अनुमान को गौण स्थान दिया गया है। मणिभद्र ने 'षड्दर्शन समुच्चय' पर अपने भाष्य में कहा है कि लोकायतिक इंद्रिय-प्रत्यक्ष पर अधिक बल इसलिए देते थे ताकि धार्मिक लिबास पहने धोखेबाज लोग शब्द (श्रुति) और अनुमान के आधार पर आम लोगों के दिमाग में स्वर्ग और पाप-पुण्य जैसे भ्रम न पैदा कर सकें। लोकायत आम लोगों का दर्शन था। इसलिए, लोकायतिक आम लोगों को धार्मिक शोषण से बचाना चाहते थे। इस तरह, देवीप्रसाद के अनुसार भारतीय तर्कशास्त्र की शुरुआत धार्मिक अंधविश्वासों से आम लोगों के हितों की रक्षा के प्रयत्नों से हुई।

देवीप्रसाद की राय में माधव से प्राप्त लोकायत ज्ञानमीमांसा-सम्बन्धी जानकारी सही नहीं है। और क्योंकि माधव ने लोकायत के तत्त्वमीमांसा और नीतिशास्त्र को भी लोकायत के ज्ञानमीमांसा पर आधारित किया है, इसलिए उसे भी प्रामाणिक स्वीकार नहीं किया जा सकता है।[5]

लोकायत नीतिशास्त्र

माधव के अनुसार लोकायत दर्शन के अन्तर्गत इन्द्रिय-सुख को ही जीवन का एकमात्र लक्ष्य माना गया है। दुख के भय से हमें स्वाभाविक रूप से पसन्द आनेवाले सुख का त्याग नहीं करना चाहिए। जानवरों के भय से कोई धान की फसल लगाना नहीं छोड़ देता है। इसलिए, जब तक जीओ, सुख से जीओ; ऋण लेकर भी घी पीओ।

देवीप्रसाद की राय में लोकायत नीतिशास्त्र को इस रूप में पेश करना, उसे विकृत करना है। लोकायत दर्शन अत्यधिक प्रभावशाली और लोकप्रिय दर्शन था। अगर वह इतना सतही हुआ होता तो न इतना लोकप्रिय हो पाता और न भारतीय दर्शन की अन्य शाखाएँ उसे इतनी गम्भीरता से लेतीं। बौद्ध-स्रोतों और महाभारत के अनुसार लोकायत दर्शन का ज्ञान ब्राह्मणों के लिए एक विशेषता और उपलब्धि मानी जाती थी। इसलिए, देवीप्रसाद के विचार में यह मानना मुश्किल है कि लोकायत नीतिशास्त्र वैसा ही था जैसा कि माधव ने बतलाया है।[6]

लोकायत तत्वमीमांसा

देवीप्रसाद के अनुसार, लोकायत दर्शन इहलौकिक और भौतिकवादी था, लेकिन उसका भौतिकवाद बिल्कुल वैसा नहीं था, जैसाकि माधव ने बतलाया है। लोकायत भौतिकवाद का बुनियादी सिद्धान्त देहवाद था, यानी यह विचार की शरीर (देह) से अलग आत्मा का कोई अस्तित्व नहीं है। सम्भव है कि प्राचीन, प्रारम्भिक तन्त्र का देहवाद और लोकायतिकों का देहवाद एक ही हो। तन्त्र के देहवाद के अनुसार मानव शरीर एक अणुविश्व (microcosm) या लघु-ब्रह्मांड है। देवीप्रसाद के विचार में लोकायत सृष्टि मीमांसा के विश्लेषण से भी लोकायत और तन्त्र के बीच समानता का पता चलता है। इस सन्दर्भ में देवीप्रसाद की युक्ति के निम्नलिखित चरण हैं:

1. लोकायत दर्शन अपने प्रारम्भिक रूप में उस अर्थ में संशयवादी और भौतिकवादी दर्शन नहीं था, जिस अर्थ में अब इन शब्दों का प्रयोग होता है।

2. सम्भवतः "लोकायत" शब्द का प्रयोग उन लोकप्रिय सम्प्रदायों के लिए किया जाता था, जो ब्राह्मणवादी कर्मकाण्ड को अस्वीकार करते थे, लेकिन जिनके अपने इहलौकिक कर्मकाण्ड और अनुष्ठान थे।

3. ब्राह्मण संस्कृति के अनुयायी लोकायत को "असुर-मत" कहते थे। इसलिए ब्राह्मण स्रोतों में दिए गए असुर-मत के विश्लेषण से प्रारम्भिक लोकायत के बारे में जानकारी मिल सकती है। इस सम्भावना की ओर दासगुप्त ने भी ध्यान दिलाया है।

4. असुर-मत की दो मुख्य विशेषताएँ थीं। देहवाद और एक खास किस्म की सृष्टि मीमांसा या विश्वोत्पत्ति मीमांसा, जिसके अनुसार पुरुष और स्त्री के संयोग से ही विश्व की उत्पत्ति हुई है, और इसका कारण काम के सिवा और कुछ नहीं है। इन दोनों से यह संकेत मिलता है कि सम्भवतः प्रारम्भिक तन्त्र और लोकायत एक ही हैं, क्योंकि एक ओर दोनों का देहवाद और दूसरी ओर दोनों की सृष्टि मीमांसा एक ही है।

देवीप्रसाद के अनुसार इसमें कोई सन्देह नहीं कि लोकायतिक श्रुति और स्मृति की प्रामाणिकता को अस्वीकार करते थे, ब्राह्मणों के कर्मकाण्ड और परलोक या स्वर्ग का मजाक उड़ाते थे। इस बारे में लोकायत दर्शन के लगभग सभी स्रोत एकमत हैं। लेकिन इसका यह अनिवार्य अर्थ नहीं है कि वे अनुष्ठानों और कर्मकाण्डों के विरुद्ध थे। सम्भव है कि उनके अपने अनुष्ठान थे जिनका ब्राह्मण अनुष्ठानों से संघर्ष था। फिर भी, लोकायतिक इस अर्थ में भौतिकवादी जरूर थे कि वे भौतिक शरीर और भौतिक विश्व के अस्तित्व को स्वीकार करते थे, और उनके अनुष्ठानों का परलोक से कोई सम्बन्ध नहीं था।[7]

लोकायत और तंत्र

'षड्दर्शन समुच्चय' पर गुणरत्न के भाष्य से जो जानकारी मिलती है, उससे, देवीप्रसाद के अनुसार, यह मालूम होता है कि लोकायत और तान्त्रिक मत एक ही हैं। गुणरत्न ने लोकायत मत के लिए प्रयोग किए जाने वाले विभिन्न नामों का उल्लेख किया है, जैसे, "चार्वाक" और "बार्हस्पत्य"। इसके अलावा, गुणरत्न ने लोकायतिकों के लिए "कापालिक" नाम का प्रयोग भी किया है। "कापालिक" तान्त्रिकों को कहा जाता है। लोकायत मत का जो विवरण गुणरत्न ने दिया है, उसमें और तान्त्रिकों के पंच मकार—मद्य, मांस, मैथुन, मत्स्य और मुद्रा—में भी काफी समानता है, जिससे लोकायत और तन्त्र के एक होने का संकेत मिलता है।[8]

लोकायत, तन्त्र और सांख्य

देवीप्रसाद के अनुसार जहाँ एक ओर असुर-मत, प्राचीन लोकायत और प्राचीन तन्त्र एक ही हैं, वहाँ दूसरी ओर, प्राचीन तन्त्र और प्राचीन सांख्य के बीच भी सम्बन्ध हैं, और दोनों का उद्गम सम्भवतः सिन्धु घाटी सभ्यता से है।

देवीप्रसाद ध्यान दिलाते हैं कि 'भगवत् गीता' के अनुसार असुर-मत में यह कहा गया है कि पुरुष और स्त्री के मेल से विश्व की उत्पत्ति होती है। दूसरी ओर, गौड़पाद ने 'सांख्यकारिका' पर अपने भाष्य में कहा है कि "जिस तरह पुरुष और स्त्री के संयोग से बच्चों का जन्म होता है, उसी तरह पुरुष और प्रकृति के संयोग से विश्व का जन्म होता है।"

देवीप्रसाद के अनुसार सांख्य अपने मौलिक रूप में निरीश्वरवादी और भौतिक-वादी था, और इसके अन्तर्गत "प्रकृति" और "पुरुष" का प्रयोग मूलत: "स्त्री" और 'पुरुष" के अर्थ में किया गया है। इस तरह, असुर और सांख्य सृष्टि मीमांसा में अन्तर नहीं है। तन्त्र सृष्टि मीमांसा भी यही है। इससे सांख्य और तन्त्र के बीच सम्बन्ध की सम्भावना का संकेत मिलता है। जैन स्रोतों के अनुसार भी लोकायत और सांख्य के बीच सम्बन्ध है। इसकी ओर दासगुप्त ने भी ध्यान दिलाया है।[9]

संक्षेप में, देवीप्रसाद के अनुसार अगर माधवाचार्य के प्रभाव से मुक्त होकर, बौद्ध, जैन स्रोतों और ब्राह्मण साहित्य में असुर-मत के बारे में दी गयी जानकारी के आधार पर प्राचीन लोकायत को समझने का प्रयास किया जाए तो यह तथ्य सामने आता है कि लोकायत का सम्बन्ध उन लोकप्रिय और दुर्बोध विश्वासों और अनुष्ठानों से है, जिन्हें तन्त्र कहा जाता है। अपने प्राचीन मौलिक रूप में तन्त्र भी, अपने अधिक दार्शनिक संस्करण सांख्य की तरह, निरीश्वरवादी और भौतिकवादी था। आध्यात्मिक और परलोकवादी विचारों को इसमें बाद में जोड़ दिया गया।

देवीप्रसाद की राय में सेक्स पर अत्यधिक बल देने के कारण तन्त्र आधुनिक व्यक्ति को विकर्षित करता है। वैदिक परम्परा के बाद के पक्षधरों ने भी इस आधार पर तन्त्र के प्रति घृणा दर्शायी। लेकिन इस किस्म के तत्व प्राचीन वैदिक विचारधारा में भी मौजूद हैं। इससे समझ में आता है कि इन सेक्स-सम्बन्धी अनुष्ठानों का कोई विशेष उद्देश्य था जिसे आधुनिक व्यक्ति समझने में असमर्थ है। देवीप्रसाद के अनुसार तन्त्र के सेक्स-सम्बन्धी अनुष्ठानों का सम्बन्ध मूलत: कृषि से है। इसके साथ यह मान्यता जुड़ी हुई थी कि मानव-प्रजनन और भूमि पर कृषि सम्बन्धी उत्पादन की प्रक्रिया एक ही है, और सेक्स-सम्बन्धी अनुष्ठानों से पृथ्वी की उत्पादकता को बढ़ाया जा सकता है।[10]

लोकायत दर्शन के सम्बन्ध में देवीप्रसाद की स्थापनाएँ, युक्तियाँ और निष्कर्ष रोचक एवं विचारोत्तेजक हैं। इसमें सन्देह नहीं कि उन्होंने लोकायत दर्शन को एक नए, सहानुभूतिपूर्ण ढंग से और सामाजिक सन्दर्भ में देखने का प्रयास किया है। बौद्ध और जैन स्त्रोतों के आधार पर लोकायत दर्शन को समझने के प्रयत्न के बारे में उनकी सलाह विचार करने योग्य है। लेकिन देवीप्रसाद की सभी युक्तियों और निष्कर्षों से सहमत हो पाना भी मुश्किल है। उदाहरण के तौर पर, इस बात को तो स्वीकार किया जा सकता है कि माधव द्वारा लोकायत के बारे में दी गयी जानकारी में विकृति की सम्भावना है लेकिन फिर हम यह कैसे मान सकते हैं कि ब्राह्मण-ग्रन्थों में असुर-मत के बारे में दी गयी जानकारी के आधार पर हम लोकायत

की सही तस्वीर बना सकते हैं ? क्या यहाँ पर विकृति की सम्भावना नहीं है ? इसके अलावा, क्या यह सम्भव नहीं कि प्राचीन काल से माधव के समय तक लोकायत मत का विकास हुआ हो, या उसमें कुछ परिवर्तन आया हो ?

दूसरे, देवीप्रसाद लोकायत नीतिशास्त्र को लेकर अनावश्यक रूप से अत्यधिक सुरक्षात्मक मुद्रा में मालूम देते हैं। अगर हम ऋण लेकर घी पीने जैसी बातों को छोड़ दें, जो सम्भवत: लोकायत के विरोधियों की व्यंगोक्ति है, तो लोकायत को प्राचीन ग्रीक दार्शनिकों एरिस्टिपस और एपिक्यूरस के समकक्ष रखा जा सकता है। निस्सन्देह जिस रूप में आज लोकायत की जानकारी मिल रही है, उस रूप में लोकायत नीतिशास्त्र भी, इन प्राचीन ग्रीक दार्शनिकों की तरह, स्वार्थवादी है। फिर भी, लोकायत को मोक्ष और स्वर्ग जैसे काल्पनिक नैतिक आदर्शों को अस्वीकार करने, और इस मौलिक नैतिक सिद्धान्त की ओर ध्यान दिलाने का श्रेय मिलना ही चाहिए कि सुख मानव के लिए अपने-आप में मूल्यवान वस्तु है। लोकायत नीतिशास्त्र में उपयोगितावाद के बीज हैं, लेकिन अफसोस कि भारत में यह धारा अवरुद्ध हो गयी और पश्चिमी दर्शन की तरह उपयोगितावाद के रूप में पुष्पित और विकसित नहीं हो सकी।

ऐसा लगता है कि देवीप्रसाद स्वयं भी अपनी पुस्तक 'लोकायत' की युक्तियों और निष्कर्षों से पूरी तरह संतुष्ट नहीं थे। जैसाकि उन्होंने 1973 में अपनी पुस्तक के तीसरे संस्करण की प्रस्तावना में लिखा है, उन्हें इस पुस्तक में कई संशोधनों की आवश्यकता महसूस हुई; लेकिन उनके अनुसार इस कार्य को दूसरी, नयी पुस्तक में ही बेहतर तरीके से कर पाना सम्भव था।[11] इसलिए उन्होंने इस कार्य को अपनी पुस्तक 'भारतीय दर्शन में क्या जीवित है और क्या मृत' में किया है जिसे हम उनकी अधिक परिपक्व रचना मान सकते हैं।

भारतीय दर्शन : क्या जीवंत और क्या मृत

देवीप्रसाद की पुस्तक 'भारतीय दर्शन में क्या जीवंत है और क्या मृत' (मूल संस्करण, 'What is Living and What is Dead in Indian Philosophy') 1984 में प्रकाशित हुई है। इस पुस्तक में देवीप्रसाद ने भारत की "वर्तमान अपेक्षाओं को देखते हुए भारत की दार्शनिक परम्परा पर प्रकाश डाला" है। देवीप्रसाद के अनुसार ये अपेक्षाएँ हैं : धर्मनिरपेक्षता, बुद्धिवाद और विज्ञान की ओर उन्मुखता।

परम्परागत भारतीय दर्शन के सामान्य भंडार में इनका विरोध करने वाली धारणाओं और अभिवृत्तियों को देवीप्रसाद ने अतीतकाल का "अचल भार" माना है, "जो हमारी वर्तमान प्रगति को कुंठित करना चाहती है"। दूसरी ओर, उन्होंने

उसी सामान्य भंडार में कम से कम धर्मनिरपेक्षता, बुद्धिवाद और विज्ञान उन्मुखता की सम्भावना वाली धारणाओं और अभिवृत्तियों का विश्लेषण किया है, "जिनका हमारे लिए जीवंत महत्व है"। हालांकि देवीप्रसाद की राय में समकालीन ज्ञान और अनुभव के साथ समृद्ध करते हुए ही हम उन्हें सच्चे अर्थ में उत्तराधिकार के रूप में ग्रहण कर सकते हैं।

देवीप्रसाद के शब्दों में : "हमारे पूर्वजों ने अपनी सत्य-सम्बन्धी लम्बी खोज के दौरान—हमें वसीयत के रूप में केवल भ्रांतियाँ और मिथ्या धारणाएं ही प्रदान नहीं की हैं। हो सकता है कि हमारे कुछ दर्शनवेत्ताओं ने रूढ़िवाद, अविवेक और शास्त्रों की दुहाई देते हुए जातीय घृणा का समर्थन किया हो, लेकिन ऐसे अन्य दर्शनवेत्ता थे, जिन्होंने इतिहास की अनिवार्य सीमाओं के बावजूद उन्हीं विचारधारात्मक ताकत के विरुद्ध अपने ढंग से संघर्ष किया। यदि उनके योगदान को बढ़ा-चढ़ा कर प्रस्तुत करना ठीक नहीं होगा, तो उन्हें कम महत्व देने की प्रवृत्ति भी एक भूल होगी—और इससे भी बुरी बात यह कि वर्तमान संदर्भ में, यह एक खतरनाक गलती होगी। आज हम जिस प्रश्न को ले कर संघर्ष कर रहे हैं, उसी प्रश्न पर अपने संघर्ष के क्रम में हमारे कुछ परम्परावादी दर्शनवेत्ता हमारे लिए कुछ मूल्यवान सुझाव छोड़ गए, जिन्हें हम अपने संपूर्ण राष्ट्रीय गौरव के साथ आज पुष्ट कर सकते हैं। भारत के दार्शनिक परम्परा-बोध का विसामान्यीकरण आवश्यक है : यह प्रायः आवश्यक है कि इसी दार्शनिक विचार के अन्तर्गत जो जीवंत है और जो मृत है उसके बीच हम भेद करें।"[12]

परम्परागत दार्शनिक पद्धति

भारतीय तर्कशास्त्र की पहली कृति 'न्यायसूत्र' पर वात्स्यायन के भाष्य के आधार पर देवीप्रसाद इस तथ्य की ओर ध्यान दिलाते हैं कि भारत के पूर्ववर्ती दार्शनिकों ने संदेह को दर्शन का प्रारम्भ-बिन्दु माना है। संक्षेप में, संदेह के बिना कोई दर्शन सम्भव नहीं, और पक्ष तथा प्रतिपक्ष के अन्तर्विरोध के बिना संदेह सम्भव नहीं। वात्स्यायन के अनुसार "विवेचनात्मक परीक्षण और कुछ नहीं, संदेह उत्पन्न करने वाले पक्ष और प्रतिपक्ष के टकराव के माध्यम से अंतिम जाँच-पड़ताल है"।

इस दार्शनिक पद्धति के अनुसार किसी भारतीय दार्शनिक को सबसे पहले उस समस्या का औचित्य स्थापित करना होता है, जिस पर वह तर्क-वितर्क करना चाहता है। ऐसा वह यह दिखा कर स्थापित कर सकता है कि उस सम्बन्ध में दो परस्पर विरोधी स्थितियाँ मौजूद हैं, जिन्हें पक्ष और विपक्ष या प्रतिपक्ष कहते हैं। इस तरह, भारतीय दृष्टिकोण से आत्मा की समस्या पर दार्शनिक जाँच पड़ताल मात्र इसलिए

प्रासंगिक है क्योंकि इसकी वास्तविकता को स्वीकार और अस्वीकार करने वाली दो विचारधाराएँ विद्यमान हैं। इसी प्रकार ईश्वर और जगत की समस्याएँ हैं—और वस्तुतः कोई भी ऐसी समस्या, जिसमें पक्ष के मुकाबले विपक्ष खड़ा हो, दर्शन की विषय-वस्तु है।

देवीप्रसाद के अनुसार, "यह दावा करना कि सभी भारतीय दर्शनवेत्ता इस रीति विधान के प्रति एक जैसी श्रद्धा रखते हैं, निश्चय ही तथ्य को बढ़ा-चढ़ाकर प्रस्तुत करना होगा। उनमें सचमुच कुछ ऐसे हैं, 'जो विवेचनात्मक परीक्षण', या तर्कसंगत विश्लेषण की धारणा के विरुद्ध हैं। वे अपने आप में सुरक्षित समझे जाने वाले धर्मग्रंथों में आस्था के पथ पर चलना अधिक पसंद करते हैं। इस प्रवृत्ति के सर्वाधिक प्रमुख प्रतिनिधि वे चरम आदर्शवादी हैं, तर्कसंगतता के प्रति जिनके वैमनस्य को भारतीय विधि-नियामकों से खूब बढ़ावा मिला है। उनके मतानुसार विचार-शक्ति का अपने-आप में कोई प्रयोजन नहीं और उसका प्रयोग केवल धर्मग्रंथों में जो कुछ प्रकट किया गया है, उसके विस्तार और व्याख्या के लिए किया जा सकता है। दिलचस्प बात यह है कि जब वे अपने पक्ष पर प्रतिपक्ष के प्रहार का अनुभव करते हैं, तब वे गौतम तथा वात्स्यायन द्वारा प्रतिपादित रीति-विधान के मूल तत्त्वों को व्यावहारिक रूप से नकार नहीं पाते। दूसरे शब्दों में, वे लोग भी जो 'विवेचनात्मक परीक्षण' के विरुद्ध हैं, अपनी दार्शनिक कृतियों में इसे ग्रहण करने को बहुधा विवश होते हैं। यह बात देश के प्रायः सभी बड़े दार्शनिकों की कृतियों से स्पष्ट है।"

देवीप्रसाद बतलाते हैं कि आम तौर से "कोई भारतीय दार्शनिक अपने विचार को पहले विपरीत विचार के सम्मुख रखकर, अर्थात् अपने विचार को नकारने वाले विचार के सम्मुख रख कर, पल्लवित-पुष्पित करता है"। भारतीय पारिभाषिक शब्दावली में इसे पूर्वपक्ष कहा जाता है—दूसरे शब्दों में, प्रतिद्वंद्वी का पक्ष या प्रतिपक्ष। इसके विस्तृत खण्डन के आधार पर ही अपने पक्ष को स्थापित किया जाता है, जिसे सिद्धान्त कहा जाता है। जैसाकि दार्शनिक स्वयं जानता है उसके पक्ष की दृढ़ता उसी हद तक टिक सकती है, जिस हद तक वह अपने पक्ष को नकारने वाले प्रतिपक्ष का सफलतापूर्वक खण्डन करता है।

इसलिए, किसी भी गंभीर दार्शनिक कृति में सबसे पहले स्वयं इस प्रतिपक्ष के समर्थन में सभी प्रकार की युक्तियाँ प्रस्तुत कर, उसे यथासंभव पुष्ट रूप में प्रस्तुत किया जाता है। इसके बाद ही दार्शनिक अपने पक्ष के समर्थन में उसके खण्डन के लिए अग्रसर होता है। देवीप्रसाद की राय में, इस पद्धति के सम्बन्ध में एक "उल्लेखनीय बात यह है कि जब प्रतिपक्ष को समस्त श्रेय मिल चुका हो, तब प्रतिपक्ष का खण्डन दार्शनिक के अपने पक्ष को पूर्ण विश्वसनीयता प्रदान करता-सा जान पड़ता है"।[13]

भारतीय दर्शन का मूल अन्तर्विरोध

देवीप्रसाद के अनुसार भारतीय दर्शन का मूल "अन्तर्विरोध" आदर्शवाद (प्रत्ययवाद) और उसके प्रतिपक्ष के बीच है, और इस अन्तर्विरोध या संघर्ष का अनुसरण करते हुए ही हम भारतीय दर्शन को समझ सकते हैं। देवीप्रसाद के विचार में महायान बौद्ध—विज्ञानवाद एवं शून्यवाद—और अद्वैत वेदान्त भारतीय दर्शन में प्रत्ययवाद का प्रतिनिधित्व करते हैं; जबकि सांख्य, न्याय-वैशेषिक और लोकायत प्रत्ययवाद के प्रतिपक्ष का।[14]

जहाँ एक ओर प्रत्ययवाद के समर्थकों ने तर्कबुद्धि और अनुभव को अस्वीकार किया और स्वतंत्र चिन्तन को हतोत्साहित किया[15], वहाँ दूसरी ओर, प्रत्ययवाद के प्रतिपक्ष ने अनुभव एवं विवेक की रक्षा की[16], और व्यवहार को सत्य की कसौटी माना। देवीप्रसाद के अनुसार न सिर्फ मनु ने बल्कि शंकर ने भी वर्ण-व्यवस्था का समर्थन किया : शंकर के अनुसार शूद्र दार्शनिक प्रज्ञा के अधिकारी नहीं हैं।[17]

देवीप्रसाद स्पष्ट शब्दों में कहते हैं कि अगर मनु और शंकर के "उद्देश्य पूरी तरह सिद्ध हो जाते, तो स्वतंत्र चिन्तन का गला घुट जाता, विज्ञान का कहीं कोई पता-ठिकाना न रहता और देश के लाखों मेहनतकश लोगों को सर्वदा नारकीय जीवन भोगना पड़ता—संक्षेप में, विकास का मार्ग सदा के लिए अवरुद्ध हो जाता। अतः, समाज को आगे ले जाने के लिए देश में कुछ ऐसे लोगों की आवश्यकता थी, जो धर्मशास्त्र-प्रणेताओं और उनके सैद्धान्तिक समर्थकों के, अर्थात् आदर्शवादी दर्शनवेत्ताओं के आदेशों को पूर्णतः ठुकरा दें। सर्वोपरि यह आवश्यक था कि स्पष्ट रूप से जिस मिथक की—शास्त्र के जिस मिथक की—वे इतनी तत्परता से रक्षा करना चाहते थे उसे चकनाचूर कर दिया जाय। मनु और शंकर के संदर्भ में यह मिथक वेदों को ले कर था।"[18] देवीप्रसाद की राय में भारतीय दर्शन में स्पष्टवादी भौतिकवादी लोकायत या चार्वाक ने ही बड़ी निर्भीकता से प्रत्ययवाद के विरोध का कार्य किया है।

देवीप्रसाद के शब्दों में, "बेशक, इन भौतिकवादियों के बारे में हमारी जानकारी अधूरी है। अनुमानतः उनकी कृतियां नष्ट कर दी गयी हैं। दुर्भावनाग्रस्त होकर उनकी तुलना विकराल राक्षसों से की गयी, उनकी दार्शनिक स्थिति को इतना विकृत कर दिया गया कि उसे पहचान पाना कठिन हो गया और उनकी युक्ति-पद्धति को महज झांसापट्टी के रूप में चित्रित किया गया। भारतीय दर्शन में लोकायत अथवा चार्वाक नाम राक्षसत्व, अभद्रता, नास्तिकता और पाप का प्रतीक मान लिया गया। फिर भी, कुछ धर्मनिष्ठ आदर्शवादियों ने यह चित्रित करने के लिए कि ये भौतिकवादी कितने विधर्मी और घृणास्पद हैं, इन भौतिकवादियों के कुछ पुराने, प्रामाणिक और

लोकप्रिय छंदों को—जिन्हें हम प्रामाणिक लोकगाथा कहते हैं—स्वयं अपनी कृतियों में उद्धृत किया है।"[19]

लोकायत के कुछ प्रमुख और प्रसिद्ध छंद जिनका उल्लेख देवीप्रसाद ने किया है, इस प्रकार हैं :

स्वर्ग और मोक्ष की बातों में कोई सार नहीं। परलोक में आत्मा के प्रवेश की बात निरर्थक है। वर्णाश्रम के लिए निर्धारित कार्यकलापों से तथाकथित फलों की प्राप्ति नहीं होती।

अग्निहोत्र यज्ञ, वेदत्रय, त्रिदन्ड-धारण और शरीर में भस्म रमाना (धार्मिक कर्मकांडियों का एक उपक्रम)—ये सभी मूर्खों और नपुंसकों की आजीविका के साधन मात्र हैं। जब तक तुम्हारा जीवन है, सुखपूर्वक जिओ। कर्ज ले कर भी घृत-पान करो। एक बार जब शरीर को जला कर राख कर दिया जाता है, तो फिर वह कैसे वापस आ सकता है?

यदि कोई अपना शरीर त्याग कर परलोक चला जाता है, तो अपने मित्रों और अन्य लोगों के प्रेम से बँध कर क्यों नहीं दुबारा वापस लौट आता?

इसलिए, ब्राह्मणों ने मात्र अपनी जीविका के स्रोत के लिए श्राद्धकर्म की व्यवस्था की है। इससे अधिक इसमें कुछ भी नहीं।[10]

देवीप्रसाद के अनुसार, "उक्त छंदों के तीखे व्यंग को अनुवाद में बरकरार रखना यद्यपि संभव नहीं, तथापि यह स्पष्ट है कि उनमें वैचारिक कपोल-कल्पना का कोई मायावी रूप प्रतिबिम्बित नहीं। इसके विपरीत, उनमें लाखों श्रमजीवियों का वर्ग हित ध्वनित है। विशेषाधिकार-प्राप्त अल्पसंख्यक वर्ग के हितों की रक्षा के लिए धर्मशास्त्र प्रणेता और उनके सैद्धांतिक समर्थक—अर्थात् आदर्शवादी—यदि शास्त्रों में उल्लिखित गाथाओं की, मरणोत्तर जीवन, ईश्वर और यज्ञ सम्बन्धी मिथकों की, जड़ें जमाना आवश्यक पाते हैं, तो लोकायत भौतिकवादी मुख्यतः इन मिथकों पर अपना प्रहार केन्द्रित करते हुए वस्तुनिष्ठ वर्ग भूमिका अदा करते हैं। और, यह भूमिका आदर्शवादी दर्शनवेत्ताओं की भूमिका के ठीक विपरीत है।"[21]

लोकायतों के तर्कों के अवशिष्ट उद्धरणों से पता चलता है कि वे स्पष्ट भौतिकवादी के रूप में आदर्शवाद को, उसके सभी सहायक तत्वों, जैसे धर्मोन्मुखता, शास्त्रों में आस्था और अंधविश्वासों के प्रायः सभी रूपों सहित अस्वीकार करते हैं।[22] देवीप्रसाद की राय में भारतीय आदर्शवाद के विरोधियों में एकमात्र लोकायत मत ने ही आत्मा और उसकी मुक्ति सम्बन्धी आदर्शवादी दृष्टिकोण को पूर्णतः अस्वीकार किया है। "स्वर्ग का कहीं पता नहीं, मोक्ष नाम की कोई चीज नहीं और ऐसी कोई आत्मा

नहीं, जो परलोकगमन करती हो"—देवीप्रसाद के अनुसार भारतीय सन्दर्भ में इस साधारण-सी घोषणा का महत्व मुश्किल से ही बढ़ा-चढ़ा कर आंका जा सकता है।[23]

मुक्ति सम्बन्धी बोधगम्य अवधारणा की ओर बढ़ने की पूर्वशर्त यह है कि इससे सम्बन्धित तमाम बेतुकी बातों को रद्द किया जाए। देवीप्रसाद ध्यान दिलाते हैं कि लोकायत दर्शन में जीवन से भागने के बदले उसका उपभोग करने की बात कही गयी है। लोकायत एकमात्र भारतीय दार्शनिक हैं जो इस बात पर जोर देते हैं कि "मानव-प्राणी के रूप में अपने अल्पकालिक जीवन का श्रेष्ठतम उपयोग" किया जाए। उनके अनुसार, मानवीय अस्तित्व के प्रति यह निराशामूलक दृष्टिकोण अपनाने में कोई तुक नहीं कि दुःख से छुटकारा पाने का एकमात्र उपाय जीवन का पूर्णतया निषेध करना है। यह सोचना मूर्खतापूर्ण है कि जीवन के सुख को इसलिए नकार देना चाहिए क्योंकि किसी हद तक उसके साथ दुःख जुड़ा रहता है। आप अनाज को इस कारण छोड़ नहीं देते कि उस पर भूसी चढ़ी रहती है, न ही कांटों के कारण आप मछली का परित्याग कर देते हैं।[24]

देवीप्रसाद ने लोकायत दर्शन की सीमाओं की ओर भी ध्यान दिलाया है। देवीप्रसाद के विचार में "पुरोहित वर्ग द्वारा आम लोगों के शोषण के प्रति उनके प्रबल विरोध के बावजूद, प्रचलित सामाजिक आदर्श के विकल्प में हमें उनसे कोई सुसंगत आदर्श प्राप्त नहीं होता; न ही प्रचलित सामाजिक सम्बन्धों को बदलने के लिए हमें उनसे कोई कार्यक्रम प्राप्त होता है। संक्षेप में इस बात के बावजूद कि लोकायतों ने बड़ी दृढ़ता और साहस के साथ मुक्ति सम्बन्धी नकारात्मक विचार को अस्वीकार किया, मुक्ति के सम्बन्ध में वे कोई उपयुक्त और सकारात्मक विचार हमारे लिए नहीं छोड़ जा सके।" लेकिन, देवीप्रसाद के अनुसार, उनसे ऐसी अपेक्षा रखना भी ऐतिहासिक दृष्टि से उचित नहीं है।[25] "दर्शनवेत्ताओं के चिन्तन मात्र से—भले ही वे कितने प्रतिभाशाली क्यों न हों—उस समस्या के समाधान की कैसे आशा की जा सकती थी जो अभी तक अविकसित आर्थिक और सामाजिक परिस्थितियों के गर्भ में दबी हुई थी।"[26]

रमेन्द्र

सन्दर्भ

1. Debiprasad Chattopadhyaya, **Lokayat** (New Delhi : Peoples Publishing House, 1981), pp. 1-4.
2. Ibid., pp. 4-8.
3 Ibid., pp 8 20.
4. Ibid, pp 20-21.
5. Ibid, pp. 22-30.
6. Ibid, pp 30-35.
7. Ibid, pp 35-37.
8. Ibid., pp. 51-54.
9. Ibid. pp. 60-64.
10. Ibid., pp. 74-75.
11. Ibid., pp vii-ix.
12. देवीप्रसाद चट्टोपाध्याय, भारतीय दर्शन में क्या जीवंत है और क्या मृत (नई दिल्ली : पीपुल्स पब्लिशिंग हाउस, 1984), पृष्ठ vii-ix.
13 वही, पृष्ठ—6-8.
14. वही, पृष्ठ—243.
15. वही, पृष्ठ—179.
16. वही, पृष्ठ—293.
17. वही, पृष्ठ 191.
18. वही, पृष्ठ 208.
19. वही, पृष्ठ 208-9.
20. वही, पृष्ठ 209-10.
21. वही, पृष्ठ 210.
22. वही, पृष्ठ 227.
23. वही, पृष्ठ 595-96.
24 वही, पृष्ठ 596-97.
25. वही, पृष्ठ 598.
26. वही, पृष्ठ 6 6.

ग्रन्थ-सूची

राजा राममोहन राय

राजा राममोहन राय की समस्त कृतियां निम्नलिखित ग्रन्थों मे उपलब्ध है :—

1. **The English Works of Raja Rammohan Roy Pt I-VII** (ed by Kali Das Nag and Debajyoti Burman) Sadharan Brahmo Samaj, Calcutta, 1945-58.

2. **Tuhfatul Muwahiddin in Persian** with Arabic Introduction. (translated by Moulavi Obaidullah El Obaide pub, Sadharan Brahmo Samaj, Calcutta, 1949)

3. **Rammohan Granthawali** (Bengali) Consisting of seven volumes ed. by Brajendranath Bandopadhyaya and Sajnikant Das. (Pub. by Bangiya Sahitya Parishad, Calcutta)

Works by Raja Rammohan Roy

4. The Percept of Jesus, 1820
5. The Brahmunical Magazine No I-III, Calcutta, 1823.
6. The Trust Deed of Brahmo Samaj, 1829.
7. The Universal Religion.
8. Translation of An Abridgment of the Vedanta, 1816
9. Translation of Kena Upanishad, 1823
10. Translation of Katha Upanishad, 1819
11. Translation of Mundaka Upanishad, 1819
12. The Autobiographical Letter, Pub. in The Athanaeum Journal Oct, 1833
13. A Defence of Hindoo Theism, 1817
14. A Dialogue between a Missionary and Three Chinese Converts, 1823
15. A Letter on the Prospects of Christianity, Cambridge, 1824
16. A second conference between An advocate for and an Opponent of the Practice of Burning Widows alive, 1820
17. A Second Defence of the Monotheistical System of the Vedas, 1820

महर्षि रमण

Arthur Osborne (ed), **The Collected Works of Raman Maharshi** (Tiruvannamalai : Sri Ramanasramam, 1979).

Arthur Osborne (ed), **The Teachings of Bhagwan Sri Raman Maharshi in His Own Words** (Tiruvannamalai : Sri Ramanasramam, 1988).

T. M. P. Mahadevan, **Bhagvana Ramana** (Tiruvannamalai : Sri Ramanasramam, 1989).

जिद्दू कृष्णमूर्ति

जे० कृष्णमूर्ति, **प्रथम और अन्तिम मुक्ति** (अनुवादक डॉ० दयाल शरण वर्मा, मोतीलाल बनारसीदास)

—**आमूल क्रान्ति की आवश्यकता** (वाराणसी : कृष्णमूर्ति फाउण्डेशन इण्डिया)

—**गरूड़ की उड़ान** (वाराणसी : कृ० फा० इ०)।

—**जीवन-भाष्य** (वाराणसी : सर्व-सेवा-संघ प्रकाशन)।

—**शिक्षा एवं जीवन का महत्व** (वाराणसी : कृ० फा० इ०)

—**Beyond Violence** (Delhi : B. J. Publications Pvt. Ltd).

—**Krishnamurti in India—1970-71** (Delhi : K. F. I)

—**Krishnamurti's Note book** (Delhi : K. F. I)

—**Tradition and Revolution** (Delhi : K. F. I).

—**Exploration into Insight** (Delhi : K. F. I.)

—**The Wholeness of Life** (Delhi : K. F. I.).

—**You are the World** (Delhi : K. F. I).

—**The Future of Humanity** (Delhi : K. F. I.).

—**Mind Without Measure** (Delhi : K. F. I).

—**The Network of Thought** (Delhi : K. F. I.)

—**The Way of Intelligence** (Delhi : K. F. I.).

Luis S. R. VAS (ed) **The Mind of J. Krishnamurti** (Calcutta : Jaico Publishing House)

मानवेन्द्र नाथ रॉय

M. N. Roy, **Materialism** (Delhi : Ajanta Publications, 1982).

—**Science and Philosophy** (Delhi : Ajanta Publication, 1984).

—Scientific Politics (Calcutta : Renaissance Publishers, 1947).

—New Orientation (Delhi : Ajanta Publications, 1982).

—Beyond Communism (Delhi : Ajanta Publications, 1981).

—New Humanism-A Manifesto (Delhi : Ajanta Publications, 1981).

—Reason. Romanticism and Revolution (Delhi : Ajanta Publications, 1989).

—Politics, Power and Parties (Delhi : Ajanta Publications, 1981).

Sibnarayan Roy (ed.), Selected Works of M. N. Roy (Oxford University Press, 1987).

V. B. Karnik, M. N. Roy (New Delhi : National Book Trust, 1980).

V. M. Tarkunde, Radical Humanism (New Delhi : Ajanta Publications, 1983).

जवाहरलाल नेहरू

Jawaharlal Nehru—An Autobiography.

—Glimpses of World History.

—Discovery of India.

—India today and tomorrow.

—Bunch of Letters.

—Indian Unity (His speeches as Prime Minister are published in five volumes by the govt. of India).

जयप्रकाश नारायण

जयप्रकाश नारायण, कारावास की कहानी (पटना : बिहार सर्वोदय मंडल, 1977)

—समाजवाद, सर्वोदय और लोकतंत्र (पटना : बिहार हिन्दी ग्रन्थ अकादमी, 1981)

राममूर्ति सं०, जे० पी० का वर्ग-संघर्ष (वाराणसी : सर्व-सेवा-संघ प्रकाशन, 1977)

रमेन्द्र (स०), जयप्रकाश विचार-संकलन पटना : राजेन्द्र प्रकाशन, 1986)

सच्चिदानन्द (सं०), क्रान्ति : सामाजिक और सम्पूर्ण (पटना : लोकतंत्र प्रकाशन, 1982)

कान्तिभाई शाह (सं०) मेरी विचार यात्रा 2 भाग, (वाराणसी : सर्व-सेवा संघ प्रकाशन)

Jayaprakash Narayan. **Prison Diary** (Bombay : Popular Prakashan Pvt. Ltd. 1977).

—**From Socialism to Sarvodaya** (Vararasi : Sarva Seva Sangh Prakashan, 1957).

Bimal Prasad (ed.) **Socialism, Sarvodaya and Democracy** (Bombay : Asia Publishing House, 1964).

—**A Revolutionary's Quest** (Delhi : Oxford university press, 1980).

Brahmananda (ed.). **Towards Total Revolution. 4 Vols.** (Bombay : Popular Prakashan, 1970).

Ajit Bhattacharjea—**Jayaprakash Narayan** (New Delhi : Vikas Publishing House Pvt. Ltd., 1975).

Minoo Masani, **J P Mission Partly Accomplished** (New Delhi : The Macmillan Company of India Ltd., 1977).

देवीप्रसाद चट्टोपाध्याय

देवीप्रसाद चट्टोपाध्याय, भारतीय दर्शन में क्या जीवंत है और क्या मृत (नई दिल्ली : पीपुल्स पब्लिशिंग हाउस, (1981)

—**भारतीय दर्शन : सरल परिचय**

—**लोकायत**

—**Lokayat** (New Delhi : People's Publishing House, 1981)

—**Indian Atheism** (New Delhi : People's Publishing House, 1991)

—**What is Living and What is Dead in Indian Philosophy.**